확장
현실

eXtended Reality

AR VR XR

XR은 어떻게 디지털 전환의 미래가 되는가

확장
현실

제레미 돌턴 지음
김동한 옮김

XR 비즈니스의
거대한 물결은 이미 시작되었다!

XR
Business

BBC, 파이낸셜타임스, 이코노미스트가 주목한
세계적인 몰입형 기술 전문가의 대형 신작!

Future

유엑스리뷰

추천사

제레미 돌턴Jeremy Dalton은 10년 이상 몰입형 기술의 최전선에서 활약해 온 전문가이자 그 기술이 우리 사회에 갖는 잠재적 영향에 관한 연구에 앞장서는 세계적인 이론가이다. 이 훌륭한 책은 그가 가진 깊은 지식과 고유의 통찰력 그리고 광범위한 경험을 아울러 XR(확장 현실) 기술이 비즈니스에서 갖는 잠재적 이점을 맥락화하고 있다.

샤피 아메드(Shafi Ahmed), 아부다비 보건부 디지털 의료 변화 혁신 고문 겸 하버드 의과대학 교수

몰입형 기술의 상업적인 이익과 그에 관련된 프로젝트를 잘 실행하는 방법에 대해 종합적으로 이해하기 쉽게 설명된 책이다. 지난 5년간 글로벌 VR/AR 비즈니스를 구축하고 세계 유수의 브랜드와 기업에 몰입형 콘텐츠 솔루션을 제공해 왔지만 이렇게 광범위한 사용 사례와 실용적인 도전 과제를 모아 깔끔하게 요약한 책은 지금껏 접하지 못했다. 초보자와 숙련자의 구분 없이 모든 독자에게 유용한 가이드가 되리라 확신한다.

데미안 콜리어(Damian Collier), 블렌드 미디어(Blend Media) 설립자 겸 최고경영자(CEO)

이 책은 내가 읽어 본 도서 중 몰입형 기술의 비즈니스적 사용을 가장 종합적으로 정리한 근거 있는 검토서이다. 제레미 돌턴은 XR 기술의 다양한 종류와 사용에 대해 실용적이고 유익한 의견과 각각의 장단점은 물론 절대 놓치지 말아야 할 팁까지 이 책에서 모두 다루고 있다. 또한, 모든 과대광고와 낚시성 광고를 제치고 업계 실무자의 관점에서 기획과 개발에 도움이 될 훌륭한 사용 사례들만을 선별하여 제시하고 있다. 이미 XR 관련 분야에 속해 있거나 새롭게 시작하려고 하는 사람이라면 반드시 읽어야 할 필독서이다.

마르코 파치니(Marco Faccini), 실크로드 에드테크(Silkroad Edtech) 최고경영자(CEO) 겸 디지털너츠 (Digitalnauts) 비상임이사

XR 업계는 오랫동안 바로 이런 책을 기다려 왔다. 이 책은 XR 기술을 이해하는 데 놀라울 만큼 유익하고 잘 읽히면서도 높은 가치를 지닌 안내서이다. 제레미 돌턴과 같이 해당 분야에 관한 높은 수준의 통찰력과 지식, 열정을 가진 사람만이 AR과 VR을 활용한 비즈니스에 무엇이 필요한지에 대해 이토록 명확하고 간결하게 전달할 수 있고 보다 많은 사람을 이 논의에 참여시킬 수 있다. 이 진보적인 기술을 더 깊이 이해하고자 하는 사람, 이 기술이 현재와 미래

의 비즈니스와 우리의 삶을 어떻게 향상하고 가치를 더할 수 있을지 탐구하고자 하는 사람을 위한 필독서이다.

피오나 킬켈리(Fiona Kilkelly), 이머스 유케이(Immerse UK) 설립자 겸 에이르머시브(Eirmersive) 회장

몰입형 기술은 산업계 전반에 걸쳐 작은 부분 하나까지도 모두 변화시킬 것이다. 따라서 모든 경영자는 이 기술이 자신의 비즈니스에 변화를 가져오게 되는 이유를 이해하고 그 변화가 어떻게 이루어질 것인지 알고 있어야만 한다. 이 책은 산업계에 지금 당장 필요한 로드맵을 제공하는 지침서이자 기술과 세계 경제의 미래에 관심이 있는 사람이라면 반드시 읽어야 할 '가상' 미래에 관한 안내서이다.

마크 몬-윌리엄스(Mark Mon-Williams), 영국 리즈(Leeds) 대학교 몰입형 기술 센터 소장 겸 런던 앨런 튜링 연구소 튜링 펠로우(Turing Fellow) 교수

제레미 돌턴은 다양한 종류의 현실뿐 아니라 미래까지도 내다볼 수 있는 대단한 통찰력을 지녔다. 이 책은 뉴노멀 시대에 소비되는 디지털 정보의 변환에 필요한 실질적인 기술을 시의적절하고 종합적으로 안내한다. 한번 읽기 시작하면 마지막 장에 다다를 때까지 덮을 수 없을 것이다!

에디 오벵(Eddie Obeng), 가상 경영대학원 펜타클(Pentacle) 설립자 겸 큐브 초현실(QUBE-SuperReality) 발명가

세계적인 몰입형 기술 전문가가 쓴 뛰어난 도서이다. AR/VR 기술에 대해 아는 것이 거의 없는 사람부터 이미 그 기술의 보급과 비즈니스적 사용에 관해 잘 알고 있는 사람까지 유용하게 읽을 수 있는 책이다. 실제 구현 사례, 업계에서 사용되는 전문 용어에 대한 명확한 설명, 기술의 비즈니스적 활용 및 공급의 이점과 과제들로 가득하다. XR이 자기 비즈니스에 어떻게 도움이 될지를 이해하는 데 관심이 있다면 반드시 읽어야 할 필독서이다!

마크 세이지(Mark Sage), 증강 현실 기업 연합(AREA) 중역 이사

가상 현실과 증강 현실이 얼마나 마법 같은
기술인지를 보여 준 관련 업계의 모든 분께 이 책을 바칩니다.

목차

Reality

XR
Business

eXtended

감사의 말

나의 동반자 앨리샤Alicia에게, 이 책을 쓰는 데 보낸 이른 아침, 늦은 저녁, 주말의 많은 시간 동안 꾸준한 격려를 보내 주어 감사합니다.

나의 형제 다니엘Daniel에게, '거의 완성됨', '거의 다 왔다 - 조금만 더 가면 됨' 버전의 원고들을 읽고 또 읽으면서 인내심을 갖고 솔직한 조언을 건네주어 감사합니다.

나의 부모님께, 내가 하는 일에 근거가 있든 없든 언제나 변함없는 열정과 믿음으로 응원해 주서서 감사합니다.

나의 친구들에게, 관심사에 상관없이 이 책을 구매하겠다고 약속해 주어 감사합니다. 특히 아샹크Ashank와 바부Babu, 재스Jas, 프렘Prem, 라니Rani, 타나이Tanay, 바룬Varun에게 오랜 우정에 대한 감사를 표합니다.

나의 팀과 PwC 동료들에게, 함께 일할 수 있어 자랑스럽고 감사하다는 말씀을 전합니다. 특히 루이즈 리우Louise Liu와 안드레아 모워Andrea Mower, 다니엘 에커트Daniel Eckert, 존 앤드류스Jon Andrews, 린지 드팔마Lyndsey DePalma, 매튜 골드스미스Matthew Goldsmith, 필 메니Phil Mennie의 헌신과 지원에 감사드립니다.

나의 편집자 제랄딘 콜라드Géraldine Collard에게, 이 책을 쓰도록 격려해 주고 제시간에 완성할 수 있도록 딱 적절한 만큼의 압박을 가해 주서서 감사합니다.

이 책에 실린 360도 동영상 입문 가이드에 도움을 주신 알렉스 륄Alex Rühl에게, 전문적인 경험과 지식을 전해 주셔서 감사합니다.

이 책에 실린 사례 연구를 진행한 수많은 조직에게, 기술 적용에 대한 독자의 생생한 이해를 위해 세부적인 정보와 사진 자료를 제공해 주어 감사합니다.

전 세계의 가상 현실과 증강 현실 커뮤니티에서 대화에 너그럽게 응해 주신 모든 분께, 내주신 시간과 이야기, 긍정적인 자세에 감사드립니다. 특히 앨빈 왕 그레이린Alvin Wang Graylin과 앤서니 스티드Anthony Steed, 벤 레스닉Ben Resnick, 브리애나 벤슨Brianna Benson, 찰스 킹Charles King, 데이브 헤인즈Dave Haynes, 도미닉 푀치Dominik Pötsch, 그레고리 허프Gregory Hough, 조 마이클스Joe Michaels, 줄리안 로촐Julian Rocholl, 카딘 제임스Kadine James, 마이크 캠벨Mike Campbell, 오벌 리우Oval Liu, 패셜 맥과이어Paschal McGuire, 시 브라운Si Brown, 스티브 댄Steve Dann, 티파탓 챈나바신Tipatat Chennavasin에게 감사를 표합니다. 앞으로 여러 흥미진진한 소식들을 함께 나누게 되길 기대합니다.

제레미 돌턴

01

로딩 중…

VR과 AR에 관한 책이라고?

다른 사람들과 이 책에 관해서 논의할 때 내가 자주 받았던 질문 가운데 하나는 바로 "왜 떠오르는 최신 기술에 관한 내용을 책으로 쓰는 건가요?"였다. 이 질문에는 두 가지의 저의가 있다.

❶ 도서는 죽어 가는 대중 매체고 우린 후속 세대의 최신 플랫폼 사용을 더 널리 장려해야 해.

❷ 이 책은 곧 시대에 뒤처지게 될 거야.

우선 첫 번째 관점에 대한 답을 하자면 사람들의 일반적인 생각에도 불구하고 출판 시장은 아직도 해마다 꾸준히 성장세를 보이고 있다. 더 실질적이고 단순하게 말해 사람들은 책을 통해 정보를 얻는 것을 즐긴다. 이 사실을 무시한 채 적절하지도 않은 경우에까지 무조건 기술만 강요하는 것은 내가 이 책에서 중점적으로 강조하는 것 중 하나인 "기술이 모든 문제에 대한 해법은 아니다."라는 신조를 거스르는 일이 될 것이다.

두 번째 관점처럼 이 책의 일부 정보들은 대다수 분야에서 그러하듯 인류사회의 계속되는 진보 덕에 궁극적으로는 구식이 될 수밖에 없다. 그러나 가상 현실과 증강 현실을 채택하는 근본적인 이유만은 오래도록 남아 있을 것이다. 이 책에서 상술한 사례 연구들이 시간의 흐름에 따라 구식 기술이 되더라도 그로부터 얻는 교훈들은 여전히 유효할 것이고 산업에서 갖는 가치 역시 더욱 공고해질 것이다.

최신 기술들은 특히 금세 구식이 되어 한물가 버린다는 문제가 있다. 하지만 새로운 스마트폰이 곧 나올 것 같다는 이유로 구매를 주저하다가는 영원히 그다음 제품을 기다리게 되듯이 때로는 일단 결정을 내리고 바로 구매할 필요도 있기 마련이다. 내가 한 일도 바로 그런 맥락이다. (스마트폰 구매가 아니라 책을 쓴 일을 말하는 것이다. 물론 새로 나온 아이폰이 꽤 멋지다는 걸 부정할 수는 없지만….)

대상 독자

이 책은 VR(가상 현실), AR(증강 현실), MR(혼합 현실), 공간 컴퓨팅을 비롯하여 몰입형 기술의 묘사에 사용되는 각종 기타 용어 중 포괄적으로 XR(확장 현실)에 속하는 개념들을 들어보았거나 다음과 같은 주제에 대해 더 알아보고 싶은 독자들을 주된 대상으로 한다.

- XR은 무엇인가? (또 XR이 아닌 것은 무엇인가?)
- 어떻게 XR을 산업에 적용할 수 있는가?
- 다양한 조직에서는 이를 어떻게 사용해 왔는가?
- XR을 구현할 때 고려해야 할 현실적인 측면과 어려움은 무엇인가?
- 해당 기술과 관련된 근거 없는 믿음과 인식에는 어떤 것이 있고, 그것이 잘못된 이유는 무엇인가?

자신의 비즈니스에 XR 기술을 도입할지 고민 중이거나, 또는 단순히 호기심 때문에 위 주제들이 궁금한 독자들도 있을 것이다.

접근 방식

교육용을 비롯한 여러 AR 및 VR 소프트웨어는 다수의 산업 분야에 걸쳐 공유되고 있어 이를 단일 산업마다 개별적으로 반복하여 다룬다면 끔찍하게 지겨울 것이다. 따라서 이 책은 산업군이 아니라 용도별로 원고를 정리하였다. 그런 다음 사례 연구와 토론에 필요한 예시들을 활용해 각 영역에서 XR이 갖는 가치에 대한 근거로 논의를 확장했다. 때로는 요점을 설명하기 위해 특정 산업에 더 깊이 파고드는 경우가 있지만, 기술적인 설명에 치중하지 않았고 약어의 수는 정말 필요한 최소로 줄였다.

이처럼 용도를 중심으로 접근하는 방식을 통해 독자들은 그 내용을 자신의 비즈니스와 연결 지을 수 있고 영감을 받아 새로운 아이디어를 창조할 수도 있을 것이다.

VR과 AR, 두 기술을 모두 특정 과제의 해결책으로 사용할 수 있는 경우에는 둘 중 더 적용이 용이한 기술을 우선하여 설명할 것이다. 많은 이들은 VR과 AR 기술이 언젠가 융합될 것이라 믿고 있으며 이미 두 종류의 사용자 경험을 모두 제공할 수 있는 장치에서는 융합이 어느 정도 이루어진 추세이다. 그 예측이 정말 옳을지도 모르지만, 설령 그렇더라도 이 기술들은 서로 다른 목적으로 계속 작동할 것이다. 그래서 이 책에서는 유의미한 부분에 한해 두 기술을 분리하되 공동으로 언급되어야 할 곳에서는 포괄적 용어인 XR을 사용하여 설명하였다. 특정 기술 용어의 사용에 익숙하지 않은 독자는 책의 뒷부분에 있는 용어집을 참조하길 바란다.

요약 및 목표

VR과 AR은 혼란과 복잡성 그리고 모순이라는 수렁에 빠진 신기술이다. 아마 많은 이들은 이 새로운 기술들이 아직 비즈니스에 적용하기엔 이르며, 심지어는 이 기술의 비즈니스용 소프트웨어가 전혀 존재하지 않는다고 생각할 것이다. 우리가 VR과 AR에 대해서 미디어를 통해 듣는 이야기들이 대부분 그저 관심끌기용이라는 점을 고려하면 이런 반응도 이해가 간다. 그런 이야기들은 오락성이 강하고 재미 요소에 초점이 맞추어져 있으며 특이해서 대체로 소비 사회에 걸맞다.

반면 AR로 매출을 증가시키거나, VR을 통해 교육 프로그램을 개선하거나, 혹은 둘 중 어느 기술이든 사용하여 지속 가능하면서도 비용 효율적인 워크숍을 개최하는 조직에 관한 소식은 뉴스거리가 되기 어렵다. 따라서 사람들은 안타깝게도 이 기술들로 가능한 것 가운데 한 단면만을 보게 되고, 그 부작용으로 여론에 불가피한 변화가 일어난다. VR과 AR을 단순한 오락성 엔터테인먼트 장치, 매우 작은 시장, 일시적인 유행, 진정한 가치를 담기에는 아직 지나치게 미성숙한 상태, 또는 이런 모든 요소를 갖춘 존재로 간주할 위험이 있다는 것이다.

VR과 AR에 관해 우리가 지금껏 잘 들어보지 못한 사례에는 다음과 같은 것들이 있다. 백 년 이상의 역사를 가진 자동차 제조업체 포드는 인체 공학에 최적화된 제조 과정을 위하여 2000년도부터 VR을 사용해 왔다.[1] 세계에서 직원 수가 가장 많은 월마트는 직원 교육을 강화하기 위해 17,000개 이상의 VR 헤드셋을 배포했다.[2] 코카콜라는 AR을 사용하여 더 많은 보랭용 아이스 쿨러를 판매했고 반품량은 줄였다.[3] 영국 국민 건강 보험 센터는 AR을 사용해서 의료진들이 환자를 원격으로 진료할 수 있게 하였다. 그 외에도 수많은 조직이 VR/AR 기술을 사용하고 있다.

시장 분석 전문 기업인 IDC는 세계적으로 2023년까지 XR에 지출하는 비용이 310억 달러*에 달할 것으로 예측하였는데, 대부분은 소매 유

---

*특별한 표기가 없는 한 모두 미화 달러를 의미한다.

통, 금융, 제조, 교육, 유틸리티와 같은 비*소비자, 즉 상업 부문에서 발생할 것으로 예상하였다.[4] 글로벌 컨설팅, 회계 및 시장 조사 전문 기업인 PwC는 경제 영향 분석을 통해 XR이 2030년까지 세계 경제에 1조 5천억 달러의 부양 효과를 제공할 것으로 예견했다. 주로 새롭게 개선된 작업 및 학습 방법으로 생산성을 향상한 결과이다.[5]

하지만 이런 흥미로운 미래 예측과 별개로 이미 XR은 전 세계의 여러 조직에서 매일같이 사용되고 있다. 오늘날 비즈니스에서의 실제적인 적용에 관한 이야기야말로 내가 이 책에서 초점을 맞추고자 하는 바이다.

정의

VR과 AR은 단독 형태로 존재하는 것이 아니라 여러 장치, 콘텐츠, 기술을 망라한다. 따라서 다양한 수준의 정확도와 기능성으로 다양한 하드웨어 장치에서 다양한 방식으로 경험할 수 있다. [그림 1.1]에서 볼 수 있는 실제 현실과 증강 현실, 가상 현실 간의 차이점은 이 책뿐만 아니라 다른 여러 곳에서 접하게 될 주요 용어들을 훌륭하게 설명하며 기초적인 이해를 돕는다. 이 세계를 더 세세히 탐구하고 싶다면 이 책의 뒷부분에 있는 용어집을 참조하기를 바란다.

실제 현실

우리가 알고 있는 세계인 실제 세계에서부터 시작하자. [그림 1.1] 중

[그림 1.1]
각 개념 간의 차이점을 보여 주는 이미지. 왼쪽 위부터 시계 방향으로: (1) 실제 현실, (2, 3) AR, (4) VR. 이미지를 제공해 준 에마뉘엘 토모제이(Emanuel Tomozei)에게 감사를 드린다.

왼쪽 위의 이미지는 탁자 위에 노트북이 놓여 있는 실제 방에서 일반적인 카메라로 촬영한 사진이다.

AR(증강 현실)

스마트 안경*이나 핸드폰의 카메라를 통해 [그림 1.1]의 두 번째 이미지를 보고 있다고 가정해 보자. 실제와 똑같은 방에 노트북의 정보가 담긴 화면이 오버레이Overlay로 띄워져 있다. 디지털 요소인 정보, 개체, 이미지, 비디오 등을 실제 세계로 가져오기 시작했다면 이는 AR의 범주에

---

* VR, AR 등을 시야에 구현해 주는 안경 형태의 화면 디스플레이 장치.

속한다.

AR[때로는 MR(혼합 현실)로 세분화]

세 번째 이미지는 또 다른 형태의 AR을 보여 준다. 똑같은 실제 환경이지만 물리적인 노트북은 그와 동일하게 작동하는 디지털 3D 모델이 대체하였다. 이 가상의 노트북은 탁자 위에 놓인 것처럼 보이며 그 주위로 몸을 움직이면 여타의 물리적 개체처럼 제자리에 놓인 그대로 여러 각도에서 볼 수 있다. 이를 달성하려면 AR 장치가 물리적 환경의 표면 상태를 이해할 수 있어야 한다. 이런 AR은 디지털 요소들을 물리적 환경의 특정 지점에 고정할 수 있는 유형으로 흔히 'MR(혼합 현실)'이라고 불리기도 한다.

이와 달리 [그림 1.1]의 두 번째 이미지는 디지털 정보를 담은 글 상자가 단순히 실제 세계에 겹쳐서 떠 있는 것이다. 이런 화면 구성은 두 개의 평면을 교차시키는 것이라고 이해하면 쉽다. 하나는 실제 세계의 이미지이고 다른 하나는 디지털 정보라고 했을 때, 한쪽을 다른 한쪽 위에 놓음으로써 가장 기본적인 AR 경험을 구현할 수 있다.

VR(가상 현실)

주변 세계가 전부 디지털화되었다면 당신은 가상 현실에 들어선 것이다. 마지막 이미지에서는 방 전체를 디지털로 재창조하였는데 이는 이미지 안의 모든 것들이 컴퓨터로 만들어졌다는 의미이다.

용어들 때문에 벌써 혼란스럽다면 이 책에서 가장 자주 등장할 세 가지 핵심 개념만이라도 알아 두자.

- VR(가상 현실): 헤드셋 또는 서라운딩 디스플레이*를 통해서 사용자가 완전히 디지털 환경에 몰입할 수 있도록 한다. 이 환경은 컴퓨터를 통해 생성하거나 실제 물리적 세계를 기록해서 사용할 수 있다.

- AR(증강 현실): 휴대용 모바일 장치 또는 헤드셋을 통해 실제 물리적 세계에 디지털 정보, 개체 또는 미디어를 제공한다. 이러한 요소들은 평면 그래픽이나 실제처럼 보이는 3D 개체로 표현될 수 있다.

- XR(확장 현실): 부분적으로 디지털화된 증강 현실부터 완전한 몰입감을 주는 가상 현실 경험에 이르기까지 다양한 영역의 기술들을 나타낸다. 경우에 따라 몰입형 기술이나 공간 컴퓨팅이라는 용어로 부르기도 한다.

위 개념들의 정의를 이곳에 요약해 두고 이 책에서 해당 용어들이 사용될 때 독자들이 모두 같은 내용으로 이해할 수 있도록 하고자 한다. 다만 명확하고 정확한 의사소통을 위해 용어의 정의가 아무리 중요할지라도 그 기술로 무엇을 할 수 있는가만큼 중요하지는 않다.

---

* 사용자 주위를 둘러싼 형태의 화면 디스플레이 장치.

02

XR이
비즈니스에
필요한 이유

비즈니스적으로 XR의 가치는 각 기술의 고유한 속성에서 비롯된다.

VR의 강점

VR의 위력은 물리적으로 가능한 수준보다 더 빠르고, 안전하고, 비용 효율적으로 사용자를 특정 환경이나 시각적 상황에 몰입하게 만드는 능력에서 나온다. 이것이 다른 기술과 차별화되는 VR의 주요한 특징이다. VR의 이러한 특징은 다음과 같은 이유에서 비롯된다.

- **감정적인 연결을 형성한다.** 가상 세계에 성공적으로 몰입한 사용자는 현실 세계의 비슷한 환경에서 행동했을 법한 방식으로 반응한다. 예를 들어 사용자를 1,000명의 가상 관객으로 가득 채운 대강당의 무대에 세우면 불안감을 느낄 수

있다. 모욕적인 폭언을 듣는 입장으로 설정하면 감정이 상할 수 있다. 지상 100미터 높이의 통신탑을 관리하도록 매달아 두면 극도의 공포심에 빠질 수 있다. 즉 VR은 현실감 넘치는 압박감, 불안감, 어색함, 공감을 비롯해 여러 가지 업무 상황에 관련된 다양한 감정들을 유발할 수 있는 것이다.

• **방해 요소가 없는 환경을 조성한다.** 직장 동료가 핸드폰에서 눈을 떼지 못하는 동시에 회의에도 집중하려고 애쓰는 모습을 얼마나 많이 보았는가? 화상 회의에 참석하면서 마이크를 끄고 화면을 최소화한 채 다른 작업을 해 본 경험이 있는가? 오늘날 세상은 다양한 종류의 기기를 아울러 집중을 방해하는 유혹들로 가득하다. 그러나 시각과 청각 모두 가상 환경에 완전히 몰두하게 되면 앱을 열거나 닫을 일도 없고, 의도적으로 접속 경험을 끊고 가상 환경과 실제 물리적 환경 사이를 뛰어넘지 않는 한 핸드폰의 알림을 잽싸게 확인하는 일이 훨씬 어려워진다. 불가능한 것은 아니지만 그 과정이 수고롭기 때문에 그런 행동을 취하려는 의욕 자체가 꺾이게 된다.

• **물리적 제약을 제거한다.** VR은 효과적인 몰입 도구일 뿐만 아니라 어떤 물리적인 제약도 받지 않는다. 직접 찾아가서 만나지 않고도 가상의 작업장에서 동료들과 협업할 수 있고 운반, 설치, 전원 공급과 같은 물류 계획에 대한 걱정 없이도 무한히 많은 화면을 만들어 낼 수 있다. 또, 어떤 자재도 구매할 필요 없이 새로 단장한 사무실을 거닐어 볼 수 있다. 3D 모델들의 크기를 조정해서 사람의 몸 크기에 맞춰 더 철저히 검토할 수도 있다. 분자 구조를 확대할 수도 있고 높이 솟은 건물을 축소할 수도 있다. 또한, VR은 강렬한 방식으로 과거의 시나리오를 재현하거나

미래의 시나리오를 시뮬레이션해 볼 수 있게 해 준다. 만약 US 에어웨이스 1549편 항공기*의 조종사가 된다면 엔진이 동력을 잃은 후 무엇을 시도해 보겠는가? 화성에서 있을 과학 연구 임무를 어떻게 시뮬레이션해 보겠는가?

AR의 강점

AR의 위력은 우리 주위를 둘러싼 물리적 개체 및 환경에 대한 정보를 사용자 친화적인 방식으로 연결하고 이해하며 표시하는 능력에서 나온다. 이를 확장하기 위해 AR 기술은 다음과 같은 기능을 갖는다.

- **관련된 정보를 간편하게 주고받는다.** 이 정보는 물리적 환경 및 개체와 연관되어 직관적으로 표시된다. 한 번 쓱 보는 것만으로도 기술자는 정비 중인 기계의 현재 온도와 속도를 확인하면서 안전하게 분해하는 방법에 대한 설명서를 받고, 대기 중인 다음 기계로 시각적인 안내를 받을 수 있다. 소매업자는 어떠한 전문 하드웨어 없이도 고객들이 원격으로 상품을 살펴보도록 할 수 있다. 현장의 작업자는 원격으로 도움을 요청할 수 있으며 바로 몇 초 이내에 지구 반대편에 있는 관리자가 모든 상황을 함께 보면서 어떤 부위를 열어야 하는지, 어떤 버튼을 눌러야 하는지, 어떤 나사를 풀어야 하는지 등을 강조해서 표시해 줄 수 있다.

---

* 2009년 1월 15일 비행 중 새떼와의 충돌로 2개 엔진 모두가 정지하여 미국 허드슨강에 비상 착수한 항공사고로, 탑승자 155명 모두 생존하여 '허드슨강의 기적'으로 불리게 된 비행기를 말한다. 이 사건은 2016년 〈설리: 허드슨강의 기적〉이라는 제목으로 영화화되었다.

- **시야에 보이지 않는 것을 보여 준다.** 맨눈으로 모든 것을 볼 수 있는 것은 아니다. 도시 지하의 배관망부터 피부밑으로 흐르는 정맥 수송로까지 우리는 각종 장치가 숨겨진 세상에서 살고 있는데, AR은 이런 정보를 표면으로 드러내 줄 수 있다.

알고 계셨나요?

AR은 지금 이 순간에도 의료계에서 환자의 정맥 위치를 찾는 데 사용되고 있다. 혈액 안의 헤모글로빈은 적외선을 흡수하고 반사되는 양을 줄인다. 아큐베인 (AccuVein)은 이 현상을 이용해서 정맥을 식별하고 피부 표면에 정맥 분포도를 투영하는 휴대용 장치이다. 정맥의 중심선을 기준으로 측정했을 때 오차 범위가 사람 머리카락 너비보다도 적어 임상의가 주삿바늘을 첫 시도에서 성공적으로 삽입할 가능성을 3.5배나 높인다.

- **손을 사용하지 않고도 조작할 수 있다.** 환자를 수술하는 일부터 각종 설비의 기계 조작에 이르기까지 양손의 자유로운 움직임이 필요한 경우는 다양하다. 손으로 조작할 필요가 없는 핸즈프리 기술의 가장 핵심적인 이점은 시간을 아끼고 위험을 줄일 수 있으며, 작업 장소로부터 멀리 떨어져 있거나 접근이 불편한 문서 또는 설명서를 참조해야 하는 경우 일어나는 오류를 제거할 수 있다는 것이다. 예를 들어 당신이 자동차의 바닥을 검사하는 정비공이라고 생각해 보자. 핸즈프리 기술이 없다면 확인이 필요한 일이 생길 때마다 하던 작업을 멈추고 스마트폰이나 출력물을 꺼내어 복잡한 설명서 묶음을 참조해서 외운 다음, 다시 하던 작업으로 돌아가 그 정보를 성공적으로 적용해야 한다. 이런 일련의 과정들은 시간이 많이 허비되고 오류가 발생하기도 쉽다. 하물며 위험한 환경에서 일하고 있다면 잠재적인 사고의 위험까지 감수해야 한다. 심지어 어떤 경우에는 아예 손을 사용하기가 불가능할 수도 있다. 만약 고장 난 트랙터를 수리하기 위해 0.5미터 깊이의

진흙탕에서 일하고 있다면 태블릿을 꺼낼 수조차 없을 것이다. 하지만 이처럼 핸즈프리가 꼭 필요한 상황이 아니더라도 두 손을 자유롭게 하는 AR 기술의 구현은 생산성 향상으로 이어질 수 있다.

DHL: 물류 창고의 '비전 피킹Vision Picking' 기술에 적용된 핸즈프리 AR

DHL은 1969년 설립된 글로벌 물류 기업으로 전 세계 220개 이상의 국가에 약 160만 개의 화물을 배송하며, 물류 창고 근로자를 포함하여 38만 명이 넘는 직원을 보유하고 있다.

DHL은 고객사 중 하나인 리코Ricoh와 협력하여 네덜란드의 베르헌옵좀Bergen op Zoom시에 있는 물류 창고에서 오더 피킹Order Picking*에 AR을 적용한 시범 프로그램을 운용했다. 10명의 오더 피킹 담당 직원Order Picker이 시범적으로 AR 헤드셋을 장착하고 업무를 진행한 결과, 3주에 걸쳐 2만 개 이상의 품목을 피킹하고 9천 개의 주문을 완료했다.

시범 프로그램 이외의 주문 건은 휴대용 스캐너와 서류 목록을 사용한 통상적인 방법으로 처리되었다. 양손이 자유롭고 서류도 필요하지 않은 AR 기술 덕에 DHL은 생산성 향상과 시간 절감, 각종 오류 감소 효과를 볼 수 있었다. 이 방식은 특히 다수의 오더 피킹 담당 직원이 임시 계약직이라 실수 없이 효율적으로 업무를 수행하기까지 많은 교육 비용을 들여야 하는 경우 더더욱 적합하다. AR로 관련 정보를 적시에 제시하여 이해를 돕는 시스템이 관리에 도움을 주기 때문이다.

피킹이 물류 창고 작업 비용의 55~65퍼센트를 차지하는 만큼 AR 기술 도입은 엄청난 금액 절감 기회를 제공한다.[1]

DHL은 업무와 환경에 맞춘 AR 소프트웨어를 적용하기 위해 공급사인 유비맥스Ubimax와 협력했으며 이 기술은 오더 피킹 담당 직원들이 착용한 AR 스마트 안경에 탑재되었다. AR 스마트 안경을 통해 각 직원은 개별 QR 코드가 포함된 식별 카드를 바라보는 것만으로 시스템에 접속할 수 있다. 스마트 안경에 달린 카메라가 QR 코

---

* 주문이 들어온 상품을 물류 창고에서 꺼내는 일.

드를 스캔하고 접속하는 것이다. 그러면 해당 직원은 하루 업무를 시작할 수 있고, 사용 가능한 물류용 수레의 바코드를 스캔하면 시야 내의 전경에 어떻게 일 처리를 할지에 대한 정보를 받게 된다. 제공되는 정보에는 얼마나 많은 품목을 피킹해야 하는지, 복도와 선반 위치, 다음 상품의 위치, 그리고 전체 작업 진행률 등이 포함된다. 직원이 해당 물품을 찾으면 또 다른 스캔 작업을 통해 그 물품이 맞는지 식별하고 그 품목을 두어야 하는 물류용 수레의 짐칸에 강조 표시를 한다.

오더 피킹 담당 직원들은 사용이 매우 쉽고 작업에 효과적인 도구라며 이 기술을 높이 평가했다. 이 시범 프로그램의 성공 이후, DHL은 브뤼셀과 로스앤젤레스에 있는 화물 운송 중심지에 440개의 AR 스마트 안경을 공급했다.[2]

DHL은 오더 피킹에 AR 기술을 이용한 결과로 평균 15퍼센트의 효율 향상과 더불어 정확도 상승을 전망하고 있다. 이 시스템의 직관성 덕분에 신규 직원의 적응 및 교육 시간 또한 절반으로 줄어들었다.

XR이 비즈니스에 가져올 성과

XR 기술은 수많은 분야의 모든 산업군을 아울러 상당한 이득을 가져올 수 있다. 다음의 목록은 XR을 적합한 방식으로 사용했을 때 기대할 수 있는 성과들을 요약한 것이다. 각 항목의 중요성 및 적용 가능성은 분야와 비즈니스의 종류, 팀의 구성에 따라 다르다.

학습 및 개발

- 교육 속도 향상
- 학습자 자신감 향상
- 학습자 집중력 향상
- 기억력 향상

- 정서적 몰입도 증가

- 교육자에 대한 의존도 감소

- 배포 비용의 효율성 증대

- 물리적 교육 장소 유지비 감소

- 교육의 이동성 증가

- 현장 교육 활동에 방해가 줄어듦

- 개인별 데이터 획득을 통한 학습자 통찰력 향상

- 위험도가 높은 교육을 안전하고 효과적으로 제공하는 능력 향상

- 기업 문화의 개선

운영

- 운영 복잡성 감소

- 비용 감소

- 시간 절감

- 이동 및 관련된 탄소 배출량 감소 / 지속 가능성 향상

- 원격 협업 개선

- 더욱 효율적이고 효과적인 원격 지원

건강과 안전

- 사고 건수 감소

- 사고 관련 비용 감소

설계

- 시장 출시 가속
- 물리적 시제품 제작 시간 및 비용 감소
- 설계 조감 정렬의 향상

영업 및 마케팅

- 새로운 수익 채널
- 고객 참여도 향상
- 고객 행동에 대한 이해도 증가

03

학습 및 개발

직원 교육은 단지 운영 역량과 효율성만의 문제가 아니라 근로자 만족도 향상, 직원 잔류율 증가, 수익 증대 및 낭비 비용 감소에 이르는 방도이기도 하다.

현대사회의 일터에서 직원들은 자기계발과 능력 향상의 기회를 가치 있게 여긴다. 전 연령대에서 평균 78퍼센트의 직원들이 '전문성 혹은 경력의 개발과 성장 기회'가 중요하다고 답했다.[1] 만족하지 못한 직원들은 조직을 떠나며 이들의 이직으로 매년 110억 달러의 손실이 발생한다.[2] 반면 직원들의 참여를 성공적으로 이끌어 내는 조직은 참여 수준이 낮은 경쟁사보다 2.5배 이상의 수익을 올린다.[3] 이 같은 결과는 직원과 조직의 원동력이 서로 일치함을 보여 주며, 참여형 학습 및 역량 개발 프로그램이 양쪽 모두에게 좋은 기회가 될 것임을 나타낸다.

지금까지의 교육은 다양한 매체를 통해 여러 가지 방식으로 이루어져왔다. 안내 매뉴얼, 동영상 교육, 온라인 교육, 현장 강의, 직업 현장 연수

등은 모두 학습 및 역량 개발 도구로 활용되었다. 그리고 이제는 VR 역시도 그 도구 중 하나이다.

VR은 조직 내에서 직원들에게 다음 항목들을 교육하는 데 사용되고 있다.

- 새로운 기계와 장비를 작동하는 방법
- 새로운 프로세스를 성공적이고 효율적으로 실행하는 방법
- 고객과 동료에 대한 공감을 형성하는 방법
- 어려운 이야기를 전달하는 방법
- 자신감 있게 협상하는 방법
- 효과적으로 의사소통하고 표현하는 방법
- 더 많은 매출로 더욱 빠르게 전환하는 방법
- 고객 서비스를 개선하는 방법
- 까다로운 고객들을 관리하는 방법
- 리더십 기술들을 개발하는 방법
- 긴급 사태에 대처하는 방법

이런 분야에서 더 잘 훈련된 직원들은 본인의 업무를 더욱 효과적으로 수행하고 감독과 지도를 적게 요할 것이다. 또한, 더 빠르게 발전하고 향후에 부여받을 역할을 더 성공적으로 수행할 것이며 문제 상황에 대처하기 위한 준비도 더 잘 되어 있을 것이다. VR은 롤플레잉으로 시나리오를 재현하거나 회사 자원을 제한하는 비용과 불편함을 감수하지 않고도 위

항목들에 대한 현실적인 시나리오를 제공할 수 있다.

현재 대규모의 인원에게 교육을 제공하기 위해 사용되는 두 가지 주요한 방법은 현장 강의와 온라인 교육이다. 현장 강의는 토론과 실습형 상호 작용, 롤플레잉 활동이 가능하기 때문에 관련된 상황에서 작업을 수행 혹은 대응하는 방법에 대한 정보를 전달하는 데 매우 효과적일 수 있다. 하지만 강의실 기반의 교육은 모든 사람이 언제나 접근할 수 있는 것은 아니며, 지리적으로 넓게 분산된 다수의 사람을 교육하기에는 물류와 비용 문제가 있어 규모를 키우기가 어렵다.

반면 온라인 교육은 직원의 노트북이나 스마트폰을 통해 제공되며 필요에 따라 접근할 수 있기에 확장성이 대단히 우수하다. 또 변동비가 낮은 덕에 대규모로 제공하기에도 좋아 비용 면에서 효율적이다. 하지만 화면을 터치하거나 클릭하는 것은 다양한 기술 교육에 있어서 크게 영감을 주거나 물리적으로 전형적인 방식은 아니며, 도리어 집중력 부족과 안일한 태도로 이어질 수도 있다.

한편 VR은 그 자체만으로 최적의 장점만을 제공하는 균형 잡힌 학습 솔루션이다.

- 대규모 교육에서 현장 강의에 비해 가격이 합리적임
- 많은 경우 온라인 교육보다 효과적이며, 특히 실용적 기술과 소프트 스킬*에 대한 교육에서 그 효과가 두드러짐

---

* 소통, 팀워크, 문제 해결 등 대인관계에 관련된 스킬로서 특정 직업에 근거하지 않으며 개인의 일반적인 기질과 개성에 더 큰 관련이 있음. (네이버 사전)

- 세계 각지의 사용자들이 현장 강의보다 쉽게 접근할 수 있음
- 수요에 따라 사용 가능하기 때문에 현장 강의보다 융통성 있음

각 개인이 VR에서 내리는 선택은 그들이 실제 세계에서 할 법한 선택을 더욱 잘 반영한다. 잘 개발된 가상 시나리오는 온라인 교육이나 현장 강의보다도 물리적 현실의 모사체에 훨씬 가깝기 때문이다. 따라서 특정 교육 목표에 대해서는 VR이 강의실보다 훨씬 더 효과적일 수 있다.

알고 계셨나요?

미국 메릴랜드 대학에서 수행한 연구에 따르면 사용자는 컴퓨터 화면보다 VR로 제공된 정보를 더 잘 기억한다. 연구원들은 VR 헤드셋을 사용하면 기억 정확도가 8.8퍼센트 향상된다는 결론을 내렸다.[4]

다른 모든 도구와 마찬가지로 VR은 사람이 어떻게 사용하는지에 따라 그 효과가 달라진다. 잘못 설계된 사용자 경험이나 기술의 비효율적인 적용은 교육 목표에 피해를 줄 수 있다. 몰입형 교육법을 언제 도입하고 언제 도입하지 말아야 하는지를 아는 것이 중요하다. 활용 가능성을 평가할 때는 VR의 강점들을 염두에 두어야 할 것이며 이러한 장점들이 잘 작용할 수 있도록 사용자 경험을 확실히 설계해야 한다.

소프트 스킬

'소프트 스킬'이라는 용어는 1990년대 초반에 확산되기 시작했지만 실은 그에 앞선 1972년 미 육군 훈련 교범에서 유래한 것으로, '하드한(딱딱한)' 기계류를 동작시키는 방법에 대한 지식인 '하드 스킬'과 대조되는 의미를 뜻하였다. 즉 기술적인 지식이 필요한 것은 '하드 스킬'로, 개인의 특성이나 행동 및 상호 작용에 밀접하게 관련되며 숙련도가 증가하면서 더욱 긍정적인 결과를 낼 수 있는 것은 '소프트 스킬'로 구분한 것이다. 이는 수많은 역할과 산업에도 종종 적용될 수 있다.

소프트 스킬의 범주에 속하는 사례는 다음과 같다.

- 의사소통 능력(고객 서비스/협상/영업/피드백)
- 팀워크
- 리더십
- 공감 능력
- 갈등 관리
- 스트레스 관리
- 문제 해결
- 의사 결정
- 상황 인식
- 창의력
- 적응력

• 직업 윤리

직원이 소프트 스킬을 다양한 방식으로 개발하면 조직 전체에도 도움이 된다.

• 고객 만족 증대
• 직원 만족 증대
• 매출 증가
• 생산성 향상
• 직원 잔류율 증가

비즈니스에서 소프트 스킬의 중요성은 갈수록 더욱 인정받고 있다. 28개 국가에서 미래 직업 글로벌 학술 연구*에 참여한 천 명 이상의 글로벌 리더 중 조사 참가자의 절반은 500명 이상의 직원을 보유한 조직의 리더였다. 이들을 대상으로 '가장 가치 있는 능력'을 조사한 결과, 소프트 스킬이 압도적으로 우세했다. 이 결과는 세계 경제 포럼[5,6]을 포함한 다른 여러 기관의 보고서에서도 반복적으로 인용되었다.

VR과 AR 중 대부분의 소프트 스킬 교육에는 VR이 더 효과적이다. 사용자에게 감정적으로 더 큰 영향을 끼치기 때문이다. 예컨대 기업의 최신 계획을 발표하기 위해 선 무대에서 무표정한 수백 명의 군중을 마주

---

* 이 글로벌 파트너스 컨설팅 업체와 하모닉스(Harmonics) 그룹이 시행한 2019년 미래 경력 대비 지수(Future Career Readiness Index)를 말한다.

보다폰: VR로 발표 기술을 연습하다

보다폰Vodafone은 영국의 다국적 통신 회사로 1982년 설립되었고 영국 런던에 본사를 두고 있다. 모바일 이동통신, 브로드밴드 및 텔레비전 서비스 위주로 아시아, 아프리카, 유럽, 오세아니아 각지에서 핵심 사업을 벌이고 있다.

보다폰은 소프트 스킬 교육 플랫폼인 버추얼스피치VirtualSpeech에 의뢰하여 보다폰이 보유한 최대 크기의 회의장 중 하나인 파빌리온Pavilion을 디지털로 재현하고, 재현된 디지털 공간에서 VR을 통한 커뮤니케이션 교육을 가능케 하고자 했다.[7] 이

[그림 3.1]
위: 영국 보다폰 파빌리온(Pavilion) 회의장을 찍은 사진.
아래: 파빌리온의 3D 재현물. 상호 작용을 위한 슬라이드 발표 자료, 초시계, 연설 분석 데이터 및 가상 청중을 포함한다.

기술로 보다폰 직원들이 파빌리온에서 실제 청중들 앞에 서기 전에 가상으로 대중 연설 기술을 연습하도록 하기 위함이었다.

6주의 기간 안에 버추얼스피치는 현장을 방문하여 참조용 파노라마 전경 사진을 촬영하였고 파빌리온을 VR에서 사용할 수 있게 3D로 재현하였으며 가상의 청중을 포함한 디지털 공간을 완성하였다([그림 3.1] 참조).

가상 파빌리온은 실제 공간을 재구현했을 뿐 아니라 사용자들에게 다음과 같은 경험을 제공한다.

- 자신만의 발표용 슬라이드 자료와 메모를 업로드
- 발표 끝에 청중들에게 받을 질문을 음성 녹음 파일로 업로드

발표 도중에 사용자는 실시간 피드백을 받을 수 있다. 목소리가 너무 작다면 더 크게 말할 것을 제안하는 알림이 즉시 뜰 것이다.

행사가 종료되면 사용자는 자신의 연설을 속도, 음량, 어조, 말을 주저한 횟수, 전달력, 청중들을 고루 바라보는 시선 처리 등의 항목으로 분석한 결과가 담긴 평가를 받게 된다.

결과 분석과 피드백 자료, 전체 녹화 영상은 앱과 온라인 학습 관리 시스템에 저장되어 학습자와 관리자가 조회할 수 있으며, 강점과 개선점을 이해하는 데 활용할 수 있다. 이렇게 얻은 결과를 통해 학습자는 자신의 기술을 연마해서 이전보다 늘어난 지식과 자신감으로 추가 훈련을 시도해 볼 수 있다.

보다폰 직원들의 반응은 긍정적이었다. 각 직원이 VR 교육에 사용한 평균 시간은 36분이었고, 91퍼센트의 응답자가 보다폰에서 더 많은 VR 교육을 받고 싶다고 응답하였다.

하고 있으며 초시계의 숫자마저 가차 없이 줄어들고 있다면 자연히 주눅이 들 수밖에 없다. 하지만 그런 상황을 맞닥뜨리는 동안에 드는 불안감이나 걱정, 공포심 같은 갖가지 감정들은 집 거실이나 사무실 책상머리가 아니라 정말로 무대 위에 서 있다고 느껴야만 생길 수 있는 것들이다.

다양성과 포용성

비즈니스에서 다양성과 포용성Diversity and inclusion, D&I은 서로 다른 개념이지만 동등하게 중요하며 서로 연관되어 있다. 여기서 '다양성'이란 넓은 범주의 사회에서 그러하듯 다양한 사람들을 차별 없이 섞어 고용하는 일터를 만드는 것을 뜻한다. 한편 '포용성'이란 미국인사관리협회Society for Human Resource Management, SHRM에서 정의한 바와 같이 '모든 개별 직원이 공정한 대우 및 존중을 받고 기회와 자원에 동등한 접근 권한을 가지며 조직의 성공에 충분히 기여할 수 있는 직업 환경의 달성'을 의미한다.[8]

> 다양성과 포용성 상담가인 버나 마이어스(Verna Myers)*는 두 개념 간의 차이를 다음과 같이 간결하고 인상적으로 묘사했다. '다양성은 파티에 초대받는 것이며 포용성은 춤추기를 요청받는 것이다.'

소속 직원들을 균형 있게 고용하고 공정하게 대우하는 것은 윤리적인

---

* 저명한 포용 전략 전문가이자 문화 혁신가, 사회 활동가이며 TED 강연으로 유명하다.

목표일 뿐만이 아니라 사업적 목표에도 긍정적인 영향을 미친다. 이 사실은 이미 여러 독립된 출처의 연구를 통해서 뒷받침된 바이다.

- 매출 수입 증가[9,10]
- 수익성 증가[11,12]
- 고객 수 증가[13]
- 혁신적인 제품과 서비스의 매출 증대[14,15]
- 시장 점유율 신장과 신규 시장으로의 확대[16]
- 인재를 확보하고 유지하는 능력의 향상[17,18,19]
- 프로젝트 원가 감소[20]
- 기업 평판 및 브랜드 개선[21]

이러한 이점을 극대화하려면 마음가짐의 변화와 소수 집단이 겪는 어려움에 대한 더 깊은 이해, 그리고 현재의 상태를 바꾸기 위한 강력한 행동이 필요하다. 즉 리더를 비롯해서 더 많은 직원이 타인의 입장을 겪어볼 필요가 있다.

이쯤 되면 VR이 이 목표의 달성에 아주 효과적인 전달 기술이라는 사실을 이해할 수 있을 것이다. VR은 그 기술이 미칠 수 있는 영향력 때문에 '궁극의 공감 기계'로 묘사되기도 한다. 사용자는 VR로 자신을 구현한 캐릭터와 더 깊이 연결되어 있음을 느끼기 때문에 이를 통해 무의식적인 편견이 감소할 수 있다.

스탠퍼드 대학의 제레미 베일렌슨Jeremy Bailenson과 바르셀로나 대학의 멜 슬레이터Mel Slater는 VR 사용자가 자신과 다른 모습의 아바타Avatar*로 접속했을 때 형성하는 공감에 관한 핵심 연구에 기여한 연구원들이다. 관련 연구 중 일부는 지난 2006년에 긍정적인 결과를 내놓았다.

더 최근의 사례로, 제레미 베일렌슨은 2020년 7월 발표한 논문에서 주커 의과대학Zucker School of Medicine**과 노스웰 의료기관Northwell Health***의 학자들과 협력하여 20분간의 VR 프로그램을 통한 인종차별 체험의 영향을 연구했다.[22] 교수진과 사무직원 112명이 방대한 전문 개발 프로그램의 한 구성요소인 VR 교육 과정을 경험하였고, 이후 설문 조사를 완료한 참가자 76명은 다음과 같이 응답하였다.

- 참가자의 94.7퍼센트는 VR이 공감을 증진하는 데 효과적인 도구임에 동의했다.
- 참가자의 90.8퍼센트는 VR 경험에 몰입했다고 느꼈다.
- 참가자의 85.5퍼센트는 이 활동이 소수 인종에 대한 공감을 증진했다고 느꼈다.
- 참가자의 67.1퍼센트는 향후 자신의 의사소통 방법에 변화가 있을 것이라고 말했다.

이러한 자기보고식 설문조사는 인종에 대한 편견에 VR이 미치는 영향에 대하여 객관적이고 직접적으로 측정된 증거를 통해 뒷받침된다. 멜 슬레이터 교수와 그의 팀은 백인들을 흑인 아바타로 구현하고 이들을 가상 태극권 수업에 참여하게 하는 연구를 수행했다. 참가자들은 온몸의

---

* 디지털 가상 환경에서 자신의 분신이 되는 사이버 캐릭터.
** 2008년 호프스트라 대학(Hofstra University)과 노스웰 의료기관(Northwell Health)이 공동 설립한 미국 뉴욕주 소재의 의학 전문 대학.
*** 미국 뉴욕주 최대 규모의 의료 네트워크 법인.

움직임을 VR에서 추적하고 복제할 수 있게 하는 전신 모션 캡처 슈트*를 착용하였다. 참가자들은 VR 경험 일주일 전과 일주일 후에 각각 인종에 대한 내재적 연관 검사Implicit Association Test, IAT**를 진행했다. 그 결과 흑인 아바타로 구현된 경험을 10분 동안 단 1회 한 것만으로도 일주일 뒤에 내재적 인종 차별 의식이 줄어들었음을 충분히 관찰할 수 있었다.[23]

내재적 연관 검사는 특정 인물의 마음속에서 어떠한 개념(예컨대 흑인, 젊은이 등)과 긍정적 혹은 부정적 평가(예컨대 즐거움, 혐오 등) 사이에 존재하는 잠재의식상의 연결 강도를 측정한다. 나이, 인종, 성별, 성적 지향성, 종교 등 여러 영역에서 무의식적 편견을 조사하는 데 사용할 수 있다.[24]

VR은 인종뿐만 아니라 더욱 광범위한 관점에서 공감을 불러일으킨다. 스탠퍼드 대학에서는 '노숙자가 되는 과정'이라는 VR 프로그램을 개발하여 최소 8개의 민족적 배경을 가진 15~88세 사이의 사람들 560명에게 제공했다. 사람들은 인터랙티브 내러티브interactive narrative***를 통해서 직장을 잃고 집세를 내기 위해 개인 물품을 팔아야만 하는 이야기를 경험했다. 참가자들은 결국 집에서 쫓겨나 버스에서 쉴 곳을 찾으며 몇 개 남지 않은 소유물들을 도둑맞지 않고 지키기 위해 필사적으로 노력하게 되었다.[25] 이 프로그램은 VR용으로 제작했지만, 일부 참가자에게는 상호 비교 목적으로 2D 화면 또는 글로 된 설명을 제공하였다. 프로그램을 마

---

* 입는 옷 형태의 움직임 포착 장비.

** 사회심리학에서 인간 행태에 대하여 밖으로 나타나지 않는 진짜 마음속 내재적, 암묵적 태도를 간접 측정하기 위한 방법론으로 고안된 검사.

*** 쌍방향 인터랙티브 서사.

친 참가자들에게는 공감을 측정하는 방법의 하나로 저가 주택 공급 정책인 어포더블 하우징Affordable housing*을 지지하는 청원서에 서명할 것을 요청하였다. VR 경험을 한 사람들은 2D 화면이나 글로 된 설명을 접한 사람들보다 청원에 서명한 비율이 대략 20퍼센트 더 높았다.[26]

VR은 공감을 형성할 뿐 아니라 이후에 취해야 할 행동을 장려할 수도 있다. 〈시드라Sidra에게 드리운 구름〉은 유엔UN과 삼성이 손을 잡고 제작한 단편 다큐멘터리이다.[27] 360도 동영상으로 촬영된 이 영화는 요르단 자타리 난민 캠프의 12살짜리 시리아 난민 어린이 '시드라'의 하루를 따라간다. 영상은 2015년 1월 스위스 다보스에서 열린 세계 경제 포럼에서 초연된 후 고액 기부자 모임에서 상영되었다. 이 행사는 예상보다 약 70퍼센트 많은 금액인 38억 달러를 모금하였으며 보통 수준의 2배에 달하는 기부금을 모았다.

다양성과 포용성D&I 측면에서 VR은 인종뿐만 아니라 성별, 성적 지향성, 장애, 임신, 성격 유형 등에 관련된 무의식적 편견을 해결하는 데 사용될 수 있다.

"다양성에 마음을 여는 것은 단순히 배워서 될 일이 아닙니다. '느껴야' 합니다. 그렇다면 사람들에게 그 감정을 이해시키려면 어떻게 해야 할까요? 이야기를 들려줄까요? 물론입니다. 경청의 의지가 있는 사람들에게는 다른 이의 말을 들어보는 것이 아주 좋은 출발점입니다. 하지만 그보다 훨씬 더 좋은 방법은 사람들이 직

---

*미국에서 1980년대 이후 도심부 사무 지역 빌딩 개발과 함께 시작된 저소득자를 위한 주택 공급 정책.

접 '느끼도록' 해 주는 것입니다. 그것이 바로 가상 현실입니다."

- 론다 브라이튼홀(Rhonda Brighton-Hall), mwah(Making Work Absolutely Human)*의 CEO[28].

PWC: 소프트 스킬 교육을 위한 VR의 효용성 연구

PwC는 클린박스Cleanbox**, 오큘러스Oculus***, 테일스핀Talespin****과 협력하여 소프트 스킬 교육에 대한 VR의 효용성을 현장 강의 및 온라인 강의와 대비하는 전 세계적으로 가장 큰 연구 중 하나를 발표하였다.[29] 연구를 위해 PwC는 포용적 리더십에 관한 VR 소프트 스킬 교육 과정을 개발하여 12개의 다른 위치에서 72개의 VR 헤드셋을 사용해 참가자들에게 적용하였다.

이 주제에 관한 교육은 이미 현장 강의와 온라인 강의로 진행되고 있었다. 해당 교육 과정에 쓰인 시나리오들은 PwC의 최신 기술 그룹과 학습 및 개발 혁신 팀 간의 협업을 통해 그대로 VR에 적용되었다. 다만 VR의 강점들을 활용하기 위해 외부인의 관점으로 시나리오를 진행하는 대신 학습자에게 직접적으로 개입할 기회를 부여했다. 학습자들은 다양한 프로젝트의 성공을 위해 채용 대상과 진행 요원, 기여도 등에 대하여 가상 동료들과의 대화에 참여할 수 있었다. 이 VR 교육 과정을 전체적으로 설계하는 데는 대략 3개월이 걸렸다.

이 교육을 배포하고 성능에 대한 데이터를 수집한 뒤 PwC은 VR 학습자들에 대하여 다음과 같은 점들을 발견하였다.

- 다른 방법들에 비하여 최대 4배까지 빠르게 훈련되었음. 동일한 자료를 제공하는 데 현장 강의에서는 2시간이 걸린 (온라인 강의에서는 45분) 반면 VR에서는 단 30분밖에 걸리지 않음. 처음 써 보는 사용자가 장비에 익숙해지는 데 필요한

---

* D&I와 VR을 포함한 작업 능률 개선 컨설팅 조직.

** VR 장치의 거치 및 위생 솔루션 업체.

*** 유력한 VR 장치 제조사.

**** 두각을 드러내고 있는 VR 소프트웨어 플랫폼 회사.

추가 시간을 고려하더라도 VR 학습은 여전히 동급의 현장 강의보다 4배 빠름.

• 교육 후 배운 내용을 적용하는 데 최대 275퍼센트까지 자신감이 상승함. 이는 현장 강의 학습자에 비해 40퍼센트 그리고 온라인 강의 학습자에 비해 35퍼센트 더 개선된 결과임.

• 학습 내용에 정서적으로 더욱 깊게 몰입함. VR 학습자는 현장 강의 학습자보다 3.75배, 온라인 강의 학습자보다 2.3배 더 높은 정서적 연결을 보임. 보고에 따르면 설문에 참여한 학습자 중 4분의 3은 스스로가 생각했던 만큼 자신이 그렇게 포용적이지는 않다는 것을 깨닫는 순간을 경험했음.

• 더욱 높은 집중력을 보임. 온라인 강의 학습자보다 최대 4배, 현장 강의 학습자보다 1.5배 더 집중함. VR은 학습자의 시야와 주의력을 제어하면서 멀티태스킹의 가능성이나 학습과 관계없는 알림, 스마트폰처럼 주의를 산만하게 하는 장치에 대한 접근을 차단함.

또한, 이 연구는 VR 학습이 규모에 따라 더욱 비용 효율적일 수 있다고 결론 지었다. 초기에는 유사한 온라인 학습이나 현장 수업 과정보다 VR 콘텐츠에 투자해야 하는 비용이 최대 48퍼센트까지 더 높았지만 이내 학습자당 동등한 비용 수준을 매우 빠른 속도로 달성하였다. 학습자가 375명일 때 1인당 VR 교육 비용은 강의실 수업 비용과 동일하였다. 3,000명의 학습자에게는 VR이 강의실 수업보다 비용 면에서 52퍼센트 더 효율적이었다.

실용적 기술

XR로 직무와 연관된 기술적인 '하드 스킬'을 수행하는 방법을 교육할 경우 조직 입장에서는 시간, 비용 및 기타 측면에서 효율적이다. 다양한 교육 환경, 사물 및 절차를 디지털 방식으로 재창조하는 것은 VR로, 자기 주위의 환경과 사물 위에 단계별 설명을 띄워 제공하는 것은 AR로 가능하다.

직원들은 모의 상황에서 실습하며 실제로 업무를 수행해야 할 환경과 행동에 익숙해질 수 있다. 이런 경험은 결과적으로 훈련과 똑같은 실제 상황을 마주치게 되었을 때 그대로 반영될 것이다. 또, 정말 중요한 업무지만 어떤 직원들에게는 일상적이고 따분하게 느껴지는 작업도 XR 교육을 통해 재미와 흥미를 끌어낼 수 있다.

VR 시뮬레이션 또는 AR 설명서는 환경이나 프로세스에 대한 대량의 정보를 소프트웨어로 디지털화하는 방법이다. 적절한 하드웨어를 갖고 있다면 어떤 사용자라도 이 소프트웨어를 불러올 수 있다. 수많은 XR 장비가 얼마나 휴대성이 좋은가를 감안해 보면 이 기술은 물리적인 시뮬레이터에 교육 과정을 복제하려고 시도하는 것보다 더 저렴한 비용으로 전 세계 어디에서나 효과적인 교육에 접근할 수 있게 해 준다.

아메리카 항공American Airlines: VR로 승무원 실습 교육

미국 텍사스주 포트워스에 본사를 둔 아메리카 항공AA은 항공기 수 기준으로 세계 최대의 항공사이다. AA는 공급사 에어버스Airbus와 보잉Boeing의 항공기를 10종 이상의 모델과 객실 사양으로 총 874대 보유하고 있다.

이처럼 다양한 종류의 항공기에 대하여 승무원을 교육하는 것은 어려운 일이다. 특히 필요에 따라 때맞춰 다양한 항공기를 사용하기가 쉽지 않기 때문에 더욱 문제가 된다. 만일 사용이 가능한 경우라고 하더라도 각 교육생들은 자신이 실습을 빨리 마쳐서 다른 사람도 실습 기회를 갖고, 결과적으로 그룹 전체가 제시간에 실습을 마칠 수 있도록 해야 한다는 압박감을 많이 느낄 수 있다.

AA는 항공 승무원이 자신의 속도에 맞게 학습할 수 있게 하면서도 절차의 정확성에 대한 타협 없이 처리량을 개선할 수 있는 더 좋은 교육 방법을 원했다. AA는 이와 같이 교육을 개선하는 동시에 물리적인 시뮬레이터를 사용하기에 앞서 교육생들의 자신감과 능력을 증대시킬 방법으로 VR에 눈을 돌렸다.[30]

2017년 AA는 세계 최초로 승무원 교육에 VR을 도입한 항공사가 되었다. 이들은 퀀티파이드 디자인Quantified Design*과 협력하여 12명의 교육생이 출입문 작동, 비상용 장비 위치 및 비행 전 필수 확인사항에 대한 자율 훈련을 동시에 진행할 수 있도록 12개의 방을 갖춘 VR 교육 실험실을 세웠다. 동시에 훈련할 수 있는 교육생의 수가 증가하자 전체 교육 시간도 단축되었다.

실험실 입구에는 교육생의 이름과 각 방에 있는 교육생들의 외부 비디오 자료, 교육생들이 가상 환경에서 1인칭 시점으로 보고 있는 화면을 제공하는 14개의 스크린이 갖춰진 강사용 구역이 있다. AA는 컴퓨터 시스템에 연결되어 있어야 하는 연결형 헤드셋을 사용했는데, 일반적으로 이런 형태는 사용자가 자유롭게 걸어 다닐 수 있는 영역을 제한한다. 그러나 AA는 백팩형 컴퓨터를 사용하여 헤드셋이 컴퓨터에 연결되어 있어도 교육생이 자유롭게 움직일 수 있도록 하는 시스템을 만들었다. 교육생의 손은 컨트롤러 없이도 추적되기 때문에 손잡이를 당기고 문을 여는 등의 동작들이 물리적으로 가능하며 결과적으로 이러한 동작들에 대한 머슬 메모리를 생성한다.

---

* 항공 시뮬레이션 및 교육 장비 전문회사 뉴턴 디자인(Newton Design)의 자회사.

물리적으로 실제 항공기를 사용하기 위해서 줄을 서서 기다려야 하는 기존의 시스템과 달리 VR에서는 뒤에서 다른 교육생들이나 강사가 지켜보고 있다는 불안감 없이 안전한 환경에서 실수하는 것도 허용된다. 만약 항공 승무원 교육생이 비상 슬라이드를 전개하는 등의 실수를 했다 하더라도 VR에서는 버튼 하나로 교육을 재시작하거나 한 단계 전으로 되돌릴 수 있다.

VR 시스템의 효율성을 시험하기 위해 실제 수행 결과와 업무 능력에 대한 자가 평가를 토대로 50명의 교육생 그룹을 연구하였다. 연구를 통해 확인된 바는 다음과 같다.

- 자가 평가에서 본인의 업무 능력이 높다고 인식하는 자신감이 교육 전 20퍼센트에서 교육 후 68퍼센트로 증가함
- 물리적 시뮬레이터에서 절차를 반복할 필요성이 25퍼센트에서 2퍼센트로 감소함
- 업무를 실수 없이 수행한 비율이 34퍼센트에서 82퍼센트로 증가함

VR 훈련 시스템은 반복해야 할 절차가 더 적어졌기 때문에 결과적으로 물리적 지도(아울러 강사)를 사용할 필요성을 줄이게 되었다. 또한 실수에 따른 비상용 슬라이드 전개 횟수를 줄이거나 항공 승무원을 더 오래 근속시키는 이차적 효과를 제외하고도 연간 60만 달러 이상의 신규 고용비 절감으로 이어졌다.

전반적으로 이 연구는 사용자당 불과 20분의 VR 교육만으로도 충분히 커다란 영향을 미칠 수 있음을 보여 주었다.

알고 계셨나요?

현실에서 비상 슬라이드를 잘못 전개할 경우, 심각한 위험이 초래될 뿐 아니라 항공사가 재점검, 수리 및 재포장하는 데 최대 3만 달러에 이르는 비용이 들 수 있다. 그리고 그 결과로 항공편의 운항이 취소될 경우에는 비용이 20만 달러까지도 치솟을 수 있다.[31,32]

건강과 안전

건강과 안전 문제는 부정적인 사건들의 결과가 심각한 피해로 이어질 수 있기 때문에 조직의 특별한 관심사가 된다. 인명 피해 외에도 그러한 사건들은 직간접적으로 다음과 같은 비용을 발생시킬 수 있다.

직접비용

- 소송으로 인한 법적 비용
- 규제 벌금
- 상해를 입은 청구인에 대한 보상 금액
- 부상자에 대한 의료 관리 (즉각적 및 지속적)
- 프로젝트 지연
- 손상 장비의 교체 또는 수리
- 생산성 감소
- 노동력 손실
- 보험료 인상
- 사업 손실

간접비용

- 회사 사기 저하
- 부정적인 주목
- 평판 하락

알고 계셨나요?

국제노동기구(ILO)는 매년 38만 5백 건의 사망산업재해와 3억 7,400만 건의 부상 산업재해가 발생하는 것으로 추정하고 있다.[33]

VR 시뮬레이션은 초보자가 실제로 진행하기에 위험할 수 있는 작업을 현실감 있는 방식으로 실습할 수 있도록 돕는다. VR이 없다면 일반적으로 이러한 위험들은 수많은 이론이나 물리적인 모형 또는 상급자들의 도움을 통해 완화된다. 하지만 물리적 모형은 휴대가 불가하거나 완전하게 동작하지 않을 가능성이 있으며 지도 교습에는 교육자와 학습자, 양쪽 직원 모두의 시간이 필요하고 작업 장비를 교육에 사용함으로써 업무에 방해가 될 수 있다. 교육생이 저지르는 실수로 장비가 고장 날 수도 있다.

알고 계셨나요?

GE 디지털이 에너지 및 공공사업, 의료 서비스, 물류 및 운송, 제조업, 석유 및 천연가스, 통신사업 등을 포함하여 다양한 부문의 중역들에게 조사한 결과에 따르면 예기치 못한 작업 중단 중 17퍼센트가 인적 과오로 발생한다.[34]

포드: 가상 제조 작업을 통한 생산 라인의 산업재해 감소

포드 자동차는 1903년 설립되어 미국 미시간주에 본사를 둔 세계적인 자동차 제조업체이다. 매년 550만 대의 차량을 생산하고 전 세계적으로 대략 19만 명의 직원을 보유하고 있다.

2000년 이래로 포드는 가상 소프트웨어 도구를 사용해 오고 있다. 업무의 물리적 특성 때문에 '산업 운동선수'라는 호칭으로 불리우는 조립 라인 직원들의 편의와 안전을 극대화하기 위해서이다.[35,36]

[그림 3.2] 포드 직원이 VR 헤드셋을 사용하여 엔진에 변속기를 부착하는 과정을 시뮬레이션하고 있다. 사진 제공: 포드자동차.

새로운 차량을 설계할 때는 조립 과정을 고려하고 시험하며 최적화해야 한다. 그렇지 않으면 작업자가 상해를 입거나 때로는 이전 단계의 작업으로 인해 구성 부품에 접근할 수 없게 되어 다음 작업이 불가능해질 수도 있다.

비용과 시간이 많이 들고 운영에 지장을 줄 수 있는 물리적 차량 모형을 사용하는 대신 포드는 가상 환경을 사용하여 조립 과정의 인체 공학을 연구한다. 작업자는 VR 헤드셋을 착용하여 가상의 차량 작업공간에 몰입하게 된다. 작업자의 움직임은 23대의 카메라 모션 캡처 시스템으로 추적되어 다양한 작업의 실현 가능성과 숙련도를 분석하는 데 사용된다.

2003년부터 2015년까지 포드는 이 기술과 기타 인체 공학적 기획을 통해 산업 운동선수 5만 명 이상의 부상률을 70퍼센트까지 감소시켰다.

건강과 안전은 단지 기계 장치를 능숙하게 가동할 수 있는 능력에만 달린 것이 아니다. 비상사태는 언제든 일어나기 마련이며, 극심한 스트레스 속에서도 올바른 규범을 묵묵히 따를 수 있는 능력이야말로 이런 상황을 헤쳐 나올 수 있는 유일한 방도이다. 바로 이 지점에서 우리가 지금껏 이야기했던 문제가 또다시 등장한다. 비상사태를 효과적으로 재현하는 일은 어렵고 업무에 차질을 주며 보통 일회성으로 끝날 행사에 너무 많은 시간과 비용 및 자원을 할당해야 한다. 게다가 VR로 해당 시나리오를 시뮬레이션하는 것보다 위험한 경우도 많다.

실제 요소들과 연관된 위험성 없이 쉽게 반복 가능하며 높은 신뢰도와 몰입도를 갖춘 비상사태를 생성하는 능력이야말로 어디에도 비할 수 없는 VR의 장점이다.

셸SHELL: 비상 대응 VR 교육 및 평가

   셸은 1907년 설립된 영국-네덜란드 정유 및 천연가스 회사로 네덜란드의 헤이그에 본사를 두고 있으며 70개국 이상에 약 86,000명의 직원을 보유하고 있다.

   셸은 저장용 유조선에서 일어난 원유 유출 사고가 화재까지 이어지는 시나리오를 정확하게 재현할 수 있는 안전하고 실용적이며 비용 효율적인 방안을 원했다. 이 경우 온라인 학습은 사용자가 그런 상황에서 느낄 격한 감정을 유발할 만큼 강렬하지 못하다.

   셸은 이머스Immerse*와 함께 VR로 그 시나리오를 시뮬레이션하였고, 교육생들이 실제 상황에 대응하듯이 각자의 지식과 기술을 물리적으로 적용하여 비상사태를 극복할 기회를 부여하였다.[37]

   평가자는 VR이나 데스크톱 컴퓨터, 웹 기반 인터페이스를 통해 VR에 접속한 교육생과 함께할 수 있다. 평가자는 화재가 시작되는 시점 등 시나리오의 다양한 측면을 통제할 수 있다. 교육생에게는 어떠한 사전 경고나 지시도 주지 않은 채 시나리오가 진행되기 때문에 교육생은 줄곧 긴장을 늦추지 않는 상태로 더욱 역동적이고 다양한 변수를 갖춘 교육을 받게 된다.

   크게 울리는 경고음 속에서 스프링클러가 비 오듯 물을 뿌려대는 와중에 거대한 정유 저장고 근처에서 맹렬한 불과 싸우는 것은 압박감과 긴장 속에서도 적절한 절차를 수행할 수 있도록 교육하기에 시청각적으로 충분히 강렬한 경험이 된다.

   이 교육을 VR로 구현한 결과, 셸은 다음과 같은 효과를 확인했다.

- 위험도가 높은 훈련 시나리오를 효과적이고 안전하며 일관성 있게 재현
- 원유 유출 시나리오를 통해 더 많은 수의 교육생을 교육
- 객관적이고 추적 가능한 데이터를 획득

"다른 형태의 학습보다 더 빠르고 저렴하며 도전적이고 재미있습니다. 게다가 더욱 깊이가 있습니다. 오늘날의 몰입형 학습에 주목하지 않을 수 없는 이유는 이 방법이 더 효과적이기 때문입니다."
- 요릿 판 데어 토흐트(Jorrit Van Der Togt), 셸의 인사 전략 및 교육 부문장

---

* 영국과 미국에 소재하는 VR 및 몰입형 기술 플랫폼 솔루션 전문 업체.

요약

- 올바르게 설계된 VR은 효과적인 소프트 스킬과 실용적인 기술 교육을 제공할 수 있는 강력한 기술이다.

- VR 교육생은 현장 강의나 온라인 강의 교육생들보다 자신이 학습한 것을 적용하는 데 더 자신감을 가질 수 있고 학습 콘텐츠에 감정적으로 더 몰입하고 집중할 수 있으며 학습 시간도 적게 소요된다.

- VR 교육 프로그램을 제공하는 데는 상당한 초기 비용이 들지만, 대규모의 학습자들에게는 현장 강의나 온라인 교육보다 비용 효율적일 수 있다.

- 어디에도 비할 수 없는 VR의 장점은 바로 실제 요소들과 연관된 위험성 없이 쉽게 반복할 수 있으며 높은 신뢰도와 몰입도를 갖춘 비상사태를 생성할 수 있는 능력이다.

원격 지원

기계 장치는 굉장히 복잡하거나, 설령 실제로는 그렇지 않더라도 훈련을 받지 않은 사람에게는 그렇게 보일 수 있다. 직원들을 업무에 투입하기 전에 기계로 가능한 모든 작업을 망라할 정도의 교육을 제공하는 일이 불가능한 것은 아니지만 적어도 많은 시간이 소요될 가능성이 있다. 이런 이유로 대다수의 교육은 적절한 경험을 갖춘 팀 내 상급자의 직접적인 감독하에 업무를 수행하면서 이루어지게 된다. 하지만 이런 방식에서는 각 직원이 처음 수행해 보는 일이나 도전적인 과업에 직면했을 때 상급자의 직접적인 도움에 의존해야 한다. 또한, 비용이 많이 들고 노동 집약적이므로 대규모 조직에서는 궁극적으로 비효율적인 방법이다.

새로운 안건에 대해 직원들을 주기적으로 잘 코치하는 능력은 운영상 중요할 뿐 아니라 차세대 직원을 성공적으로 교육하는 핵심 요소이기도 하다. 이 문제는 노동력의 고령화, 기술 인력의 높은 이직률, 시장에 진입하는 청년층의 공급 감소와 함께 꾸준히 그 중요성이 증가하고 있다.

AR은 동료 직원이 현장에서 보고 있는 것을 외부에 있는 전문가가 함께 보면서 화상 채팅을 통해 조언할 수 있도록 지원한다. 관련 문서를 공유하고, 특정한 영역과 지침을 강조하기 위해 물리적 환경에 주석을 덧붙여 지식을 공유하는 것도 가능하다. 또한 모든 기능은 손을 쓰지 않고도 사용할 수 있다. 예를 들어 원격지에 있는 전문가는 영상 자료를 조사하여 기계 장비의 모델을 식별하고, 올바른 작동 절차가 담긴 PDF 도표를 전송하며, 제거하면 안 되는 특정 패널에 동그라미를 쳐 표시할 수도 있다. 이 모든 정보는 현장 작업자가 필요한 조치를 수행하는 동안 계속 볼 수 있도록 시야에 남아 있게 된다.

조사 대상 중 높은 성과를 낸 서비스 관리 조직 가운데 25퍼센트가 지식 공유의 목적으로 AR을 사용하였고, 이에 비해 다른 조직은 17퍼센트만이 그러했다. 장비를 서비스하는 데 AR을 사용한 조직은 AR을 사용하지 않은 조직보다 다음과 같이 평균적으로 더 많은 이득을 얻었다.[38]

- 고객 잔류율 11퍼센트 증가
- 고객 만족도 8퍼센트 증가

- 매출 3.4퍼센트 증가

- 관리 기능에 소요되는 시간 6.3퍼센트 감소

벡톤 디킨슨BECTON DICKINSON: AR을 통한 직원 간 원격 지원

벡톤 디킨슨BD은 미국에 본사를 둔 사업체로 약 7만 명의 직원이 의료 기술을 제조하고 판매한다.

BD는 필요한 전문가들이 위치상 멀리 떨어져 있다는 문제를 겪고 있었다. BD의 병원용 의료품은 멕시코 티후아나에 있는 자사의 한 설비에서 제조되고 있었는데, 제조에 필요한 장비는 복잡했고 이에 대한 특수한 지식을 갖춘 문제 해결 전문가는 미국 샌디에이고에 있었다. 두 도시 간의 왕복 여정은 일반적인 조건에서 국경 통과 경로 포함 약 한 시간 정도가 소요된다. 그러나 문제 해결 요구사항이 자주 발생하여 대기 시간은 증가하기 일쑤였고 이는 곧 업무 운영과 수익성에 영향을 미쳤다.

효과적이면서도 원격으로 지원을 제공할 수 있는 능력을 향상하기 위하여 BD는 AR로 눈을 돌렸다.[39] 동영상과 소리는 물론 작업자의 시야 내에서 주석과 입력을 공유할 수 있는 AR 헤드셋과 소프트웨어를 제공함으로써 BD는 작업자와 문제 해결 팀 간의 강력한 양방향 통신 채널을 만들 수 있었다. 이 팀의 전문가는 작업자가 보고 있는 장면을 원격으로 보고 문제를 진단하여 해결을 위한 지침을 제공할 수 있다. 심지어 소음이 큰 장비가 놓인 바닥에 서 있어도 시스템의 세밀한 음성 인식 기능을 통해 모든 음성 지시를 이해할 수 있고 정확한 의사소통이 가능하다. 또한 각각의 지원 대화 구간을 저장하여 향후 교육이나 유사한 절차를 반복하기 위한 목적으로 참조할 수 있다.

AR 구현의 결과로 BD는 장비 수리 속도를 60퍼센트 향상하였고 장비 전문가가 멕시코로 국경을 넘어 이동하지 않고도 성공적으로 수리 작업을 수행할 수 있게 하여 출장 경비를 절감하였다. 이는 결과적으로 직원들에게도 도움이 되었다. 작업자들은 신속하고 효율적으로 전문가에게 연락할 수 있다는 사실을 알고 힘을 얻었다고 느꼈으며 마찬가지로 원거리의 전문가도 출장 요건을 줄임으로써 일과 삶의 균형이 개선되었다.

AR을 원격 지원에 사용하여 얻는 이점은 산업계에만 국한되지 않는다. 전문가의 정기적인 조언이 필요한 직무라면 어디에나 도움이 될 수 있다. 예를 들어 고객 지원팀은 기기의 설치와 환경설정, 문제 해결에 있어서 소비자에게 더 나은 도움을 줄 수 있다. 보험 회사는 청구 처리 절차를 더 효율적으로 운영할 수 있으며, 병원은 전염병에 대한 노출을 줄이면서도 환자 관리를 유지하도록 가상 회진을 돌 수 있다.

국민 건강 보험National Health Service, NHS: AR을 통해 가상으로 환자 방문하기

2007년 10월 세계 10대 대학 중 하나인 런던 임페리얼 칼리지와 제휴하여 조직된 임페리얼 칼리지 의료 NHS 트러스트는 영국의 동급 기관에서 가장 큰 조직 중 하나로 런던에서 11,000명의 직원과 함께 5개 병원을 운영하고 매년 백만 명 이상의 환자를 진료한다.

임페리얼 칼리지의 고문 외과의이자 부교수인 제임스 킨로스James Kinross 박사는 코로나19 대유행 기간에 29명의 사람들이 밀접 접촉하며 일하는 것을 목격하였고 새로운 업무 방식이 필요하다는 것을 깨달았다. 그는 이 문제에 대한 해답을 마이크로소프트Microsoft의 AR 헤드셋에서 얻을 수 있었다.[40] 여러 명의 의사와 간호사들이 컴퓨터를 끌고 환자들 사이를 돌아다니는 대신 헤드셋을 착용한 의사 한 명이 회진을 돌았다. 팀원들은 음성과 영상으로 서로 원격 소통하고 헤드셋 전면에 내장된 카메라를 통해 환자를 한 화면으로 공유할 수 있었다.

이러한 원격 병실 회진으로 코로나19에 노출되는 임상 직원의 수가 줄어들었고 그 결과 필요한 개인 보호 장비PPE의 양도 감소했다. 헤드셋은 음성이나 시선, 또는 장치가 인식하는 허공에서의 몸짓과 동작을 통해 제어되었으며 데스크톱 컴퓨터 사용에 필요했을 물리적 접촉을 줄여 주었다. 결과적으로 청소할 필요도 줄어들고 바이러스 전파 위험도 낮아졌다.

이 기술의 도입 후 일차적으로 발견된 결과는 다음과 같다.

- 병실 회진에 필요한 직원 수가 66~83퍼센트만큼 줄어들고 병실 직원 업무 시간도 주당 50.4~55.4시간 감소
- 주당 병실별 사용되는 PPE 세트의 수가 106~420개 감소
- 병실 회진을 수행하는 데 필요한 시간이 30퍼센트 감소

아울러 직원들은 AR의 사용으로 가장 병세가 심각한 환자들과의 의사소통이 개선되었다고 느꼈다. 이는 아마도 환자가 의사 한 명과 일대일로 연결됨과 동시에 화면 뒤에서는 담당 팀이 접속하여 각자의 화면에서 그 환자의 정보를 보고 상호 작용할 수 있기 때문일 것이다.

환자들은 안면 가리개, 마스크 및 장갑을 포함한 일체의 PPE 세트를 착용한 임상 직원을 보는 데 익숙했기 때문에 AR 헤드셋을 추가하는 것 역시도 자연스럽게 느꼈다. 아이들은 장치를 위협적으로 생각하지 않았고 부모나 성인 환자들은 바이러스에 대한 노출 감소의 측면에서 혁신적인 기술의 사용을 반겼다.

eXtended Reality

AR VR XR

04

운영

XR
Business
Future

협업 및 회의와 원격 근무

세상은 점점 더 연결되고 있다. 2020년 7월 기준으로 거의 46억 명(전 세계 인구의 약 60퍼센트)이 인터넷 사용자로 활동하고 있으며, 이 수치는 대략 2010년의 두 배에 달한다. 우리는 제품과 서비스에서 더 많은 수입을 창출하고 있다.[1] 2019년 전 세계 GDP는 85조 달러로 2010년 이후 거의 30퍼센트 증가하였다.[2] 그리고 이런 경향은 우리가 원격으로 더 많이 일하게 되면서 점점 더 뚜렷이 나타나고 있다. 2010년부터 2020년까지 일주일에 최소 한 번 이상 집에서 일하는 사람들의 수는 거의 400퍼센트 증가하였다.[3]

이러한 추세는 효과적인 원격 근무 방안에 대한 수요의 증가를 낳고 있다. 근로자들이 사용할 수 있는 도구 중 하나로 떠오른 것이 화상 회의이다. 화상 회의는 편리하고 친숙하며 모바일과 데스크톱 기기 모두를 지원한다. 원격 현황 파악과 업데이트, 발표 및 기타 형태의 정보 교환 회의에 적합하며 여러 문제 상황에서 간편한 해결책이다.

더 심도 있는 협업이 필요하거나 3차원 정보가 포함된 업데이트가 있을 때 XR은 강력한 해법이 된다. (현재로서는) 주로 VR을 구동하여 사용자가 가상 환경을 불러올 수 있는데 여기에는 화이트보드, 스크린, 스티커 메모지 등 물리적 현실 세계에서 기대할 수 있는 모든 협업용 기초 장치와 기능이 있다. 그뿐만 아니라 실물 크기의 3D 모델, 회의 참석자의 위치에 대한 즉각적인 제어 등 일부 가상 세계에서만 가능한 것들도 전부 갖추고 있다. 따라서 창의적인 워크숍, 아이디어 창출 회의 및 디자인 검토에 이상적이다.

아일랜드 더블린 국립대학교에서 뱅크오브아일랜드Bank of Ireland*와 VR 회의용 소프트웨어인 미팅룸아이오MeetingRoom.io**의 협력을 통해 수행한 연구는 협업 측면에서 화상 회의 대비 VR이 가진 강점을 보여 준다. 이 연구를 위해 100명의 참가자가 모집되어 서로 다른 순서로 VR 회의와 화상 회의를 체험하였다. 이 연구에서는 VR 회의 참가자들이 더 몰입하고 서로 가깝게 느껴 더욱 집중된 회의를 진행할 수 있었다는 것을 발견하였다. 너무 많이 몰입한 나머지 일부 참가자들은 자신이 사실은 실제 세계의 은행에서 그들의 말을 들을 수 있는 다른 이들 사이에 함께 있음을 잊은 채 떠들어 대어, 이 사실을 상기시켜 주어야 했다![4]

---

* 아일랜드 최대 민간은행.
** 가상공간 온라인 미팅 플랫폼.

에이에프 그루펜AF GRUPPEN: 노르웨이 고속도로 프로젝트에서 VR로 협업

AF 그루펜은 노르웨이에서 세 번째로 큰 건설 및 토목 엔지니어링 회사이다. 오슬로에 본사가 있고 3,100명의 직원을 두고 있으며 중국, 노르웨이, 스웨덴, 영국에서 운영되고 있다.

AF 그루펜의 프로젝트 중에는 노르웨이 크리스티안산Kristiansand 서쪽에서 만달Mandal 마을 동쪽까지 연결하는 신규 4차선 고속도로를 건설하는 사업이 있었다.[5] 19킬로미터나 뻗어 있는 이 도로에는 5개의 복선 터널과 8개의 복선 교량을 포함하여 서로 다른 47개의 구조물이 통합되어 있으며 2022년 가을에 완공 예정이었다.* 이 프로젝트의 가치는 47억 노르웨이 크로네(NOK, 미화 4.8억 달러)에 해당한다.

짐작할 수 있듯이 이 사업은 대단히 복잡하고 기술적으로 어려운 프로젝트로 수백 개의(곧 1,000개 이상이 될 것으로 예상) 건축 정보 모델링BIM, Building Information Modeling 파일을 포함한다. 해당 파일들은 기하학적 형상, 구성요소 및 기타 다양한 구조에 관한 자료에 대해 상세한 정보를 제공한다.

건설 작업은 프로젝트 전반에 걸쳐 도로의 여러 구역과 인접 구조물들이 각기 다른 속도로 완성되어 가며 진행된다. 이 진행 단계에서 프로젝트 일정을 준수하기 위해 가장 중요한 것은 정확하고 신속한 의사소통이다. 현장 관리자, 부서장, 엔지니어, BIM 전문가와 기타 이해 관계자들은 정기적으로 만나서 향후 단계에 대한 진행도와 계획을 논의한다. 이 설계 검토 회의는 특정 단계의 건설 작업을 시작할 때까지 모든 준비를 완벽히 끝마치기 위해서 보통 해당 작업보다 3~4주 앞서 이루어진다.

이렇듯 협업이 필요한 회의를 지원하고 강력한 방식으로 건설을 시각화하기 위해 AF 그루펜에서는 VR 기술을 사용한다. 하드웨어 측면에서는 4대의 헤드셋을 사용하여 3대는 400명의 직원이 있는 크리스티안산의 프로젝트 사무소에, 1대는 설계 담당자들이 있는 오슬로의 본사에 두었다. 3D 설계도를 VR 환경으로 가져오고 여러 이해 관계자들과 협력할 수 있게 해 주는 소프트웨어는 오슬로에 위치한 디멘션10Dimension10**에서 구축했다.

---

* 노르웨이 E39번 도로이며 2022년 겨울로 공기가 약간 미루어졌다.
** 노르웨이의 VR 프레임워크 솔루션 스타트업 기업.

2019년 2월부터 12월까지 AF 안레그(AF Anlegg, AF 그루펜의 토목 공학 부서)의 BIM 관리자이자 XR 부문장인 루네 후세 칼스타드Rune Huse Karlstad는 스탠퍼드 대학의 통합 설비 공학 센터CIFE, Center for Integrated Facility Engineering와 협력하여 VR 기술 사용이 설계 검토 수행에 미치는 영향을 분석하였다. 그는 해당 기간에 16명의 이해 관계자가 참여한 8개의 VR 설계 검토 회의를 분석하였고 CIFE에서 개발한 가상 설계 및 건설VDC, Virtual Design and Construction 프레임워크에 맞추어 매번 회의 이후에 조사를 통하여 사용자의 계량 수치들을 추적하면서 매달 결과를 보고하고 계획하기를 반복하였다.

이 회의 방식이 도입되기 전까지는 대다수의 사용자(56퍼센트)가 VR 경험이 적었던 것으로 보고되었다(10점 만점에서 5점 이하로 매겨짐). 그 점을 보완하기 위해 디멘션10에서는 개인 또는 2인용의 15분 훈련 과정을 운영하여 사용자에게 기본 사항들을 가르쳤다. 더불어 한 장 분량의 문서와 교육 영상을 참조용으로 제공하여 사용자가 VR 안에서 활동하고 회의를 시작하는 방법을 배우도록 도왔다.

일부 사용자들은 자신의 직무에서 필요하지 않기 때문에 태블릿조차 사용해 본 경험이 없었음에도 불구하고 많은 이들이 VR 시스템을 직관적이고 매력적이며 재미있다고 느꼈고, 자신이 본 것을 기반으로 의견과 피드백 제공에 열정적으로 기여했다. 총 62.5퍼센트의 사용자가 VR 회의를 쉽게 시작할 수 있었고, 사용자의 4분의 3은 각 VR 검토 회의에 필요한 BIM 파일들을 찾고 불러올 수 있었으며, 이 기술을 활용하기 위해 광범위한 VR 경험이 필요한 것은 아님을 보여 주었다. 그 외 어려움을 느낀 사용자들에게는 회의마다 VR 기술자가 배정되어 기술적으로 지원했으며 향후 참조를 위해 관련 회의 장면을 스크린샷으로 찍거나 녹화할 수 있도록 도왔다.

건설 산업의 설계 검토에서 일반적으로 그러하듯 VR 회의에서도 잠재적인 문제들을 확인하고 해결할 수 있었다. 사용자의 75퍼센트는 VR이 이런 문제들을 더 잘 이해하도록 도움을 준다는 사실에 동의했다. 사용자의 12.5퍼센트는 어떤 문제점도 제기하지 않았고 나머지 12.5퍼센트의 소수 사용자만이 VR의 사용가치를 느끼지 못하였다. 각 회의에서 받은 피드백의 복잡성 정도에 따라 차이는 있지만, 설계 담당자는 어떤 변경 사항일지라도 1시간에서 3일 안으로 구현해 낸다. 따라서 이해 관계자들은 빠르게 검토를 재진행할 수 있다. 변경 사항은 모든 이해 관계자의 시스템에 자동으로 동기화되므로 항상 최신 버전을 갖게 된다.

출장 측면에서 VR 회의는 전통적인 회의보다 더 지속력이 있고 시간과 비용 소모가 적었다. 기존의 방식이었다면 8~20명의 사람들이 오슬로와 크리스티안산을 왕복하는 데 필요했을 비용도 절감할 수 있다. 비행시간만 본다면 한 시간 미만에 불과하지만, 사전 준비와 공항 절차, 지역 교통상황 등으로 인해 중단되는 시간은 인당 최소한 5배나 된다. 모든 요인을 고려하면 매회 출장에 필요한 금전적 비용은 인당 1,000~1,500달러 사이이다.

총체적으로 보았을 때, 예를 들어 15명으로 된 한 팀이 이런 출장을 다녀오기 위해서는 75시간이 필요하고 평균 약 20,000달러가 들며 약 3톤의 이산화탄소를 배출하게 된다. 불과 몇 시간 정도밖에 안 되는 회의 하나를 위해서 말이다. 그러나 VR을 사용하면 그렇게 허비될 시간을 회의 시간에 포함할 수 있을 것이고 금전적 비용은 엄청나게 줄어들며 이산화탄소 배출량도 비교적 미미한 수준에 그친다. 당연히도 사용자의 80퍼센트 이상은 설계 검토 회의를 VR로 수행하는 것이 프로젝트 사무실을 오가는 출장을 포기할 정도로 효과적이라는 데 동의하였다. 나머지 20퍼센트의 사용자는 현장의 프로젝트 사무실에서 근무하고 있어 해당 질문이 적용되지 않았다. 이 지침에 동의하지 않은 사용자는 한 명도 없었다.

투자 대비 수익으로 보나 순수한 재무 관점으로 보나 여기에 사용된 하드웨어와 소프트웨어 비용은 몇 차례의 회의 만에 곧바로 회수되었다.

2019년 4월부터 11월 사이에 VR에서 진행된 회의 수효와 소비 시간은 각각 16회에서 34회, 그리고 6시간에서 32시간으로 늘어나서 기간 중 113퍼센트와 433퍼센트의 증가치를 보였다. 협업 설계 회의에서 VR 기술의 사용이 큰 수치로 지속하여 증가한 것은 기술의 이점에 대한 확실한 지표였다.

AF 그루펜에서 고객과의 의사소통, 협업 및 시각화를 위해 VR을 사용한 사례가 너무나 성공적이어서 사내 설계팀 또한 자체 회의에서 사용하기 위해 그 기술을 채택하였다.

"일반적인 스크린 화면에 3D 모델을 띄워 사용하기도 하지만, VR 기술은 새로운 차원을 열어 줍니다. VR을 사용하면 무엇을 어디에 건설해야 할지 더 쉽게 볼 수 있습니다."
- 루네 후세 칼스타드, AF 안레그의 BIM 관리자 및 XR 부문장

VR은 모임의 개념을 더 높은 단계로 끌어 올렸으며 팀 단위 회의뿐만 아니라 대규모 콘퍼런스와 같은 훨씬 더 큰 행사에도 사용할 수 있다. VR은 물리적 세계의 법칙을 초월하므로 장소의 수용량이 문제가 되지 않으며 모든 종류의 시청각 특수 효과를 사용할 수 있고 참석자가 원하는 어떤 시점에서라도 행사를 경험할 수 있다.

HTC: 가상 현실로 옮겨진 실제 세계의 콘퍼런스

HTC는 휴대용 모바일 장치 및 VR 헤드셋 제조사로 VR 산업계의 주요 기업 중 하나이다. 대만에 본사를 두고 있으며 전 세계적으로 5,000명의 직원을 보유하고 있다.

2020년 3월 HTC는 제5회 연례 XR 산업 콘퍼런스를 완전하게 VR로 개최하여 VR로 대체된 최초의 기업 행사로 기록되었다.[6] 55개가 넘는 국가에서 약 2,000명이 행사에 참가했으며 약 4시간 동안 진행되었다. HTC의 여성 CEO인 체르 왕Cher Wang 회장과 1960년대 이래 VR에 관한 선구적인 연구를 이끌어 온 토머스 퍼니스Thomas Furness 박사와 같은 유명 인사들이 연단에 올랐다. 모든 발표자는 특별히 자신과 닮은 꼴로 만들어진 디지털 아바타로 가상 무대에 섰다.

[그림 4.1] 완전하게 VR로 개최된 HTC사의 제5회 연례 XR 산업 콘퍼런스의 이미지들.

콘퍼런스의 가상 환경은 맞춤형으로 제작되었고 행사의 시작을 알리는 3대의 제트기 비행, 청중의 참여를 유지하고 발표자가 요점을 전달하는 데 도움을 줄 수 있도록 3D로 표현된 주제 분야들 등 여러 특수 효과를 포함하였다.

발표자 중 한 명인 앨빈 왕 그레이린Alvin Wang Graylin HTC 바이브Vive 중국 사업부 사장은 "XR의 가장 큰 이점 중 하나는 사용자의 거리와 경계에 대한 인식을 없애줄 수 있는 능력입니다."라고 언급하였다.

데이터 시각화

데이터에서 얻은 통찰을 수집하고 시각화하고 분석하고 전달하는 능력은 모든 조직에서 점점 중요한 부분이 되고 있다.

상상 이상의 데이터 규모

전 세계에서 생성되는 데이터의 양을 설명하자면 이러하다. 매일 2,940억 개의 이메일이 전송되고 5억 개의 트윗이 게시되며 50억 개의 검색이 이루어지는 것을 떠올려 보라.[7] 이는 분당 1억 8,800만 개의 이메일, 87,500개의 트윗, 380만 개의 검색어에 해당한다.

물론 이메일, 트윗, 인터넷 검색은 어디에나 있는 것이니 그럴 수 있다. 그러나 좀 더 틈새시장에 해당하는 커넥티드 카Connected Car*를 생각해 보자. 커넥티드 카는 사물 인터넷 생태계의 일부인 자동차들이다. 즉, 이 자동차들은 데이터를 수집해서 차량의 소유자 및 다른 이해 관계자들이 적절한 곳에서 사용할 수 있도록 한다는 의미이다. 실시간 통신 채널은 사고 발생 시 비상 서비스에 경고를 보내거나, 유류 교환이 필요할 때 스

---

* 인터넷이 연결된 자동차로, 차량 안에서 다양한 콘텐츠와 서비스의 사용이 가능한 미래형 차. (네이버 사전)

마트폰 알림으로 차량 소유자에게 알리거나, 또는 계획한 이동로에 교통량이 많아 붐빌 때 새 경로를 추천해 주는 기능들을 가능하게 한다.

이는 곧 커넥티드 카가 만들어 내는 데이터의 양이 아주 많다는 것을 의미한다. 각각의 커넥티드 카는 매일 4테라바이트(4,000기가바이트)의 데이터를 생성하며 2023년까지 전 세계적으로 출하될 것으로 예상되는 커넥티드 카는 7,600만 대이다.[8,9] 그렇게 되면 커넥티드 카에서 생성되는 데이터만 해도 3억 테라바이트 이상이다. 하지만 이 역시도 훨씬 더 큰 그림의 극히 일부일 뿐이다. 다른 분야를 포함하여 확장해 보면 전 세계에서 생성될 데이터의 양이 실로 엄청나다는 것을 쉽게 알 수 있다.

대규모 데이터로부터 실현 가능한 통찰을 추출하는 일은 매우 중요해졌고, 이에 따라 최고 데이터 책임자CDO, Chief Data Officer가 중요한 역할로 떠오르게 되었다. 캐피탈 원Capital One*은 2002년에 최초로 CDO를 임명하였으며 연구에 따르면 이 직무에 대한 채용 건수는 2012년 이후 4배 이상 증가하였다.[10]

알고 계셨나요?

2018년 시행한 설문 조사에 따르면 포춘지 선정 1000대 기업의 고위 경영진 중 62.5퍼센트가 소속 조직에서 최고 데이터 책임자를 임명했다고 응답하였다.[11]

---

*카드, 대출, 금융업을 전문으로 하는 미국의 은행 지주 회사.

XR은 어떻게 도움이 되는가?

전 세계에서 데이터의 양과 중요성이 증가함에 따라 이러한 데이터를 수집하고, 걸러내고, 시각화하고, 분석하고, 전달하는 새롭고 효과적인 방법이 필요해졌다. XR의 다음과 같은 특징은 이 과정의 중후반 단계를 개선하는 데 도움이 된다.

- **더 많은 정보를 처리하는 능력**. 360도로 둘러볼 수 있는 헤드셋을 통해 디지털 요소로 구성된 광범위한 시각적 공간을 확보하여 훨씬 더 많은 데이터를 표시하고 처리할 수 있게 해 줌.

- **더 높은 집중도**. 데이터에 몰입한다는 것은 외부 방해 요소를 최소화하고 눈앞의 데이터 유형에 집중할 수 있다는 것을 의미함.

- **협업의 기회**. 사용자들은 의견과 분석 결과를 공유하기 위해 데이터가 표시되는 동일 가상공간 내에서 함께 작업할 수 있음.

- **직관적인 데이터와의 상호 작용**. 동작을 입력하기 위해 키보드와 마우스를 사용하는 대신, 물리적으로 움직이고 손을 뻗어 조작함으로써 자연스럽게 여러 각도에서 데이터를 조사할 수 있음.

- **공간적으로 연결된 데이터의 더 효율적인 통신**. 특정 환경에 연결된 데이터는 그 환경 내에서 표시될 수 있어 사용자가 데이터와 해당 상황 모두에 몰입할 수 있음.

- **더욱 효과적인 다차원 분석.** 여러 차원에 걸친 데이터를 분석하기 위해서는 해당 차원들을 전달하는 방법이 필요하다. 사용자는 VR에서 데이터 기반의 3D 공간을 걸으며 둘러볼 수 있고 그 공간에 있는 사물의 크기, 색상, 모양은 더 많은 차원을 전달하는 데 사용될 수 있다. 3D 오디오와 햅틱 기술(촉각 자극)은 이를 더욱 확장한다. 다시 말해, 시각을 비롯한 인간의 다양한 감각을 VR에서 사용하여 다차원 데이터를 분석할 수 있다.

이 문맥에서 '차원'이라는 용어는 눈에 보이는 공간적인 차원(1D, 2D, 3D)뿐 아니라 데이터의 속성을 의미한다는 사실에 주의하라. 도시에서 주거지를 분석하는 12차원을 예로 들자면 다음과 같다. 주택 유형(1차원), 주택 크기(2차원), 건축 연도(3차원), 시장 가격(4차원), 거주민 수(5차원), 항공기 항로 직하 지역 여부(6차원), 대중교통 접근성(7차원), 학교 접근성(8차원), 해당 지역 등급(9차원) 및 지리적 주택 위치의 경도(10차원), 위도(11차원), 고도(12차원).

시스코^{CISCO}: 조직 네트워크와 정보 이동로를 VR로 시각화

시스코는 캘리포니아에 거점을 두고 1984년 설립된 회사로, 네트워크용 하드웨어와 소프트웨어 솔루션을 개발, 제조, 판매한다.

시스코의 지능형 인간 네트워크 프로젝트는 팀 내부 및 팀 간의 연결을 분석하는 것을 목표로 하며 계층적 관점뿐 아니라 같은 조직에서 다른 사람들과 함께 어울리면서 자연스럽게 구축되는 비공식적 네트워크까지 고려하여 작업 흐름의 시각화를 돕는다.[12]

이러한 유형의 조직 네트워크 분석은 고유한 통찰을 제공할 수 있다. 예를 들어 조직 내 타 부서 간의 지식 격차 해소에 중요한 역할을 하는 인물을 파악하는 것과 같은 일이다. 이는 자사의 더 많은 팀이 최고의 팀처럼 성과를 내도록 한다는 시스코의 기업 목표와 맥을 같이한다.

경험 설계자인 척 쉽맨^{Chuck Shipman}은 지난 수년간 지능형 인간 네트워크 프로젝트의 수석 개발자로 일해 오고 있다. 이 프로젝트는 원래 2D 플랫폼으로 구축되었지만, 시스코의 인사 팀에서는 데이터의 규모와 복잡성을 고려하여 해당 프로젝트를 VR로 확장하고 이런 종류의 데이터를 분석할 수 있는 기술의 변혁적 잠재력을 경영진에게 보여 주고자 했다.

VR 조직 네트워크^{ONVR, Organizational Network in Virtual Reality} 소프트웨어를 구축하기 위해서는 몰입형 데이터 분석 전문 업체인 슬랜티드 시어리^{Slanted Theory}*가 투입되었다. 이들이 제작한 프로토타입은 시스코가 몰입형 데이터 구조에서 직원 간의 영향력 있는 관계와 연결을 탐색할 수 있게 해 주었다.

직원 간 관계에 대한 세부 사항들은 특정 직원들이 서로 연결된 이유와 이를 통해 직원들이 얻는 이익, 해당 관계가 네트워크에 기여하는 바에 대한 통찰을 제공한다. 직원 간의 관계는 다음과 같은 요소를 제공하는 사람들을 기준으로 분류되었다.

- 정보
- 의사 결정 지원
- 문제 해결
- 경력 조언

---

* 영국 셰필드에 소재한 스타트업 소프트웨어 회사.

- 개인적 도움
- 목적의식
- 혁신적 아이디어

이 데이터는 전 세계 84개 지역에서 선별된 시스코 직원을 대상으로 설문 조사를 진행하여 수집되었으며, 그 결과 총 3,353명 직원 간의 영향력 있는 관계에 대해 9,500가지 유형이 도출되었다.

도출된 모든 유형은 사용자가 물리적으로 탐색하고 자연스럽게 상호 작용할 수 있는 3D 공간에 수많은 점과 선으로 표시되었다. 사용자는 손을 뻗어서 데이터의 집합을 잡고 회전시키거나 확대 혹은 축소할 수 있다. 이 과정은 동료들과 함께 진행할 수 있으며 서로 의견과 아이디어를 공유하고 소통하는 것도 가능하다.

개발자 척은 이 데이터를 VR로 분석하는 이점에 대해 다음과 같이 설명한다. "데이터를 집중해서 찬찬히 살펴보며 몰두할 수 있다는 이점이 있습니다. 연결이 끊어지거나 병목 현상이 일어난 부분, 격리가 발생한 부분도 확인할 수 있습니다. 그뿐 아니라 모든 사람이 데이터의 조작과 검색 과정에 참여하기 때문에 이들의 통찰이 다른 모든 사람에게도 즉시 공유되어 같은 맥락으로 사용될 수 있습니다."

독립적인 비영리 전략 연구 기관인 미래 연구소IFTF, Institute for the Future는 시스코의 의뢰를 받아 ONVR 소프트웨어를 분석하고 이와 같은 VR 도구를 사용할 수 있는 또 다른 가능성을 확인하기 위해 자체적인 연구와 해당 분야 전문가와의 면담을 바탕으로 보고서를 작성하였다. 이 정보와 추가적인 세부 사항에 대해서는 해당 보고서에서 더 자세히 알아볼 수 있다.[13]

다만 XR이 모든 데이터의 시각화에 유용한 것은 아니라는 사실에 유의해야 한다. 2D 선형 도표에서 쉽게 이해할 수 있는 간단한 그래프는 구태여 XR로 시각화해서 얻을 수 있는 이점이 거의 없다.

한편 3차원 이상의 데이터는 XR로 시각화하여 탐색하는 것이 도움이 될 수 있다. 다차원의 데이터를 2D로 표현하면 일부 데이터가 가려지거나 탐색이 부자연스러울 수 있으며 사람의 뇌가 2D 평면을 3D 개체로 변환해야 해서 인지적 부담이 증가하기 때문에 최선의 방책이라고 할 수 없기 때문이다.

> "VR은 2D로 구현할 수 없는 복잡한 관계를 시각화할 수 있습니다. 인간의 지능은 3차원 세계에서 진화했으며, 섬세하고 복잡한 패턴을 파악할 수 있는 인간의 능력은 공간화된 3차원 세계를 탐색하도록 설계된 우리의 신경계를 기반으로 매우 깊숙이 자리하고 있습니다."
>
> - 토시 후(Toshi Hoo), 미래 연구소 신기술 미디어랩 중역 임원[14]

AR로 탐색하는 보고서 기반 데이터

글로 쓰인 보고서의 성질은 근본적으로 정적이다. 인쇄물과 PDF 파일을 불문하고 일단 사용자가 내려받거나 인쇄하고 나면 바꿀 수 없는 정보로 구성된 정지 화면이다. 보고서 안에서는 데이터를 걸러내고, 확장하고, 마음대로 조정하는 것도 불가능하다.

AR은 보고서의 이러한 제약을 극복하는 데 도움이 될 수 있다. AR을 통해서 사용자들은 자유롭게 상호 작용할 수 있으며 데이터를 조정하거나 활발하게 소통에 참여할 수 있다. 또한, 모든 데이터의 업데이트 여부를 확인할 수 있어 이전 버전의 보고서를 보유하고 있는 사람도 최신 데이터를 확인할 수 있다. 이는 많은 경우에 상당한 도움이 된다. 보고서 속의 데이터는 다양한 방식으로 편집될 수 있지만, 모든 관점을 하나하나 보여 주기에는 지면과 초점의 제약이 있다. 이해 관계자마다 주안점이 달라서 어떤 이는 특정 국가의 데이터에, 어떤 이는 특정 연도의 데이터에 관심이 있는 등 차이를 보인다. 하지만 온갖 각도의 데이터를 모두 포함한다면 보고서의 양은 많아지고 다루기 불편하며 독자에게도 매력이 없을 것이다. 이에 비해 AR은 보고서의 양에 영향을 주지 않고도 모든 각도의 관점을 내포하고 필요에 따라 제공해 줄 수 있다.

> PwC의 〈백문이 불여일견(Seeing Is Believing)〉 보고서에서 독자는 AR을 통해 현실 세계의 시간별로 세계 경제에 대한 XR의 예상 기여도 규모를 시각화할 수 있다. 또한 2019년, 2025년, 2030년 등 다양한 연도를 선택해서 어떤 변화가 일어나는지를 확인할 수 있다. 이 시각화 데이터는 웹AR(webAR) 기술을 통해 웹 브라우저에서 바로 실행되므로 어떤 소프트웨어도 설치할 필요 없이 사용자의 스마트폰을 통해 접근 가능하다. [15]

[그림 4.2] 한 사용자가 PwC의 <백문이 불여일견> 보고서에 나온 AR 프로그램 중 한 가지를 스마트폰으로 작동시키고 있다. 사진 제공: 란다 디바제(Randa Dibaje)

요약

- 세상에는 이미 막대한 양의 데이터가 있다. 이 데이터들은 점점 더 커지고 복잡해지며 더욱 빠른 속도로 생성되고 있다.

- XR을 통해 사용자들은 데이터와 더 직관적으로 상호 작용하고, 하나의 집중된 관점으로 더 많은 조사를 하며, 다른 이들과 협력하여 분석을 공유할 수 있다. 이로 인해 XR은 사용자들이 데이터를 더욱 빠르게 통찰할 수 있도록 한다.

- XR은 크고 다차원적이며 공간적인 데이터의 시각화에 가장 적합하다. 그보다 단순해서 2D로도 만족스럽게 나타낼 수 있는 데이터에 대해서는 XR의 가치가 제한적이다.

- AR은 독자들에게 가장 최신의 데이터를 제공하고 이를 더 깊이 있게 탐색할 수 있도록 해 줌으로써 보고서를 개선할 수 있다.

환경 및 사물의 시각화

XR은 당신이 전 세계 어디에 있더라도 환경과 사물의 세부 사항을 생생하게 가져와 더 잘 이해하고 검토하고 개선할 수 있게 한다. XR은 다음과 같은 다수의 영역에서 이러한 방식으로 사용되고 있다.

- 산업 디자인 - 상품 설계 및 제작
- 토목 공학 - 대규모 프로젝트에서 관계자들의 의견 조정
- 소비자 조사 - 구매자 행동의 이해
- 실내 디자인 - 다양한 방 배치, 자재, 색상, 가구 등 탐구
- 건축 - 건물 설계에 대한 관계자들의 의견 조정
- 건설 - 공사 진행 상황 감독
- 에너지 및 공공사업 부문 - 지하에 있는 기반 시설 구조물 투시
- 소매업 - 소비자 상품의 시장 홍보
- 관광업 - 휴양지의 시장 홍보
- 법의학 조사 - 사고, 범죄 및 여타 시나리오 시뮬레이션
- 도시 계획 - 도심 설계안의 효과 모델링
- 건축물 보존 - 유적지 보존
- 언론 - 뉴스 기사에 대한 사용자의 몰입 유도

이 기술은 심지어 기업 재무에서 잠재적 투자자들이 회사와 비즈니스 운영에 대해 더 잘 이해하도록 해 주는 데에도 사용되었다.

린트벨스Lintbells: VR의 도움으로 홍합 양식장 거래 성사

린트벨스는 반려동물용 영양 보조제를 전문으로 하는 영국의 기업이며 약 65명의 직원을 보유하고 있다. 반려동물을 위한 혁신적인 건강 상품을 찾는 사람들이 많아지며 관련 산업이 성장함에 따라 2006년에 설립되었다. 린트벨스의 대표 상품은 초록입홍합Perna canaliculus을 원재료로 하는데 이 홍합은 오직 뉴질랜드의 특정 지역에서만 양식할 수 있다.

PwC의 인수합병 팀은 투자자를 찾고 있던 린트벨스의 재무 자문 주관사 역할을 하였다. 활성 성분 함량이 높은 홍합을 생산하기 위해 린트벨스에서 개발한 양식 및 수확 기술은 사업 성공의 핵심 요소였기에 잠재적인 투자자들에게 이 점을 전달하는 것이 중요했다. 이를 달성하기 위해 투자자들을 연안의 홍합 농장으로 보트 여행을 떠나게 하여 수확 과정을 보여 주는 VR 프로그램이 제작되었다. 이 프로그램에 쓰인 360도 동영상은 뉴질랜드 기반의 회사 이머스미ImmerseMe가 현지에서 촬영하였다.[16,17]

VR을 통해 투자자들은 더 짧은 시간 안에 더 낮은 비용 및 탄소 배출량으로 뉴질랜드에 있는 린트벨스의 작업장으로 '이동'할 수 있었다.

"잠재적 투자자들이 뉴질랜드까지 가지 않고도 우리 회사의 비즈니스에 대해 충분히 이해할 수 있게 해 준 가상 현실 덕에 PwC는 더 빠르고 효율적인 경매 절차를 실행할 수 있었습니다. 또한, 적합한 투자자를 찾는 데 결정적인 사업의 핵심 성공 요소들도 꾸준히 전달할 수 있었습니다."
- 존 하위(John Howie), 린트벨스 CEO 겸 공동 창업자

설계 검토

가상 현실이 당신을 다른 환경에 있다고 믿도록 만들 수 있다면 그 환경의 변화를 시험하는 데에도 효과적으로 사용할 수 있다. 예컨대 식당에 어떤 벽지를 바를지 시험해 보는 심미적 목적이나, 기차역의 입구와 출구를 시뮬레이션하고 최적화하는 기능적 목적으로도 시행할 수 있을 것이다. 매장을 창의적인 콘셉트로 꾸미고, 사무실의 배치를 새로 하고, 심지어 호텔의 브랜드를 개편하는 일까지도 물리적 환경을 수정하는 일 없이 검토하고 반복할 수 있다. 가구를 방 여기저기로 끌고 다니거나, 선반에 구멍을 뚫는다거나, 벽을 세운다거나, 타일을 주문해야 한다거나, 카펫 원단 샘플을 준비하거나, 조명의 배선을 바꾸는 등의 일들이 불필요하다는 의미이다. 또한 아직 존재하지조차 않는 물체를 해당 환경에서 재빨리 모형화하고 시험하는 것도 가능하다. 이로써 번거로움은 줄어들고, 시간도 엄청나게 절약된다. 궁극적으로는 XR이 효과적인 의사소통을 가능케 하는 덕에 이해 관계자들의 의견이 더욱 원활하게 조율되고 모두가 정서적으로 깊이 공감하며 만족하는 상태를 이끌어 낼 수 있다.

새로운 설계 콘셉트를 시각화할 때 XR 대신 사용되는 방법들을 떠올려 보자.

- **말 또는 글을 통한 의사소통**: 설계에 대해 실제로 말이나 글을 통해 설명하는 방법
- **2D 설계도**: 수작업, 인쇄 또는 디지털로 그려진 기술 도안
- **3D 시각화**: 건축 예상도(렌더링)와 같이 사용자 관점에서 최종 결과가 어떻게 보일지를 수작업, 인쇄 또는 디지털로 그린 개념도

・물리적으로 재설계된 환경: 실증용으로 해당 콘셉트를 물리적으로 구축하는 것

    이상의 방법들은 건축, 공학, 건설, 광업, 제조업, 부동산, 소매업, 서비스업, 실내 디자인을 포함한 여러 산업에서 다양한 수준으로 사용해 왔으며 모두 나름의 장단점이 있다. 먼저, 물리적으로 환경을 재설계하는 것은 소매점에서의 상품 배치 조정과 같은 소규모 프로젝트나 아이디어에는 사용 가능한 방법이다. 하지만 고가 상품의 매력을 극대화하기 위해 최적화된 고객 동선에 맞추어 전체 매장의 구조와 상품 진열을 설계하는 등의 대규모 프로젝트에서는 사용할 수 없다. 전시장에 있는 기존 가구의 재배치와 같이 상대적으로 사소한 변경조차도 종종 상당한 시간과 노력이 필요하기에 다른 시각화 도구라는 선택지가 있다면 이 방법은 매력이 없다.

    설계에 대하여 말이나 글로 설명하는 것은 초반에 전망을 전달하기에는 쉬운 방법이지만 사람마다 다른 인상을 떠올리게 되기 때문에 이 방법으로 주요한 프로젝트들을 끝까지 완수할 수는 없다. 볼티모어에서 활동하는 실내 디자이너 패트릭 서튼Patrick Sutton은 VR에 대하여 다음과 같이 언급하였다. "VR의 등장 전까지는 구두 설명과 신뢰를 바탕으로 많은 의사 결정이 이루어졌습니다. 따라서 의사소통을 잘하지 못하거나 고객과의 신뢰 수준을 충분히 발전시키지 못한 사람에게는 정말 어려운 과제였습니다."[18]

    어떤 콘셉트가 관심을 끌고 나면 기술적인 세부 사항과 효과적인 시각화로 보완해야 한다. 그 역할은 방, 구역, 개체의 크기와 위치 등의 정보

를 전달하는 2D 설계도가 담당할 수 있다. 그러나 명확하고 정확한 시각화를 위해서는 서로 다른 2D 조망을 모아서 짜맞춰야 하기 때문에 머릿속에서 이를 변환하는 과정이 여전히 필요하다.

3D 시각화는 필수적인 기술 진보였고, 관념을 현실로 변환하는 데 드는 정신적 부담과 잘못된 의사소통의 가능성을 낮춤으로써 물리적 설계상의 전망에 더 가까워지도록 해 주었다. 특히 디지털 기술을 통해 제공되는 3D 시각화는 역동적이며, 학교 식당의 대기 줄을 관리하는 방법 등 시뮬레이션을 실행하는 데 도움을 줄 수 있다. 그러나 2D건 3D건 간에 디지털이 아닌 종이 기반의 설계는 즉각적으로 중대한 변경을 하기 어렵기에 상대적으로 융통성이 없는 매체이다.

그렇다면 VR은 어떻게 설계 콘셉트의 시각화를 새로운 차원으로 끌어올렸을까? VR은 사용자를 환경에 몰입시키고 물리적인 탐색을 가능하게 한다. 그뿐만 아니라 해당 환경 내의 모든 요소를 인체 비율로 생성하고 사용자가 더욱 강력한 방식으로 감각을 활용할 수 있게 한다. 예를 들어 서류상으로는 괜찮아 보였던 집을 막상 VR로 시각화하면 천장이 낮고 바닥 면적이 작아 폐소 공포증을 느끼게 될 수도 있다. 복도가 벽장과 두꺼운 액자로 채워지고 나면 사람이 걸어가기에 너무 좁거나, 바닥과 가구의 질감과 색상이 상충하거나, 문을 열면 중요한 공간에 대한 접근로가 차단되거나, 3층 침실 창밖으로 보이도록 계획한 전경이 고객이 예상했던 것만큼 웅장한 전망을 제공하지 않을 수도 있다. 이처럼 VR은 실제 존재하는 듯한 감각을 주고 자연스러운 상호 작용이 가능한 까닭에 인체 공학적이거나 심미적인 문제들, 규모와 같은 요소들을 더 빠르게 식별하도록 하여 큰 비용이 드는 실수가 생기지 않도록 사전에 방지할 수 있다.

VR이 아직 건축되지 않았거나 수정된 환경을 탐색하는 직접적인 경험을 이해 관계자들에게 제공하는 데에 성공한 한편, AR은 물리적 세계와의 직접적인 연결을 위해 몰입감을 희생시킨다. AR을 사용하면 모바일 기기의 카메라를 적절한 위치로 향하는 것만으로도 계획된 환경이 실제 물리적 환경에 디지털 방식으로 덧씌워져 미래의 모습을 미리 볼 수 있는 틀이 생성된다. 이 틀을 통해 새로운 마룻장을 불러오거나 새집의 확장 규모를 시험해 볼 수 있고 심지어 집의 외벽 색상을 바꾸어 볼 수도 있다.

시각화를 위해 AR을 사용하면 벽 샛기둥의 위치 등 시공된 건물에서는 겉으로 보이지 않는 정보들을 드러내는 데도 도움이 된다. 또한 충돌이 일어나기 직전에 미리 경고하기도 하는데, 예를 들어 곧 벽장 일체가 들어설 장소에 전등 스위치를 설치하려고 하는 상황 등이 그런 경우에 해당된다.

숨겨진 공공 서비스 설비의 시각화

가스, 전기, 물, 인터넷과 같이 우리가 매일 당연한 것으로 여기며 살아가는 자원은 지그재그로 뻗어 있는 생물체의 혈관처럼 도시를 관통하는 지하 배관과 배선의 복잡한 공급망을 통해 우리에게 제공된다. 영국에만 해도 150만 킬로미터가 넘는 지하 공공 서비스 설비가 있다. 이는 달까지 두 번 왕복하기에 충분한 길이다. 그러나 광대함과 중요성에도 불구하고 이 영역은 대부분의 시간 동안 우리 눈에 띄지 않기 때문에 고려 대상이 되는 일이 드물다.[19]

아마도 당신은 지난 몇 주 사이에, 어쩌면 심지어 오늘 길을 오가다가 굴착 작업을 본 적이 있을 것이다. 이는 동네 기반 시설의 유지보수나 신규 건물의 건설 착수, 손상된 배관 수리, 나무 심기, 광섬유 케이블의 신설 등의 목적일 수 있다.

이런 작업을 수행하기 전에는 굴착 도중 충돌을 방지하기 위해 기존의 모든 배관 또는 배선을 식별해야 한다. 충돌 사고로 공공 서비스 설비의 공급 중단Utility Strikes이 일어나면 여러 측면에서 극심한 피해가 발생할 수 있기 때문이다. 근로자가 다치거나 사망할 수 있으며, 가정에 수도 공급이 끊기거나 가스 누출로 위험한 상황이 생길 수 있는 한편, 교통 체증 심화와 사업상 피해도 발생할 수 있다. 금전적, 사회적 피해를 모두 고려하면 공공 서비스 설비의 공급 중단으로 발생하는 전체 손실은 경우에 따라 10만 달러를 넘어설 수 있다.[20]

알고 계셨나요?

미국에서 굴착 작업으로 인한 파손 비용은 연간 60억 달러로 추산된다.[21]

공공 서비스 설비의 공급 중단으로 이어질 수 있는 활동과 유관한 모든 조직에서 굴착 구역 내에 어떤 설비가 있는지 정확하게 아는 것은 매우 중요하다. 이를 위해 여러 가지 형태의 다양한 도구와 데이터가 사용된다. 땅 밑에 있는 시설 개체들의 위치를 찾아야 할 필요성이 너무나 크다 보니 그 위치를 탐지하는 데 전념하는 틈새 산업이 존재하며 2023년까지 75억 달러의 가치가 있을 것으로 예상된다. [22]

하지만 지하에는 너무 많은 배선과 배관이 묻혀 있고 때로는 빽빽하게 밀집하여 거의 항상 접근이 불가한 관계로 지상의 물체들을 유지한 채 이 복잡한 설비망을 시각화하는 것은 매우 어려운 작업이다.

현 상태

이런 시나리오를 고려해 보라. 동일한 위치에 대한 여러 개의 지도가 있고 각 지도는 서로 다른 공공 서비스 설비의 위치와 경로를 상세히 묘사한다. 일부는 인쇄물이고 일부는 PDF 파일이며 전부는 아니지만 대부분 해당 설비의 깊이와 관련된 정보를 가지고 있다. 하지만 그 역시도 인접한 수치로만 표시된다. 이 모든 정보를 정확하고도 쉽게 이해할 수 있는 하나의 포괄적인 화면으로 변환하는 데 필요한 머릿속 해석은 부담스럽고 시간 소모적이며 오류가 발생하기 쉽다. 또한 디지털이 아닌 소통 매체를 이용하는 경우 정보가 다음과 같은 속성을 갖기 때문에 작업자는 훨씬 더 많은 어려움을 겪게 된다.

- 공유하기가 더 어려움
- 하나의 도면이 빽빽해지는 것을 피하기 위해 잠재적으로 여러 자료로 분산됨
- 정적임 - 자료를 추가로 걸러 내거나 검색할 방법이 없음

• 내구성이 떨어짐

오류 하나가 얼마나 위험한 영향력을 갖는지를 떠올려 보면 한층 개선된 시스템의 필요성이 분명해진다.

해결책으로서 AR이 갖는 적합성

여기서 AR은 시각화 기술로서 많은 가치를 제공할 수 있다. AR은 지하의 배선과 배관을 물리적 세계 위에 겹쳐 보임으로써 눈에 보이지 않는 것을 보이게 할 수 있다. 또, 명확하고 논란의 여지가 없는 지하 설비망 도면을 제공할 수 있다.

이 도면은 특정 요구 조건에 맞춰 조정, 확대, 축소가 가능하고 언제든지 사용할 수 있는 하나의 통합된 화면이다. 작업 예정 영역에 따라서는 다수의 공공 서비스 설비가 서로 다른 깊이에서 교차하고 있을 수도 있다. 만약 현장 작업자가 다른 배선보다 얕은 깊이에 있는 케이블 텔레비전 배선의 작업에 특히 관심이 있다면 해당 배선만 남도록 도면에 필터를 적용하면 된다. 그렇게 하면 땅 밑을 엑스레이로 보는 듯한 배선도로부터 오는 혼란을 줄일 수 있다.

이 도면은 디지털 데이터이기 때문에 근처에 있는 사람들끼리만 공유할 수 있는 인쇄 매체에 비하여 다른 사람들과 공유하기가 더 쉽다. 복잡한 도면일수록 모든 사람에게 동일한 방식으로 해석되지 않을 수 있음을 고려해 보면 의사소통 또한 더욱 쉬워진다. 도면을 더 쉽고 빠르게 이해하면 문제도 더 빠르게 식별하고 해결할 수 있다. 상황에 대한 명확한 이

프로마크-텔레콘PROMARK-TELECON:
공공 서비스 설비 시각화를 위한 AR의 효과 연구

프로마크-텔레콘은 캐나다의 지하 기반 시설 위치 탐지 업체로 몬트리올에 본사를 두고 있으며 650명의 직원으로 구성된 조직을 운영하고 있다.

프로마크-텔레콘은 AR 시각화 회사인 vGIS와 함께 공공 서비스 설비의 위치 탐지에 대한 AR 기술의 효과를 조사하기 위해서 5개월간 연구를 수행하였다.[23] 해당 연구는 토론토에서 시행되었는데 이곳에는 개인용, 상업용 및 산업용 건물을 비롯하여 새로운 기반 시설과 오래된 기반 시설이 다양하게 섞여 있다. 연구 기간 동안 프로마크의 연구 참가자들은 위치 탐지 작업 수행 시 vGIS의 AR 소프트웨어를 사용했을 때와 사용하지 않았을 때 걸린 시간을 각각 기록하였다.

연구 참가자들은 한 작업당 걸린 시간, 정확도, 안전성 등을 포함한 여러 가지 요소를 분석하였다. 그 결과 89퍼센트의 사례에서 한 작업당 평균 30분의 시간이 절감되었음이 드러났다. 전체 탐지 작업의 약 4분의 3에서 작업 시간이 절반 이상 단축되었고, 종합적으로는 작업자당 매월 12~20시간이 절감되었다.

작업 참가자를 대상으로 실시한 설문 조사에 따르면 그들 중 84퍼센트가 AR 시스템 덕분에 본인의 일이 더 쉬워졌다고 느꼈다. 또한 이 시스템은 전체 작업의 절반가량에서 문제 예방에 도움을 주었다.

[그림 4.3] vGIS의 AR 시스템 캡처 화면이 물리적 환경 위에 지하 공공 서비스 설비의 위치를 표시하고 있다(아래). 같은 정보를 2D 도면으로 나타낸 것(위)과 이를 비교해 보라.

해는 오류를 줄이고 이는 결국 사고 위험의 감소로 이어진다.

AR 기술은 우리가 실제 물리적 세계를 보는 방식에 맞추어 정보를 통합한다. 하향식 2D 디지털 도면보다 더 직관적인 이해가 가능한 이유도 이 때문이다. 개념을 더 쉽게 이해할 수 있으면 의사소통도 쉬워지고 오류도 줄어들게 된다.

법정 자료의 시각화

VR은 데이터의 구조적인 요소들을 시각화하는 데 사용되는 한편 환경 데이터를 시각화하는 데에도 사용할 수 있다. 법조계는 판사와 배심원에게 증거를 더욱 풍부하게 시각화하여 제공하기 위한 목적으로 이 기술을 사용해 왔다. 특히 증거가 다수의 공간적 세부 사항으로 구성되어 있거나 주변 상황 및 해당 환경 내 인물들의 상호 작용과 유관할 때, 혹은 시간대의 영향을 받는 때에 의미가 있다. 이 정도의 세부 사항을 말과 도식만으로 정확하고 기억하기 쉽게 전달하기는 다소 어렵기 때문이다.

법정에서 제시할 수 있는 증거에는 여러 가지 형태가 있다. 일반적인 혐의 자료에는 언어적 의사소통, 스케치, 서면 자료, 사진, 영상물, 디지털 지도, 시범 설명, 배심원 현장 방문, CCTV 영상 등이 포함된다. 그리고 이 중 다수는 동적인 3D 환경 데이터를 정적인 2D 자료로 변환하는 작업을 거치게 된다. 일단의 사람들에게 해당 장면을 전달할 수 있어야 하기 때문인데, 이 과정에서 일부 정보가 소실되는 일이 발생한다.

법정에서 3D 시각화를 사용한 초기 사례 중 하나는 1992년 6월 미국의 스티븐슨과 혼다자동차 간의 분쟁 판례였다. 피고였던 혼다 측은 사고의 발생 원인이 오토바이를 위험한 지형으로 몰고 간 원고 측의 잘못에 있었고, 따라서 해당 사고는 혼다의 책임이 아님을 효과적으로 보여주고자 하였다.[24] 배심원단에게 해당 지형의 위험성을 설명하기 위하여 혼다 측은 3D 인터랙티브 시뮬레이션을 통해 해당 환경의 재구성을 추진하면서 2D 사진과 영상물은 현실적이지 않다고 주장하였다. 법정은 이를 받아들였으며, 3D 화면이 더 유용하고 관련성이 높으며 증거로서의 가치가 크다고 판단하였다.

알고 계셨나요?

법정에서 컴퓨터로 제작한 3D 시각화 자료가 사용되기 시작한 것은 1989년 미국 법무부가 사고 상황을 설명하기 위한 시각적 보조 자료로 델타 항공사 191 항공편 충돌에 대한 애니메이션을 제작하였던 때로 거슬러 올라간다. 이 애니메이션을 제작하는 데에만 약 26만 달러의 비용과 2년에 가까운 시간이 걸렸다. 당시에는 이런 상황에서 3D 시각화 기술을 사용한 것이 매우 참신한 일이었기에 미국 변호사 협회 ABA(American Bar Association)가 발간하는 월간 법률 잡지의 1989년 12월호 표지에 실리기도 했다.

영국 법원: 도로 교통 충돌 사고의 VR 증거물

법정 자료의 시각화는 단순한 애니메이션에서 시작되어 실시간 렌더링이 가능한 인터랙티브 그래픽을 거쳐서 VR 헤드셋으로 발전하였다. 2016년 3월, 3년이나 이어져 거의 천만 달러에 달하는 비용이 누적된 도로 교통 충돌 사고 분쟁을 해결하기 위하여 영국 법원에 VR 증거물이 제출되었다.[25]

충돌 사고를 VR로 재현하는 작업은 스피어헤드 인터랙티브Spearhead Interactive 에서 진행하였다. 191 항공편의 3D 애니메이션을 제작하는 데 거의 2년의 세월이 걸렸던 것과 달리 이 시뮬레이션은 단 4주 만에 구축되었다.

해당 시뮬레이션은 세부 사항을 종합적으로 고려하여 제작되었다. 현실의 환경을 레이저로 스캔하여 복제한 3D 모델을 생성했으며, 차량 모델은 타이어의 정확한 속도와 회전각 및 차량의 반사경에서 보이는 정확한 시야까지 고려하여 애니메이션으로 만들어졌다. 나아가 영국 기상청의 데이터를 현장 장면에 통합하여 기상 조건, 풍속, 온도 및 태양의 위치가 충돌에 영향을 미치는 경우를 고려할 수 있게 하였다.

이 VR을 통해 사용자는 사고 현장을 돌아다니며 운전석과 알려진 목격자 위치를 포함하여 여러 주요 지점에서 사고 상황을 관찰하고, 이를 토대로 진술을 확인하거나 진술이 틀렸음을 입증하는 데 사용할 수 있었다. 이 사건에서 판단할 수 없었던 몇 가지 요소 중 하나는 차량 전조등의 사용 여부였다. 따라서 다양한 시나리오의 시연을 위해 이 시뮬레이션에서는 각 차량의 전조등을 켜고 끌 수 있도록 구축하였다.

이 시뮬레이션은 VR용으로 제작되었고 사용자가 모니터에서도 볼 수 있도록 데스크톱 버전 역시 제공되었다.

변호사가 이 VR 증거물을 받고 2주 이내에 사건은 기각되었고 뒤따른 민사 소송도 별문제 없이 종결되었다.

"좋건 싫건 앞으로는 컴퓨터 게임을 만드는 데에 사용되었던 기술이 전 세계의 수많은 사법 기관에서 점점 더 많이 사용될 것입니다. 이 기술은 더 발전된 방식으로 시각적 증거를 제공할 수 있습니다."

- 다미안 스코필드 박사(Dr. Damian Schofield), 뉴욕주립대학교 인간-컴퓨터 상호작용(Human-Computer Interaction, HCI) 부문장[26]

한편 VR은 홀로코스트에 연루된 나치 전범을 기소하는 군사 재판소인 뉘른베르크 재판의 진행 과정도 지원하고 있다. 독일 바이에른주 범죄수사국에서는 1940년대 존재했던 아우슈비츠 수용소의 시뮬레이션을 만들었다. 모든 구조 하나하나가 정확히 구현될 수 있도록 현재 존재하지 않는 건물들까지도 기록 보존된 청사진을 기반으로 3D 가상공간에 재현하였다. 프로젝트를 이끈 랄프 브레커Ralf Breker가 시각화할 수 있는 아우슈비츠의 레이저 스캔을 얻는 데까지는 5일이 소요되었다. 1,000장이 넘는 당시 사진을 바탕으로 나무 한 그루까지 그 시점 그대로 정확하게 배치하였다. 이렇게 세밀한 구현 덕에 특정 감시탑에 있는 용의자의 관점에서 수용소를 조망하는 것이 가능해졌다. 그들이 무엇을 볼 수 있었는지, 나뭇잎이나 건물로 시야가 어떻게 차단되었는지도 파악할 수 있었다. 전반적으로 이 프로젝트가 완료되는 데 걸린 기간은 총 6개월이었다.

이 모든 정보는 사건 조사의 핵심적인 부분을 형성하게 되었다. 그중 한 정보는 2016년에 예전 나치 SS 친위대원 라인홀트 한닝Reinhold Hanning이 17만 건의 살인 방조 혐의로 유죄 판결을 받았을 때 결정적 근거가 되었다. 사건을 주재한 판사는 시각화의 가치에 대해 명시적으로 언급하면서 다음과 같이 말했다. "이 모델은 라인홀트 한닝이 감시탑에 있는 자기 자리에서 무엇을 보았을지 파악할 수 있게 해 주었다."[27]

> "저는 5년에서 10년 이내에 독일뿐만 아니라 전 세계에서 VR이
> 경찰의 표준 도구로 자리 잡을 것이라고 생각합니다. 이것은 긴
> 세월이 지난 뒤에도 범죄 현장에 접근할 수 있게 해 주는 방법이
> 기 때문입니다."
> - 랄프 브레커, 독일 바이에른 경찰국 사진 기술 및 3D 범죄 현장 매핑 중앙부장[28]

요약

VR 기술은 법정 자료에서 다음을 개선하는 데 사용할 수 있다.[29]

- 이해도: 복잡한 공간 증거는 현실과 똑같이 3D로 경험할 때 더 쉽게 이해, 처리 및 기억된다.

- 효율성: 자료를 더 빨리 이해할 수 있으므로 전체 법정 절차를 더 빠른 속도로 진행할 수 있다.

- 주의력: 동적인 개체는 그렇지 않은 개체보다 주의를 끈다. 3D로 시각화된 개체들도 마찬가지이다. VR로 재현된 민사 또는 형사 사건에 몰입해 있는 동안 사용자에게는 그 세상만이 존재하므로 집중적으로 주의를 기울일 수 있다.

- 결과: 증거에 대해 더 깊이 이해하고 더 많은 주의를 기울임으로써 모든 재판의 결과가 더욱 정확하고 광범위한 정보를 기반으로 도출될 것으로 기대된다.

05

영업 및 마케팅

새로운 영업 경로

심리학과 행동경제학에는 소유 효과라는 개념이 있다. 이는 사람들이 자신이 소유한 것에 집착하고 과대평가하는 현상을 설명한다. 심리적 소유감은 실제 소유감만큼 강력할 수 있다. 연구에 따르면 사용자는 자신이 만들고 만지고 생각하는 상품의 가치를 더 높이 평가한다.

알고 계셨나요?

소비자가 자신이 제작에 참여한 상품에 더 많은 대금을 지불할 것이라는 가설은 하버드 경영대학원(Harvard Business School)의 마이클 노턴(Michael Norton) 교수가 주도한 연구에서 나온 것이다. 이 연구에 따르면 참가자들은 자기 자신이 직접 조립한 가구에 대해 사전 조립된 동일 상품 대비 63퍼센트까지 더 많은 비용을 기꺼이 지불했다. 이는 이른바 '이케아(Ikea)* 효과'라고 불린다.[1]

---

* 조립식 가구로 유명한 글로벌 가구업체.

요컨대 소비자가 상품을 더 가깝게 느낄수록 그에 대한 소유감을 더 크게 느끼고, 따라서 더 많은 비용을 치를 의향이 생긴다는 것이다. 이는 상품이 본질적으로 디지털의 성질을 갖는 경우에도 마찬가지이다. 한 연구에 따르면 소비자들은 동일 상품을 2D 이미지로 볼 때보다 직접 컴퓨터 마우스로 회전시킬 수 있는 3D 이미지로 보았을 때 18.9퍼센트 더 높은 소유감을 느꼈다. 여기서 한 단계 더 나아가 또 다른 연구는 AR의 현실감, 즉 AR을 통해 사용자 환경에 고정된 항목이 2D 이미지 대비 얼마나 현실적으로 보이고 느껴지는지를 조사하였다. 이 연구에서는 AR이 2D 이미지보다 174퍼센트 더 높은 현실감을 준다는 결과가 나타났다.[2] 따라서 고객이 자연스럽게 접하는 환경에서 상품을 사실적으로 묘사하면 더 큰 소유감 형성을 기대할 수 있다는 합리적인 추론이 가능하다. AR은 이를 달성할 수 있는 모든 디지털 매체 중에서 가장 강력한 능력을 갖추고 있어 그 잠재적 영업력을 과소평가할 수 없다.

흥미롭게도 온라인 쇼핑은 사용하는 기기에 따라서도 영향을 받는다. 태블릿을 사용하여 인터넷 검색을 하려면 탐색하려는 상품 위에서 직접 손가락을 사용하여 쓸어 밀거나 톡톡 두드려야 한다. 반대로 노트북 터치패드나 마우스를 사용하면 물리적으로나 심리적으로나 상품에서 더 멀리 떨어지게 된다. 태블릿을 통해 촉각을 더 많이 쓰는 방식으로 쇼핑을 하면 상품에 대한 소유감을 더 많이 느끼고 소비자가 지불하고자 하는 금액도 증가한다.[3]

이는 XR과의 몇 가지 흥미로운 연결점들을 제시한다. AR을 사용하면 앞서 소개한 연구의 태블릿과 비슷한 방식으로 상품을 '터치'할 수 있다. 하지만 태블릿보다 사용자 환경에서 더 정확하게 표시되면서도 이동과 회전이 여전히 자유로우므로 연결성이 훨씬 커지게 된다. 그러므로 AR 이 판매를 위한 강력한 도구로 입증된 것도 그리 놀랄 일이 아니다. 이런 사실들을 고려하면 햅틱 기술이 발전함에 따라 결과적으로 향후 XR을 기반으로 한 매출이 급증할 것으로 예상된다.

VR과 AR은 고객들이 자신의 삶 속에서 이러한 상품들에 대해 생각하도록 자극함으로써 상품과 고객 사이에 더욱 친밀한 연결을 구축하도록 도울 수 있다. 아울러 고객의 기대치에 더 가까워지도록 조정하여 매출을 증가시키고 반품은 감소시키며 소유 효과를 촉진한다. 이 기술들은 다음과 같은 주요한 시나리오를 통해 목표를 달성한다.

- AR은 고객이 디지털상에서 개인용품들을 '착용'해 볼 수 있게 해 준다.
- AR은 고객의 환경에서 상품을 선보이는 데 도움이 된다.
- VR은 상품 판매에 도움이 되는 환경에 고객을 몰입시킬 수 있다.

심지어 이러한 기술은 재고가 없거나, 아직 물리적으로 제작되지 않았거나, 운송 효율이 떨어지는 상품들을 판매하는 데도 도움이 될 수 있다. 휴대용 XR 기기를 사용하면 몰입형 경험을 통해 고객들에게 상품을 생생하게 보여 줄 수 있기 때문이다.

대만에 본사를 둔 델타 파워 솔루션즈(Delta Power Solutions)는 28개의 운송용 컨테이너로 구성된 모듈식 데이터 센터 솔루션을 판매하는 기업이다. 당연하게도 이런 컨테이너 상품은 영업 부서에서 콘퍼런스나 고객과의 미팅에 쉽게 가져갈 수 있는 품목이 아니다. 이런 어려움을 타개하기 위해 이들은 고객들이 어디에 있건 쉽게 전송할 수 있도록 자사 데이터 센터 솔루션의 VR 복제본을 주문 제작하였다.

AR은 고객이 디지털상에서 개인용품들을 '착용'해 볼 수 있게 해 준다

상품을 구매하기에 앞서 먼저 착용해 보는 것은 옷이나 신발, 안경, 액세서리, 화장품과 같은 개인용품을 고려할 때 특히 중요하다. 시계를 살 것이라고 가정해 보라. 손목에 찼을 때 어떻게 보일 것인가? 너무 크진 않을까? 작진 않을까? 아니면 딱 맞을까? 입은 옷을 잘 돋보이게 해 줄까? 매장에 가서 적당한 시계의 재고가 남아 있기를 바라며 응대가 가능한 점원을 찾아다니지 않으려면 화면상의 2차원 시계를 3차원의 자기 손목에 시각화하는 과정을 거쳐야 한다. 그리고 여기에는 많은 양의 (종종 부정확한) 머릿속 해석과 공간 인식이 필요하다. 하지만 이럴 때 AR은 당신이 어디에 있건 이미 호주머니에 들어있을 법한 기술을 사용해서 지금 당장 손목에 시계를 착용한 모습을 디지털로 보여 줄 수 있다. 보석 업계에서도 비슷한 방식을 도입해서 고객들이 가상으로 반지, 목걸이, 선글라스를 착용해 볼 수 있도록 했다.

시계 브랜드 티쏘(Tissot)는 구경만 하는 쇼핑객에게 손목을 들어 카메라에 대기만 하면 다양한 모델의 시계를 착용해 볼 수 있는 기회를 제공했다. 고객들이 선택한 시계는 손목 이미지 위에 겹쳐져 인근의 스크린을 통해 볼 수 있었다. 그 결과 매출이 85퍼센트 증가하였다.[4]

상품 시착에 AR을 사용하면 다음과 같은 이점이 있다.

• 고객들이 방문할 필요 없음
• 보관료 및 물류비가 들지 않음
• 위생적임

화장품과 같은 극히 개인적인 상품의 경우, AR 기술의 편의성과 정확성 덕분에 고객이 매장에서 샘플을 물리적으로 사용할 수 있는 경우라도 더 많은 상품을 탐색하도록 권할 수 있다. 화장품 샘플은 보통 위생상의 이유로 고객의 손에만 테스트해 볼 수 있지만 AR을 사용하면 얼굴에 적용해도 걱정 없다. 따라서 화장품 브랜드인 베네피트Benefit, 바비 브라운Bobbi Brown, 커버걸Cover Girl, 로레알L'Oréal, 세포라Sephora는 모두 AR 모바일 앱 또는 '매직 미러Magic Mirror'*를 사용하고 있다.

---

*마술 거울이라는 의미의 스마트 앱 기반 인터랙티브 AR 벽 투영 시스템.

유니버시티 칼리지 런던University College London*과 협력하여 수행한 연구에서 고객들은 매장 내 AR을 사용하여 평균 18개의 화장품을 가상으로 테스트해 보았다. 이는 실제 샘플 상품으로 테스트할 경우보다 현저하게 많은 수이다.' 5

포이즌POIZON: AR로 디지털상에서 신발을 신어 보다

포이즌은 상하이에 기반을 둔 중국의 전자 상거래 회사이며 세계 최대의 스니커즈 운동화 거래 플랫폼이다. 이 회사는 2015년 7월에 창립되어 2019년 4월에 '유니콘' 기업 지위를 획득하였다.

기술 업계에서 유니콘 기업은 10억 달러 이상의 가치를 달성한 스타트업을 설명하는 데 사용하는 용어이며 매우 보기 드물다(유니콘이라는 이름에서 알 수 있듯이 신화 속의 생물을 직접 보는 것만큼이나 드물다!).

포이즌은 AR 스타트업 바이킹Vyking과 협업하여 고객들이 디지털 방식으로 스니커즈 운동화를 시착할 수 있도록 하였다. 이를 통해 고객들은 실제로 상점을 방문하는 시간과 불편함을 줄이고 다양한 운동화를 신었을 때 어떻게 보일지 가늠해 볼 수 있다.6 게다가 사람들이 특히 많이 찾는 운동화 모델들은 지역별 재고가 적어 매장에서 신어 보는 것이 불가능한데, AR 기능을 사용하면 세상에서 가장 희귀한 운동화 중 2,000가지 이상을 즉석에서 신어 볼 수 있다.

이 기능을 구현하기 위하여 포이즌은 자사가 보유한 수천 켤레의 신발을 3D 모델로 구축하고 모바일 앱의 AR 시착 소프트웨어에 통합하여 고객이 새로운 기능을 사용할 수 있게 하였다. 통합 작업에는 5~10일이 소요되었다.

각 신발의 상품 상세 화면에는 'AR에서 신어 보세요.'라는 알림이 뜬다. 사용자가 그 버튼을 누르면 모바일 카메라가 켜지고 선택한 신발이 사용자의 발 위에 가상으로 나타나서 실시간으로 발의 위치를 추적한다.

---

* 영국 런던의 연구 중심 공립 종합대학교.

이 AR 시착 기능을 구현한 결과는 다음과 같다.

- 매일 10만 명 이상의 고객들이 이 기능을 사용함
- AR 시착 기능 도입 후, 상품을 살펴본 다음 장바구니에 추가하는 사람들의 비율이 3배로 증가
- 각각의 개별 고객이 AR 기능을 사용하는 데에 평균 60초의 시간밖에 걸리지 않음

2020년 초에 코로나19 봉쇄 기간이 시작되었을 때, 이 앱을 찾는 이들이 밀려들어 사용량이 급증하였다. AR 기능 덕에 고객들은 물리적 제약에도 불구하고 포이즌을 계속해서 찾을 수 있었다.

[그림 5.1] 스마트폰에서 포이즌(POIZON) 모바일 앱을 실행한 화면. 왼쪽 사진을 보면 전면 광고로 AR 기능을 홍보하고 있는 모습을 볼 수 있다. 오른쪽 사진은 AR이 실행 중인 모습을 보여 준다 (사진 속 신발은 디지털 개체이다).

AR은 고객의 환경에서 상품을 선보이는 데 도움이 된다

소비자들은 자기가 소유하고 있거나 기업의 영업 담당자가 지원해 주는 모바일 기기 또는 헤드셋을 통해 물리적 상품을 볼 수 있다. 상품의 3D 모델은 소비자의 집, 상점, 공장 등 그 어떤 곳이든 적절한 장소에 직접 배치된다. AR 기술은 이런 상품들을 다음과 같은 수준으로 구현하는 데까지 발전하였다.

- 테이블, 카운터, 바닥, 벽과 같은 표면을 감지하여 사물을 그 위에 놓거나 마주 보게 배치할 수 있음
- 일대일 비율(실제 실물 크기)로 나타낼 수 있음
- 소비자가 주변을 돌아다니며 여러 각도에서 볼 수 있도록 해당 환경에서 놓인 위치에 고정됨
- 주변 환경의 밝기에 맞춤
- 즉석에서 사용자 맞춤화가 가능

아마존Amazon, 아고스Argos, 뱅앤올룹슨BANG&OLUFSEN, 커리스 PC 월드Currys PC World, 홈디포Home Depot, 이케아IKEA, 웨이페어Wayfair를 비롯한 다수의 소매업체들이 AR을 사용하여 소비자들에게 자사 상품들을 더 현실적이고 통합적으로 보여 준다.

[그림 5.2] 아이폰 웹 브라우저를 통해 접속한 한 소매업체 웹사이트의 상품 목록에 등록된 직립형 믹서기 화면(왼쪽). 해당 웹사이트에서 버튼 하나를 누르자 핸드폰의 카메라를 통해 주방 조리대 위에 믹서기의 실물 크기 3D 모델이 배치된 모습(오른쪽). 3D 모델은 아이캔디(Eyekandy)* 제작.

* 영국 런던의 미디어 및 VR 마케팅 기업이자 브랜드.

코카콜라: AR로 보랭용 쿨러 판매 증진

　코카콜라는 1892년 설립된 미국의 음료 제조회사로 200개 이상의 국가에서 2,800가지가 넘는 상품을 판매한다. 미국 조지아주 애틀랜타에 본사를 둔 이 회사는 세계에서 가장 큰 음료 제조사이다.

　코카콜라의 영업팀은 자사의 음료 보랭용 쿨러에 관하여 고객을 상대할 때 다양한 문제에 부딪혔다. 여러 디자인과 크기 등 선택 사항이 매우 많고 고객이 사용하려는 장소에서 이 상품이 어떻게 보일지 직관적으로 묘사하기 어려웠기 때문이다. 상품이 고객에게 도착했을 때 요구 사항과 맞지 않는다면 그 결과로 처리 지연과 불만족이 일어날 수 있다.

　이 문제를 해소하기 위해 코카콜라의 영업 팀은 공급사 오그먼트^{Augment}*를 통하여 AR 기술을 채택하였다. AR을 통해 고객들은 다양한 선택지를 편하게 시각화하고 이상적인 크기의 상품을 찾아 필요한 공간에 딱 맞는 쿨러를 구매할 수 있다.[7] 또, 영업 사원들은 스마트폰이나 태블릿으로 다양한 쿨러의 유형 및 색상과 크기를 선택하고 기기의 카메라를 통해서 고객의 사용 환경에 상품이 배치된 모습을 보여 줄 수 있다.

[그림 5.3] 코카콜라 헬레닉(Coca-Cola Hellenic)**의 한 영업 개발자가 불가리아의 한 주점 점주와 함께 쿨러의 사양을 검토하고 AR을 통해 3D 디지털 버전의 다양한 코카콜라 보랭용 쿨러를 업소에 배치해 보고 있다.

---

* 2011년 다국적 투자로 설립된 VR 전자상거래 플랫폼 브랜드이자 앱.

** 코카콜라의 글로벌 음료병 제조 부문 라이선스 업체로 그리스 자본 헬레닉(Hellenic)과 합작사의 형태를 띠고 있음.

이 AR 기술은 고객 관계 관리 플랫폼인 세일즈포스Salesforce에 통합되어 영업 담당자가 언제라도 그 플랫폼에 저장된 최신 3D 쿨러 모델들에 접속할 수 있다. 일단 고객의 요구를 파악하고 나면 영업 담당자는 모바일 앱을 통해 얻은 정보를 화면 캡처나 여타 메모 형식으로 세일즈포스의 고객 기록에 추가한다. 그 결과 설치 시점이 되면 설치 담당자들은 쿨러의 정확한 모델, 디자인, 위치를 상세히 설명하는 정확한 정보를 갖게 되어 고객에게 다시 물을 필요가 없다. 오그먼트는 이 방식으로 AR을 적용한 결과 매출이 27퍼센트까지 증가했음을 확인하였다. [8]

AR 판매 솔루션은 모바일 기기에만 국한되지 않는다. 독일의 산업용 엔지니어링 기업인 티센크루프(Thyssenkrupp)*의 영업부 임원은 헤드셋 기반의 AR을 사용하여 고객의 집과 예상 장애물을 고려한 맞춤형 계단용 승강기 솔루션에 대한 견적을 측정, 평가 및 제공할 수 있었다. 고객들 또한 AR을 통해 자신들의 집에 추천된 계단용 승강기를 확인해 볼 수 있었다. 그 결과 40~70일이 소요되던 배송 기간이 불과 14일로 단축되었다. [9]

VR은 상품 판매에 도움이 되는 환경에 고객을 몰입시킬 수 있다

AR이 상품 판매를 위한 강력한 도구인 한편, VR은 고객이 집중할 수 있는 전용 전시장을 생성함으로써 동등한 영향력을 갖는다. 이때 상품은 환경 그 자체(예: 새로운 주방)이거나 그 환경 내의 개체(예: 가상 정박지의 값비싼 슈퍼 요트)일 수 있다.

VR은 이미 부동산, 자동차, 주택의 개조 및 보수, 학교나 대학 시설 구

---

* 다양한 승강기 사업으로 잘 알려져 있음.

현, 휴가 등 다양한 상품을 판매하는 도구로 사용되어 왔다.

> 르와흐 디자인(Ruach Design)은 런던 외곽에 소재하며 가족 경영으
> 로 운영되는 소규모 주방 디자인 회사이다. 11명으로 구성된 팀
> 은 VR을 사용하여 고객들 스스로가 꿈꿔 온 주방을 이미지로 떠
> 올릴 수 있도록 지원한다.[10]

XR은 상품 맞춤화 및 고급화를 용이하게 한다

소비자의 약 3명 중 1명은 맞춤형 제품 또는 서비스를 구매하길 원하
며 심지어 이를 위해 20퍼센트의 추가 금액을 지급할 용의가 있다.[11] 그
러나 소비자에게 다양한 사양을 갖는 상품과 모델 전부를 물리적으로 보
여 주기는 불가능하다. 그 상품들을 전부 보관하거나 전시할 만큼 충분
한 공간이 없기 때문이다. 차량과 같은 상품에는 선택할 수 있는 추가 기
능의 조합이 수천 가지나 된다. 게다가 어떤 맞춤형 상품들은 극히 특별
한 소비자 요구에 맞춰져 있기에 재고를 저장해 둔다는 것이 합리적이지
않다.

이번 장에 나온 다수의 예시에서 확인할 수 있듯 소비자는 XR을 통해
물리적 세계의 한계를 걱정할 필요 없이 전체 범위의 상품군을 탐색하고
시각화할 수 있다. 따라서 일단 솔루션을 구현하면 최소한의 변동비로
매출 증가를 촉진할 수 있다.

새로운 조사 도구

소비자가 무엇에 가치를 두고 있으며 무엇이 구매 결정을 촉진하는지 이해하는 것은 최적의 상품 마케팅 및 홍보에 핵심이 되는 요소이다. 첫 번째 과제는 손쉽게 확장할 수 있는 자료를 획득하는 것이다. 두 번째는 시장 조사 참가자들을 위해 적합한 자극 요소를 만드는 것이다. 대상 상품은 서로 다르게 디자인된 한 쌍의 진공청소기부터 매장 복도에 비치된 상품 전체에 이르기까지 어떤 것이라도 될 수 있다. 이 경험을 참가자들에게 어떤 방식으로 제공할 수 있겠는가?

- 조사 참가자들에게 상품들을 직접 보낼 수도 있겠지만 단시간에 많은 비용이 발생할 것이며, 상품을 발송하고 안전하게 돌려받을 수 있도록 보장하는 물류 처리에 따르는 번거로움은 말할 것도 없다. 이는 마케팅을 위한 진열 방식 분석에도 적합하지 않다.

- 조사 거점을 중심으로 이동이 용이한 거리 이내의 참가자들을 모집할 수도 있다. 하지만 이는 참가자의 수와 다양성을 제한할 수 있고 하루에 처리할 수 있는 사람 수만큼만 진행하게 되어 속도가 느리다. 게다가 만약 조사 위치가 매장 등 영업 중인 현장이라면 영업에 지장을 줄 뿐 아니라 비용이 많이 들고, 마케팅을 위한 진열 방식을 분석하는 경우에는 여러 가지 물리적 버전을 제작하는 데 많은 시간이 걸릴 수 있다.

• XR을 사용하는 방법도 있다. AR은 핸드폰을 통해 디지털상으로 상품을 참가자의 집에 즉시 가져올 수 있다. 또는 VR을 사용하여 참가자들을 매장이나 야외 환경에 몰입시켜서 마케팅 활동을 시험할 수도 있다. 두 가지 경우 모두 전 세계 누구라도 참가할 수 있도록 열려 있고, 확장 가능하며, 운영을 방해하지 않는다.

헤드셋을 갖고 있지 않은 참가자들이 어떻게 VR을 사용하는지 의아하게 생각할 수 있다. 2014년 구글Google은 마분지로 만들어 사용자의 스마트폰으로 VR을 실행할 수 있게 한 헤드셋 디자인을 공개하였다. 이를 개조하여 납작하게 포장하고 쉽게 배송할 수 있게 만든 사람들도 있다. 이 헤드셋은 (대량 주문 시) 고작 몇 달러의 제작 비용밖에 들지 않기 때문에 회수를 걱정할 필요가 없다. 상당히 단순하며 대부분의 기업 시나리오에는 적합하지 않을 수 있지만 특정한 시장 조사의 요구사항에 잘 들어맞는 다수의 사람을 대상으로 VR을 사용하기에는 저렴하고 확장성이 높은 방법이다.

오투02 UK: VR 데이터를 통한 매장 내 진열 방식 최적화

오투02는 영국에서 두 번째로 큰 모바일 네트워크 사업자로, 3천 4백만 명의 고객을 보유하고 있다. 이 회사는 브리티시 텔레콤British Telecom에 의해 1985년 설립되었다. 현재는 텔레포니카Telefónica가 소유하고 있으며 영국 슬라우Slough*에 본사를 두고 있다.

오투는 영국 전역에 공식 출시를 준비하면서 3개 매장에 시범적으로 새로운 스마트 홈 세트 상품을 적용했다. 그러나 소비자 인지도, 방문자 수, 매출 실적은 저조했다.[12] 공식 출시에 앞서 오투는 다양한 진열 형태의 효과를 시험하여 어떤 요소에 소비자가 가장 잘 반응하는지 확인하고자 하였다.

오투는 몰입형 조사 전문 업체인 고릴라인더룸Gorilla in the room**과 팀을 이루어 시범 매장 중 한 곳을 360도 동영상으로 촬영하였다. 그리고 디지털 작업으로 매장 내 스마트 홈 배치를 다양하게 변주하여 총 5개의 360도 동영상을 제작하였다. 그러는 한편 시장 조사 컨설팅 회사인 파퓰러스Populus는 스마트 홈 기술에 개방적인 400명의 조사 참가자들을 모집하였다. 그리고 이들을 5개의 그룹으로 나누어 그룹마다 5가지의 매장 진열 방식 중 1가지씩을 보여 주었다.

[그림 5.4] 여러 종류의 매장 진열 방식 중 한 가지의 360도 동영상과 5개의 개별적인 360도 동영상을 생성하기 위해 디지털 방식으로 삽입된 5가지 변형 형태. 사진 제공: 고릴라인더룸(Gorilla in the room Limited.)

---

* 영국 잉글랜드 북동부의 공업 도시. (네이버 사전)

** 영국에 본사를 둔 가상 현실 기술 및 시장 조사 업체이며 동명의 앱이 있다.

이 VR 프로그램은 참가자들에게 핸드폰으로 작성하도록 요청한 정성 분석용 온라인 설문 조사에 통합되었다. 설문 조사 내의 특별한 링크를 누르면 핸드폰을 헤드셋에 꽂으라는 지침이 나오고, 이에 따라 VR 프로그램을 활성화하면 참가자들은 가상의 매장을 자유롭게 둘러볼 수 있었다. 이렇게 많은 수의 원격 참가자들을 대상으로 대규모 VR 조사를 진행할 수 있었던 것은 마분지 VR 헤드셋을 사용한 덕분이었다. 이 헤드셋은 참가자들이 설문 조사를 완료하기 전에 미리 배송되었다.

참가자들은 실제로 오투 매장에 있는 것 같이 몰입된 느낌을 받았고 이 조사는 다음과 같이 많은 효과가 있었다.

- 유사하지만 몰입형 기술을 사용하지 않은 연구 조사 대비 참가자가 68퍼센트 더 많이 참여함
- 수집된 자료는 실제 오투의 매출 수치를 더욱 정확하게 반영함. 전통적인 조사에서는 50퍼센트까지 과장된 자료를 생성했음
- 수집된 자료는 인지도, 방문자 수, 매출 개선에 최적화된 진열 방식에 대해 명확한 방향성을 제공함

세계 최대의 시장 조사 전문 기관인 시장조사학회Market Research Society, MRS는 몰입형 연구 조사에서 그 효과를 공식적으로 인정하여 이 솔루션을 시상하였다.

"AR과 VR은 몇 년 내로 연구 조사에서 필수적인 기술이 될 것입니다."
- 이언 브램리(Ian Bramley), 파퓰러스 부사장

새로운 홍보 매체

소비자는 끊임없이 새롭고 신나는 경험, 특히 자신의 네트워크를 통해 기록, 공유, 토론할 수 있는 것들을 열망한다. XR은 그러한 경험을 가능하게 함으로써 이 목표에 부합하며, 다음과 같은 목적을 위해 각종 브랜드에서 여러 방식으로 사용되고 있다.

- 기업 문화, 상품 정보 및 새로운 계획을 전달함
- 신상품 출시 행사를 위한 플랫폼 역할을 함
- 소비자의 매장 방문을 유도함

VR은 강력한 스토리텔링 매체이다. 캐주얼화 기업인 탐스TOMS가 VR을 사용한 탐스 기부 여행TOMS Giving Trip을 통해 고객들을 페루로 데려간 것도 같은 이유였다. 탐스는 이 방식으로 기업이 교육과 건강 프로그램을 개선하기 위해 수행하고 있는 작업을 고객들이 직접 볼 수 있도록 도왔다. 소매점에서 성공적인 시범 적용을 거친 후 이 VR은 전 세계 30개 이상의 매장에 도입되었다.[13]

XR은 상품 출시 기간에 미디어 매체와 소비자들을 참여시키는 데에도 사용된다. 재규어Jaguar는 VR을 사용하여 자사 최초의 전기 자동차를 출시하고 유명 인사 300명에게 가상 자동차 여행을 제공하였다.[14] 아식스ASICS는 언론 기자들에게 새로운 런닝화 제품군을 홍보하기 위해 프로그램이 사전 설치된 VR 헤드셋을 보냈다.[15]

원플러스ONEPLUS: 세계 최초의 AR 신제품 발표회

원플러스는 중국 선전시에서 2013년 설립된 스마트폰 제조사로 약 3천 명의 직원을 보유하고 있다.

앞서 원플러스는 VR 단독으로 핸드폰 신제품 발표를 진행했지만 VR 헤드셋을 보유한 소비자 수에 따른 제한이 있었다. 이 문제를 해결하기 위해 원플러스는 블리파Blippar*를 찾아가 전 세계 스마트폰 사용자들이 자신의 집에서 원플러스 노드 OnePlus Nord 핸드폰의 출시 행사에 편안하게 접속할 수 있는 AR 프로그램을 개발하게 하였다. 2020년 7월에 진행된 이 행사는 AR로 진행된 세계 최초의 신제품 발표회였다.[16]

총 30만 명이 모바일 앱을 내려받았고, 해당 앱을 통해 AR로 신제품 출시 행사에 접속할 수 있었다. 이는 방문객이 자신의 아바타를 만들고 다른 방문객들과 아바타로 만나 의견과 반응을 전달하며 참여할 수 있는 사회적이고 친밀한 행사였다.

AR을 통해 모든 사용자의 물리적 환경에 축소 모형 형태의 무대가 나타나고 원플러스의 공동 창업자 중 한 명인 칼 페이Carl Pei 이사가 행사의 시작을 알렸다. 이어서 새로운 원플러스 휴대폰의 3D 모델이 등장하여 사용자들이 원하는 어떤 각도라도 다양한 색상으로 바꾸어 가며 볼 수 있게 하였다. 또한 핸드폰의 분해도를 공개하여 기기의 구성 요소와 내부 작동에 대해 더 깊이 있는 통찰을 제공하였고 여러 가지 기능을 강조하였다. 이 행사는 인터랙티브하게 진행되어, 끝날 무렵 사용자들에게 앱을 통해 숫자를 입력함으로써 핸드폰의 가격을 추측하도록 했다. 칼 이사의 뒤편에는 사용자들이 추측한 가격을 나타내는 풍선들이 떠 있었다.

이 출시 행사는 유튜브에도 생중계되었다. 하지만 AR 화면에서 사용자들이 완전히 유연하게 가상 핸드폰 모델을 자유로이 탐색할 수 있었던 것과 달리 유튜브에서는 고정 시점의 화면만을 제공하였다.

동 시간대에 이 행사에 참석한 인원은 62만 명 이상이었다. 이 핸드폰의 출시는 원플러스 역사상 가장 높은 발매 당일 매출, 인도 아마존 사이트에서 가장 많이 선주문된 상품 등 여러 기록을 경신하였다.

---

* 영국 최초의 기술 유니콘 기업 중 하나로 증강 현실 콘텐츠 제작, 스마트폰 및 웹 게시를 전문으로 함.

AR로 소비자의 매장 방문 유도

물리적 실제와 가상 세계가 함께 동작하는 아름다운 사례인 AR 게임은 플레이어들에게 게임 내 혹은 매장에서 사용할 수 있는 보상을 제공하여 소비자가 실제 장소로 오도록 유도하는 데 사용된다. 여기서 보상이란 게임 내 상품을 구매하는 데 사용할 수 있는 추가 게임 머니 또는 포인트, 매장에서 상품 구매 시 사용할 수 있는 할인 쿠폰, 이벤트에 참여하는 이들만이 구매할 수 있는 희소하고 인기 있는 상품 등이 될 수 있다. 어떤 경우에는 자사의 앱에 그러한 기능들을 통합할 수도 있다. 예를 들어 풋라커Foot Locker*는 NBA 농구 시즌이 시작될 때 AR 물건 찾기 게임인 '더 헌트The Hunt'를 자사 앱에 통합했다. 사용자들은 단서를 풀기 위해 특정 위치들로 연이어 안내되었고, 참여 보상으로 특별한 신발을 구매할 기회가 주어졌다.[17]

반면 기존의 공급사와 협력 관계를 맺어 얻을 수 있는 이점도 있으므로 꼭 자체 앱을 구축해야만 하는 것은 아니다. 나이앤틱Niantic은 〈포켓몬 고Pokémon GO〉 게임의 제작사로 사업장의 규모와 관계없이 모든 제휴사의 위치 정보를 제공한다. 이를 통해 사용자들에게 제휴 매장의 위치를 알리고 게임 내 보너스를 얻기 위해 방문하도록 권한다. 심지어 방문자들이 시간대별 격차를 해소할 수 있는 적절한 때에 찾아오도록 한산한 시간대에 맞추어 특별한 행사를 예약할 수도 있다. AT&T, 맥도날드, 스프린트Sprint, 스타벅스와 같은 대기업들이 이와 같은 방식으로 나이앤틱과 제휴를 맺었다.

---

* 미국 뉴욕에 본사를 둔 글로벌 신발 제조 및 판매업체.

알고 계셨나요?

나이앤틱은 <포켓몬 고> 게임을 통해 제휴를 맺은 장소로 5억 명의 방문자들이 찾아가도록 만들었다. [18]

AR 공급사와 맺는 협력 관계의 유용성은 해당 공급사 앱의 통상적인 사용자 인구 통계와 당신의 비즈니스가 목표하는 시장이 얼마나 일치하는가에 달려 있다. 비디오 게임은 전형적인 남성 위주의 취미로 간주되지만 <포켓몬 고> 게임을 즐기는 동안 제휴 매장을 방문한 82퍼센트의 플레이어 중 84퍼센트는 여성이었다. [19] 이는 시간에 따라 달라질 수 있고 국가별로 차이가 있을 수 있기는 하나 여전히 놀랄 만한 결과이다.

새로운 광고 채널

광고는 보통 온라인, 텔레비전, 잡지 또는 공공장소의 디스플레이 등 소비자의 시선을 사로잡는 곳이라면 어디서든 볼 수 있다. 디지털 세계는 결과적으로 사람들이 그 안에서 보내는 시간을 고려했을 때 광고주들에게 점점 더 중요한 장소로 자리 잡고 있다. XR 또한 마찬가지이다.

전 세계적으로 2020년 디지털 광고에 지출한 비용은 3,410억 달러로 기존 형태의 광고에 지출한 3,790억 달러에 비견되는 수준에 이르렀다. 미국에서는 디지털 광고 비용이 이미 기존 형태의

광고 비용을 넘어섰다.[20]

XR 환경 내의 광고

XR 안에서의 광고는 광고 공간으로 예상되고 관습화될 수 있는 장소를 만듦으로써 다른 간섭을 피하는 방식으로 제시할 수 있다. VR 환경이라면 가상 도시의 옥외광고판, 가상 축구 경기장의 울타리 광고 또는 가상의 집에 놓인 탁자 위 유명 브랜드의 피자 포장 상자 등이 될 수 있다. AR 관점에서는 핸드폰을 사용하여 위치를 탐색하는 소비자가 화면에 AR로 표시된 이동 경로를 따라가는 동안 특정 브랜드의 음료를 광고하

우버UBER: VR 앱을 통한 광고

우버의 '문은 항상 열려 있습니다Doors Are Always Opening' 광고 캠페인은 우버 역사상 최대인 5억 달러 규모로, 애드믹스Admix*와 함께 4주간의 광고 게재 캠페인을 진행하였다.[21] 이 캠페인의 목표는 브랜드 인식을 쇄신하고, 미래에 대한 낙관적 전망을 형성하며, 고무적이고 감성적인 수준에서 소비자와 연결되도록 하는 것이었다. 그에 따라 우버는 미국의 고객들과 함께할 혁신적인 방법을 찾고 있었고 상대적으로 미개척 매체인 VR 광고에 대한 아이디어를 접하게 되었다.

이 캠페인이 확정된 이후 일주일도 채 되지 않아 우버의 기존 배너와 동영상 개체를 이용한 광고가 게재되었다. 가장 높은 우선순위는 운전 및 비행 시뮬레이션과 소셜 공간 앱 등 우버와 유관한 디지털 환경이었다. 이러한 앱들은 월간 약 백만 명의 활성 사용자들을 보유하고 있어 캠페인 진행 기간 내내 매일 우버가 설정한 일일 지출 한도를 충족하였다.

전반적으로 우버는 동기간에 165,000명의 개별 사용자들과 소통하였으며 이들은 총 19시간 동안 가상 세계에 배치된 우버의 브랜드 광고에 노출되었다.

---

* 영국 런던의 글로벌 미디어 기업.

는 디지털 자판기를 마주칠 수 있다. 또는 집에서 증강 현실 게임을 할 수도 있다. 이 게임은 광고 수익 모델의 일부로, 3D 디지털 노트북을 거실의 탁자 위에 겹쳐놓고 클릭을 통해 추가 정보와 구매 선택 사항들을 볼 수 있다.

이는 몰입형 환경에서의 대규모 상품 배치로 이어진다. 소프트웨어 개발자들은 앱 내에 광고를 위한 입력 위치를 포함하여 브랜드들이 해당 앱 사용자들과의 자사 상품 관련도에 따라 입찰하게 할 수 있다. 이와 관련하여 강력한 영향력이 있는 지표들의 기록과 분석도 가능하다. 광고 조회 수와 조회 시간 및 더 복잡한 소비자 행동을 추적할 수도 있다. 이 모든 것들이 VR에서 각 사용자의 시선을 분석하거나 AR에서 모바일 기기 화면을 분석함으로써 가능해진다. 내셔널 지오그래픽, 스테이트 팜 보험, 유니버설 스튜디오 등의 기업들 또한 이미 VR 앱을 통해 광고를 진행하고 있다.

기존 광고 채널과 통합

XR은 그 자체로 새로운 광고 채널이지만 기존 광고 내에서도 사용할 수 있다. 휴대용 기기의 편리성과 소비자들 사이에 광범위하게 퍼져 있다는 특성으로 인해 주로 AR에 적합하다.

화면을 한 번 누르는 것만으로 소셜 미디어나 웹사이트, 앱에서 지원하는 광고가 휴대용 기기의 카메라를 활성화해서 앞선 사례들처럼 특정 기업의 상품을 시각화하거나 입어보도록 할 수 있다.

고급 패션 브랜드 마이클 코어스Michael Kors는 페이스북 광고에 AR을 통합하여 소비자가 다양한 마이클 코어스 선글라스를 개인 맞춤화하고, 시각화하고, 공유할 수 있도록 하였다. 2주간의 광고 캠페인 결과 구매가 14퍼센트 증가하였다.[22]

요약

- XR은 기업의 상품에 대한 소비자의 이해도를 높이고 더 강력한 유대 관계를 형성하는 데 도움이 될 수 있다. 구매자와 판매자 간의 거리를 좁히는 것은 매출을 증진하고 기대에 어긋난 결과로 인한 반품 비용을 절감하는 데 핵심적인 사항이다.

- AR은 소비자가 자신의 환경에 실재하는 상품이나 개인용품을 시험 사용해 볼 수 있도록 도움을 주고, VR은 주로 환경에 기반한 상품을 시험해 보는 데 도움을 준다.

- XR을 도입하면 소비자 행동을 더 잘 이해할 수 있다. XR은 소비자 조사 프로젝트를 진행하는 동안 더 실감 나고 표현력 있는 경험을 참가자들에게 더욱 폭넓게 제공할 수 있도록 해 준다.

- XR로 흥미진진하고 새로운 마케팅 경험을 만들어 소비자들에게 정보를 전달하고 실제 물리적 매장으로 찾아오게 할 수 있다.

- XR은 완전히 새로운 광고 채널의 역할을 하는 동시에 기존 광고 안에 쓰여 가능성을 확장한다.

06

XR 구현의
5단계

발견 → 설계 → 개발 → 배포 → 보고

　모든 XR 프로젝트에는 5가지 단계가 있고 각 단계는 서로 다른 목표를 가지고 있다. 이는 아래 서술한 바와 같다. 이 단계들은 시간 순서에 따른 것이지만 서로 겹칠 수도 있다. 각 단계에 대한 구상을 어느 정도 확보해 두면 당신의 XR 프로젝트는 성공을 향한 최선의 위치에 놓일 수 있을 것이다.

발견

XR이 가진 가치의 연구, 식별 및 전달

VR과 AR은 무엇인가? 이런 기술들은 무엇을 제공할 수 있는가? 어떤 조직들이 이를 사용하고 있고 어떤 결과를 달성할 것인가? 어떤 발전을 가져올 것인가? 당신의 조직에서 실현 가능한가? 이 모든 것을 고려했을 때 당신이 직면한 문제나 놓치고 있는 기회와의 교차점을 찾을 수 있는가?

발견 단계는 XR의 가치를 이해하고, 잠재적인 프로젝트 후원자와 같은 이해 관계자들에게 그 가치를 전달하며, 무엇이 가능할지 파악하여 그 지식을 조직의 문제와 기회에 어떻게 효과적으로 적용할지 결정하는 데 도움을 주는 일이다.

설계

솔루션의 각 측면을 계획

이해 관계자들이 XR을 가능성 있는 솔루션으로 이해하고 지원하면 그 다음 해야 할 일은 어떻게 그 솔루션을 구축하고, 배포하고, 분석할지를 다루는 상위 단계 프로젝트 계획의 윤곽을 짜는 것이다. 이는 다음의 사항들을 포함한다.

- 예산

- 일정

- 범위 - 콘텐츠 유형 및 기능 등

- 성공 기준 및 지표

- 자료 수집 방법 (솔루션 성과 분석용)

- 자원 조달

- 하드웨어 선택

- 배포 모델 - 하드웨어 수량 및 위치 등

계획을 세세하게 잡을 필요는 없다. 이 단계의 목표는 완벽하고 최종적인 문서 일체를 만들어 내는 것이 아니라 구현의 전 측면에 대해서 다시 한번 생각해 보는 것이다. 이 과정을 통해 진행 중에 발생 가능한 잠재적인 문제들을 피할 수 있다. 어떤 경우에는 이 과정에서 프로젝트 전부를 폐기하게 될 수도 있는데 이는 오히려 긍정적으로 보아야 한다. 부적합한 프로젝트를 일찍 중단할수록 비용은 적게 드는 법이다.

개발

소프트웨어 제작과 테스트

아마도 5단계 중 가장 잘 알려진 것이 바로 개발 단계일 것이다. 필요에 따라 테스트, 오류 수정, 반복 처리를 거치며 솔루션 이면의 소프트웨어를 제작하는 단계이다. 또한 3D 모델이나 360도 동영상 같은 개체들을 제작하면서 부수적인 애니메이션, 편집 등 기타 필요한 작업도 진행해야 한다. 이 단계의 결과로 XR 기기에서 실행할 수 있는 소프트웨어 또는 미디어가 만들어진다.

배포

최종 사용자를 대상으로 프로그램 출시

XR 솔루션의 배포는 설계 단계에서 개발된 계획에 따라 여러 가지 형태와 규모로 이루어진다. 이 단계에 이르면 당신에게는 준비를 마친 소프트웨어와 엄선된 하드웨어, 배정된 직원들이 있을 것이다. 최종 사용자에게 최상의 경험을 보장하기 위해 이 모든 요소를 잘 조합해야 한다.

솔루션의 성과를 파악하는 피드백으로 활용할 수 있는 데이터라면 무엇이든 수집해야 한다는 것을 명심하라.

보고

수집된 자료를 분석

XR 솔루션의 배포 기간에 관련 자료를 수집하고 나면 이 단계에서는 해당 자료를 분석하여 결과를 얻고 그 영향을 평가하며 개선 또는 방향성 수정을 하는 데 전념한다.

모든 프로젝트, 특히 최신 기술의 구현과 관련된 프로젝트라면 진행 과정에서 많은 문제에 직면할 것이다. 이 책에서는 다음 몇 개의 장￦에 걸쳐 핵심적인 문제들의 개요를 설명하고자 했으며 특히 XR과 분명한 관련이 있는 부분에 집중했다. 이러한 문제들을 극복(또는 최소한 완화)하는 방법에 대한 지침을 가능한 한 담으려고 노력했으나 항상 답이 있는 것은 아니다. 이 단계에서는 아직 몇 가지 문제가 남아 있을 수 있다는 사실에 익숙해져야 할 것이다. 어떤 문제들은 프로젝트의 성공에 매우 중요한 반면 어떤 것들은 관련이 없을 수도 있다. 달성하고자 하는 목표와 관련하여 이 문제들을 고려해 보면 일의 성사를 저해하는 요인인지 아닌지 판단하는 데에 도움이 될 것이다.

07

발견
단계에서의
문제

XR의 잠재력에 대한 학습과 전달

XR 산업은 빠른 속도로 변모하고 있다. 책이나 온라인 뉴스, 네트워크, 콘퍼런스 또는 여건이 허락할 경우 전담 연구 팀을 통해서 XR 솔루션 및 산업계 발전을 조사하고 정보를 최신 상태로 유지하라. 또한 XR 공급사들과의 유대 관계를 관리하며 최신 기술에 대한 경험 수준을 유지하라. XR로 가능한 것에 대해 더 많이 알수록 XR 적용을 위해 이해 관계자와 대화하고 솔루션을 제안하며 사례를 구축할 준비를 더 잘할 수 있다.

타인에게 XR을 알리려면 시연하라

11장에서 더 자세히 다루겠지만 XR을 둘러싼 여러 가지 오해는 조직에서 XR을 비즈니스에 적용할 가능성조차 고려하지 못하게 만든다. 또한 여러 다른 최신 기술들과 달리 XR은 무엇보다도 감각적, 경험적인 데다 시각화를 위한 도구이기 때문에 정확하고 효과적인 방식으로 이를 설명하기가 어렵다. 주제에 대한 설명을 읽거나 듣는 것만으로는 이 기술들을 완벽히 이해할 수 없다. 그 복잡한 과정을 완전히 이해하려면 다양한 기기를 통해 광범위한 콘텐츠를 직접 경험해야 한다.

유관 경험을 제공하라

다른 이들에게 직접 그러한 경험을 제공하려면 기술 시연이 필요할 것이다. 계획 중인 XR 프로젝트에 이해 관계자들을 참여시킬 때, 판매하려는 프로그램과 시연용 앱이 유사할수록 뛰어넘어야 하는 정신적 거리가 줄어들고 긍정적인 반응을 이끌어 낼 가능성이 커진다.

다음 세 가지는 시연용 앱에서 고려해야 할 주요 속성들이다.

- **사용 사례**: 어떤 영역을 목표로 하는가 (예: 소프트 스킬 교육, 개체 설계, 협업)
- **산업군**: 어떤 부문의 비즈니스를 목표로 하는가 (예: 부동산, 의료업, 정유 및 천연가스)
- **품질**: 사용자 경험과 콘텐츠의 효율성을 고려했을 때 해당 앱 경험의 전반적인 능력치는 어떠한가

시연되는 앱은 높은 품질 수준을 갖추고 있으며 이해 관계자의 사용 사례 및 관심 산업군과 직접적인 관계가 있는 것이 이상적이다. 이것이 여의치 않다면 비슷하지만 다른 산업군에서 나온 사용 사례(예: 개체의 시각화)를 통해 연결고리를 찾는 것을 목표로 하라. 이보다 조금이라도 더 거리가 멀어지면 이해 관계자는 연결성을 찾지 못하거나 연결하려는 시도

마저도 꺼리게 될 위험이 있다.

다른 분야에서 영감을 취하라

눈앞의 기회와 가장 관련성이 높은 콘텐츠를 탐색하는 것이 합리적이긴 하지만 또 한편으로는 현재 집중하고 있는 분야에서 벗어나 외부를 살펴봄으로써 자신의 지식을 넓히는 것도 가치가 있다. 다른 이들이 놓친 무언가를 찾을 수도 있고 그 경험이 현재 혹은 미래 프로젝트에 대한 아이디어를 자극할 수도 있기 때문이다.

예컨대 당신이 크레인 사업에 종사한다면 조직에 적용할 강력한 교육 솔루션 후보로서 전용 케이블로 연결된 헤드셋으로 접속하는 고급 사양의 VR 인양 시뮬레이터에 곧바로 구미가 당길 수 있다. 효과적인 방법이기는 하지만 만약 더 저렴하고 휴대가 간편한 헤드셋에서 유사한 결과를 얻을 수 있다면 어떨까? 어쩌면 소매업에서 소비자 행동을 분석하는 VR 앱의 시연을 보면서 크레인 시뮬레이션 환경 안의 유용한 데이터들을 수집하고 추적하는 방법에 대해 새로운 아이디어가 떠오를지도 모른다.

XR 산업은 엄청난 속도로 발전하고 있어 오늘날 가동 가능한 산업과 앱 중심의 경험이 최신 기술의 진보를 활용하지 못할 수도 있다. 기술을 따라잡아야 한다는 점이 불편하게 느껴질 수도 있으나 이는 마음가짐에 달린 문제이다. 기술의 발전에 계속 수동적으로 대응해야 한다고 생각하면 무력감이 생기고 압도되는 반면 신기술을 주도적으로 연구하고, 탐색하고, 시험한다면 빠르게 발전하는 환경에 대한 자신감과 통제력을 가질 수 있다.

XR을 시간 때우는 용도로 사용하지 말라

등록, 휴식, 점심 식사, 다과 및 친목 시간 등과 같이 행사 중간중간에 생기는 자유 시간에 XR 기술 시연에 대한 문의를 받게 될 수도 있다. 자신들의 행사에서 최신 기술을 뽐내고 싶거나, 치즈와 비스킷을 야금야금 먹고 있는 참석자들을 한데 어우러지게 할 목적으로 XR을 사용하고자 하는 사람들이 주로 이런 요청을 해 온다. 그들의 개인적인 뜻이야 좋다. XR은 매우 시각적이고 참신하며 재미있는 경우가 많아 매력적인 대상이다. 그러나 XR의 가치를 알리려면 안타깝게도 이 방법은 적절치 않다.

이런 경우는 많은 사람에게 XR을 시연할 수 있는 매력적이고도 편리한 기회처럼 보일 수 있으나 현실은 다르다. 일반적으로 이 방법으로는 시간과 자원을 효율적으로 활용하기가 어렵다. 참석자들이 먹고 마시고 떠드느라 너무 바빠 기술 시연에 그다지 신경을 쓰지 못하기 때문이다.

자유 시간 동안에는 보통 참석자들의 관심도가 낮을 뿐 아니라 XR의 진가를 제대로 보여 주지도 못한다. 오히려 XR이 '그저 재미를 위한 것'이라는 고정관념을 강화하고 비즈니스용으로 판매되는 것을 훨씬 더 어렵게 만들 따름이다. 당신이 설령 VR 오락실처럼 재미를 추구하는 일에 종사한다고 하더라도 어떤 맥락도 없이 점심시간에 시연회를 진행하는 따위의 일은 참석자들에게 이 기술이 핵심적인 토의 주제로 다뤄질 자격이 없다는 신호를 줄 뿐이다.

앞선 예시는 박람회나 기타 시연 중심 행사(여러 단체가 다양한 설명회를 순회하는 등)와는 다른 것임에 주의하라. 그런 곳에서는 참석자들의 주된 목표가 자신들의 사업적 문제 또는 기회와 기술 간의 연관성을 이용하고 이해하며 연결하는 것이다. 하지만 등록이나 휴식 시간 동안에는 참석자의 편의나 허기가 주된 관심사이며 기술과 그 잠재력은 부차적이다.

만약 이와 같은 문의를 받게 된다면 XR이 핵심적인 토의 주제가 될 수 있도록 협상할 것을 조언한다. 적어도 그래야만 기술의 가치를 또렷하게 설명하고 더 큰 관심을 모을 수 있으며 어떤 시연을 하더라도 맥락을 제공할 수 있다. 간혹 어려운 일이 될 수도 있지만 적절한 소통만 거친다면 시연을 요청한 사람과 좋은 관계를 유지하면서도 요점을 전할 수 있다.

문제와 솔루션의 불일치를 피하라

단순히 최신 기술이라는 이유만으로 조직에 해당 기술을 도입할 경우, 어떤 문제도 해결되지 않거나 기존보다 문제 해결에 더 큰 노력이 들어 부진한 결과로 끝나는 경우가 종종 있다. 이런 헛된 프로젝트는 신선한 이미지를 만들고 싶은 리더나 제대로 된 지침도 없이 혁신만 강조하는 상급자들의 압력에서 비롯되기도 한다. 어떤 경우이건 그러한 혁신에 대한 흥분 상태는 보통 꽤나 높은 수준으로 시작했다가, 실속 없는 솔루션이었다는 깨달음이 찾아오면서 시들해진다.

조직에서 XR 솔루션을 고려하게 되는 경로는 두 가지가 있다. 하나는 문제에서 비롯되고 다른 하나는 기회에서 비롯된다. 조직의 문제는 비교적 이해하기 쉽다. 기존 비즈니스에 부정적 영향을 끼치고 있는 문제들이 결과적으로 지속적인 골칫거리가 되는 경우이다. 한편 기회는 미완성 상태의 문제로 조직이 아직 탐색하거나 착수하지 못한 대책이나 효율성, 변화를 의미한다. 이는 대개 XR 등의 기술적 혁신 또는 단순히 새로운 방법론에 기인한다.

기회의 경우에는 경쟁력 문제가 발생하면서부터 급박해진다. 경쟁사에서 새로운 방법과 혁신을 활용하면 운영의 효율성과 인재 유치 효과가 높아지고 더 저렴하게 제품과 서비스를 판매할 수 있게 된다. 이런 조치들이 쌓이면 결국 경쟁사는 앞서 나가고, 그 기업과 당신 기업 사이의 격차가 더 커지게 될 것이다.

현재의 문제이건 미래의 문제이건 고려해 볼 솔루션은 많다. 그중 일부는 XR 기술을 기반으로 할 수도 있다. 가능성이 있는 솔루션의 목록을 추렸다면 그다음으로는 실행 가능성과 적합성을 고려하여 선별하는 과정이 필요하다. 실행 가능성은 특정 조직에서 구현되기에 얼마나 실용적인지를 의미하며, 구현에 드는 전체 비용과 구축·관리·배포에 필요한 모든 사람의 기술 및 능력이 고려 요소가 된다. 적합성은 솔루션이 성공의 기준을 얼마나 잘 충족하는지(즉, 솔루션으로서 얼마나 가치 있는지)와 관련이 있다.

기술이 아닌 문제 중심의 접근법을 택하라. 항상 스스로에게 이렇게 물어야 한다. 문제 또는 기회에 초점을 두고 있는가? 현재의 솔루션보다 더 효과적일까? 물론 확실하게 알 방법은 없다. 하지만 앞 질문에 대한 답이 '그렇다'이고 이어진 질문에 대한 답이 '아마도'라고 한다면, 가능성을 탐색하는 데 더 많은 시간을 투자하는 시작점으로 삼기 충분하다.

나는 여러 XR 기반 혁신안들에 관해 격려만큼이나 많은 경고를
해 왔다. 내가 가장 좋아하는 일화 중 하나는 몰입형 교육 프로그
램으로 시작되었던 프로젝트에 관한 이야기다. 몰입형 교육 프
로그램은 VR을 사용하는 가장 강력하고 잘 알려진 방법 중 하나
이기에 나는 자연스럽게 이 프로젝트에 대해 자세히 알아보게 되
었다. 알고 보니 이 프로젝트의 이해 관계자들은 기업 전체 차원
에서 대대적으로 새 CRM(Customer Relationship Management, 고객 관계
관리) 플랫폼을 공개할 때 이 프로그램도 함께 포함하고자 했고,
행사의 규모에 어울릴 만큼 인상적인 교육 계획을 선보일 수 있
길 바랐던 것이다. 물론 VR은 감탄사를 자아내는 기술이기에 이
들 역시 자연스럽게 관심이 갔을 터이다. 그러나 문제는 CRM 시
스템과 같은 2D 웹 기반 소프트웨어를 기술적으로 교육하는 데
는 다른 효과적인 솔루션들이 이미 많이 존재한다는 사실이다.
이런 경우 VR은 투자를 정당화할 만큼 충분한 가치를 제공하지
못할 가능성이 크다. 나는 그들에게 그렇게 조언했고 다른 솔루
션을 찾아볼 것을 제안했다.

적합하지 않은 솔루션을 구현하는 것은 장기적으로 그 누구에게도 도
움이 되지 않는다. 그런 기술에 의존했던 조직은 좋지 않은 결과를 맞게
될 것이고 기술에 대한 부정확한 인식이 미래까지 이어지게 할 수도 있

다. 또한 그 기술을 만드는 사람들의 평판에도 해가 될 것이며 최종 소비자(고객이건 직원이건)는 실망할 것이다.

열린 마음으로 잠재적인 기회를 잡아라

간혹 확연한 문제는 없지만, 개선의 기회는 존재할 때가 있다. 그러나 기업들은 대체로 운영상의 문제들을 다루느라 너무나 분주해서 이런 기회를 활용하기가 어렵다. 이는 기업에 자원이 부족하다는 문제점을 시사하며, 기업 운영을 방해한다는 면에서 시한폭탄이나 다름없다. 결과적으로는 떠오르는 기술과 동향에 대한 투자의 중요성을 먼저 이해한 타 조직들이 XR과 기타 기술들을 탐구하고, 실험하고, 활용하며 앞서 나가게 된다. 초기에는 경쟁에 미치는 효과가 미미하기에 그 중요성이 즉시 두드러지지는 않는다. 하지만 기술들이 발전하고 기업들이 이를 활용하여 이득을 얻는 경험이 쌓임에 따라 경쟁 우위라는 무기가 먹혀들기 시작한다. 해당 기업들은 비용 절감, 신규 수익 채널 구축, 운영 효율성 증진을 위한 최적의 입지를 갖추게 되고, 서서히 그 이점은 조직 전체로 퍼져나가 최종적인 결과에서 명백한 격차로 나타난다.

역사적으로도 기술적 기회의 활용에 실패한 기업들의 사례는 발에 챌 만큼 많다. 1851년에 설립된 웨스턴 유니온Western Union은 본래 전신 회사였고 1900년이 되었을 때는 백만 마일 길이의 전신선과 해저 케이블을 운영하고 있었다. 하지만 이 핵심 사업은 전화의 발명으로 위협을 받게 되어 결국 웨스턴 유니온은 전신용 기반 시설을 매각하고 송금환을 포함

한 금융 서비스에 집중하게 되었다.[1]

1876년 알렉산더 그레이엄 벨Alexander Graham Bell은 전화기(또는 그가 처음 붙였던 명칭인 '말하는 전신')에 대한 특허를 내었다. 그는 자신의 특허를 웨스턴 유니온에게 10만 달러에 팔겠다고 제안하였지만, 당시 이 회사의 사장이었던 윌리엄 오튼William Orton은 이를 거절하며 이렇게 말하였다. "귀하의 발명품을 심사숙고한 끝에, 그 참신함은 매우 흥미롭지만 상업적 가능성은 전혀 없다는 결론에 도달했습니다 … 회사가 전기 장난감을 어떤 용도로 사용할 수 있겠습니까?" 그러나 그 후로 전신은 점진적으로 몰락했고 전화기 사용은 증가했으며, 오튼 사장은 수년간 벨의 특허에 도전했지만 실패했다.[2] 그가 보인 태도는 현시대에 많은 사람이 XR을 재미있는 비디오 게임 기술 이상으로 보지 못하는 모습과 비슷하다.

2007년 마이크로소프트의 CEO였던 스티브 발머Steve Ballmer는 아이폰의 도전에 대해 믿을 수 없다는 듯 웃으며 대답하였다. "500달러요? 전액 보조금 지원인가요? 할부 약정인가요? 저건 세계에서 가장 비싼 전화기입니다. 그리고 키보드가 없기 때문에 그리 쓸 만한 이메일 업무용 기기가 되지 못해서 기업 고객들에게 매력이 없어요."[3]

그러나 수백만 대의 아이폰이 정가 1,000달러 이상에 성공적으로 판매되었으며 키보드는 화면 터치 기술로 대체되어 오늘날의 스마트폰에서 자취를 감추었다. 스티브 사장의 답변은 디지털 세계에서 새로운 사용자 인터페이스를 예측하기가 얼마나 어려운지를 보여 준다. 음성 인식 등 일부 최신 인터페이스는 이미 XR 앱에서 사용되고 있고 손이나 컨트롤러 추적과 같은 완전히 새로운 형태의 인터페이스 역시도 점차 성숙도가 높아지고 있다.

다음은 떠오르는 신기술을 무시한 가장 유명한 사례 중 하나이다. 블록버스터Blockbuster*의 대변인 카렌 라스콥프Karen Raskopf는 넷플릭스Netflix와 같은 주문형 비디오VOD, video-on-demand 서비스에 대해 다음과 같이 말하였다. "VOD는 아직 우리가 생각했던 것보다 더 멀었습니다. 우리는 이 모든 것을 계속 지켜보고 있다가 이것이 지속 가능한 수익 모델로 보이면 그때 진입하면 됩니다."[4]

2004년 전성기를 맞았던 블록버스터는 전 세계에 9,000개 이상의 매장을 보유하고 있었다. 그러나 이제 블록버스터의 비즈니스에 대해 향수를 불러일으킬 만한 유물이라고는 미국 오리건주에 있는 매장 하나밖에 남지 않았다.[5]

VOD 기술을 계속 지켜본다던 블록버스터의 주장을 단순한 빈말로 무시하고 싶은 이들에게 말하자면, 블록버스터와 엔론 브로드밴드 서비스EBS가 VOD 사업을 시작하기 위해 1999년부터 사업 제휴 협상을 시작했다는 사실을 알고 있는가? 거래 제안에는 EBS가 VOD 기반 시설의 가동 및 운영에서 가장 큰 몫을 담당하고 이후 블록버스터와 EBS가 운영 수익을 나눈다는 조건이 포함되어 있었다. 이렇듯 블록버스터에 유리해 보이는 거래임에도 불구하고 그들은 VOD의 전망에 대해 여전히 회의적이었다. 주요 영화사들과 VOD 계약을 협상하는 데에 오랜 시간이 소요된다

---

* 미국 텍사스주 댈러스에 본사를 둔 비디오 및 게임 대여 전문점. (위키백과)

는 점도 드러났다. 결국, 블록버스터는 그 거래를 더 이상 진행하지 않고 원래의 오프라인 소매 사업 모델에 집중하기로 결정하였다.[6] 2000년 넷플릭스가 블록버스터에 접근해 제안한 사업 제휴 역시 비슷한 이유로 거절되었다.[7]

지나고 나서야 보인다는 말이 있듯이 일이 이미 벌어진 이후의 시점에 와서 이런 행동들을 지나치게 가혹하거나 비판적으로 평가할 수는 없다. 하지만 여기에서 얻을 수 있는 교훈 한 가지는 바로 마음가짐의 개선이다. 앞서 언급한 최신 기술들과 유사한 맥락에서 생각해 보자. XR 기술이 제공할 수 있는 기회에 열린 마음을 갖고, 그 잠재적 가능성을 탐구하며, 각자의 전문 분야에서 쌓아 온 광범위한 경험에 얽매이지 않은 채로 지금까지의 믿음에 의식적으로 도전한다면 다양한 비즈니스에서 XR의 잠재력을 충분히 활용할 수 있다.

요약

- XR을 잠재적 솔루션으로 고려할 때는 반드시 XR이 가진 강점들과의 연관성을 확인하라. 만약 관련성이 없거나 미약하다면 XR은 최선의 해결책이 아닐 수 있다. 오직 참신함 때문에 XR을 도입하는 결정은 장기적으로 모든 이해 관계자에게 해를 끼칠 것이다.

- 오늘의 기회는 내일의 문제이다. 운영상 문제의 해결에 집중하면서도 프로젝트를 진행하는 동안 이를 늘 염두에 두어야 한다.

- 행사의 핵심 주제와 관련이 없다면 행사에서 XR을 사용하는 일은 피하라.

- XR을 잠재적 솔루션으로 고려하고 있다면 다른 대안(기술적이든 아니든)이나 기존의 솔루션보다 XR이 더 큰 가치를 제공해야 한다.

하드웨어의 고려 사항과 선택

시중에는 수많은 XR 헤드셋이 나와 있으며 그 수는 매일 증가하고 있다. 그리고 각 헤드셋에는 자체적인 속성들이 있다. 다음으로는 적절한 하드웨어를 선택할 때 고려해야 할 몇 가지 핵심 영역에 관해 설명하겠다. 이것은 필요한 것과 필요하지 않은 것의 목록이 아니라 주의 깊게 살펴야 할 항목들의 목록임을 명심하라. 이 중 일부는 당신의 우선순위, 기업 정책 및 사용 가능한 자원에 따라 다른 요소들보다 더 중요할 수 있다. 아울러 헤드셋의 적합성을 종합적으로 평가하기 위해서는 당신이 구축 중인 솔루션을 고려해야 한다. 화상 및 광학 시스템 프로세서(처리 장치), 무게, 시각적 정확도와 같은 헤드셋 사양은 대상 사용자 경험과 같은 눈높이 수준 또는 솔루션의 목표와 일치하는 정도까지만 의미가 있고 그만큼만 맞추면 된다.

입력 기능

헤드셋이 어떤 입력을 수용할 수 있는지는 XR 앱을 설계하고 개발할 때 어떤 선택 사항들을 사용할 수 있을지를 결정하기 때문에 알아 두는 것이 중요하다. 다음 기능을 확인하기를 바란다.

- (헤드셋과 컨트롤러의) 추적 분류
- 마이크
- 시선 추적

• 손 추적

헤드셋의 추적 분류는 가상 경험에서 자신의 위치와 시점을 변경할 수 있는지 여부를 결정하는 '자유도^{DoF, Degrees of Freedom}'로 표현된다. 3개 자유도의 헤드셋을 사용하면 고정된 시점에서 가상 환경을 둘러볼 수 있다. 6개 자유도의 하드웨어를 사용하면 자신의 위치를 자유롭게 변경할 수 있다. 예컨대 가상의 차창 밖으로 몸을 기울일 수 있다는 뜻이다.

이 개념은 헤드셋뿐만 아니라 컨트롤러와 같은 부속 장비에도 적용된다. 3개 자유도의 컨트롤러로는 고정된 위치에서 회전할 수 있다. 6개 자유도의 컨트롤러를 사용하면 가상 세계의 3차원 공간에서 이동하면서 회전할 수도 있다. 마이크와 시선 추적 기능이 있는 헤드셋은 음성 및 시

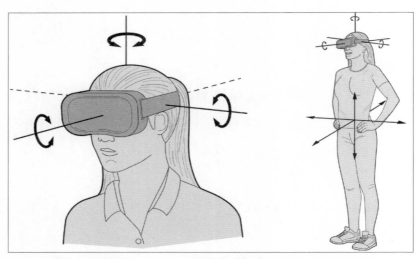

[그림 7.1] 자유도 개념을 설명하는 그림으로, 3개 자유도는 머리를 어떻게 회전할 수 있는지를 나타내고 (왼쪽) 나머지 3개 자유도는 물리적으로 어떻게 움직일 수 있는지를 나타낸다(오른쪽).

선 관련 자료를 각각 수집할 수 있게 해 준다. 손 추적 기능이 있는 헤드셋은 사용자가 컨트롤러 세트를 잡고 작동시키는 법을 알 필요도 없고 헤드셋에 달린 동작 버튼을 사용하는 법을 (적용 가능한 경우) 배울 필요도 없어 간단해진 사용자 경험을 제공한다.

사용자 경험

사용자 경험은 중요한 평가 영역이며 여러 다양한 요소들로 구성된다. 궁극적으로는 헤드셋을 설치하고, 사용하고, 관리하고, 유지하는 과정을 검토하면서 각 절차가 수행하기 쉽고, 빠르고, 편안한지를 파악하는 일이다.

헤드셋이 편안하려면 가벼워야 하고 무게가 고르게 분산되어야 하며 열을 과도하게 발생시키지 않아야 한다.

헤드셋 이외의 하드웨어가 필요한 경우 설치와 사용이 일반적으로 더 복잡해지고 길어진다. 헤드셋 이외의 하드웨어란 헤드셋이 기능하는 데 필수적인 컨트롤러나, 외부 요소(외부에서 내부로 추적)와 외부 프로세서(컴퓨터 또는 핸드폰)가 필요한 추적 기술 등을 의미한다. 고장이 날 수도 있어 별도로 유지 관리가 필요한 추가적인 시스템이다. 또한 설치에 더 오랜 시간이 걸리게 되며 분실의 위험도 있다. 물류 운송 측면에서도 문제없이 포장하고 운송해야 할 구성요소가 늘어난다는 것을 의미하므로 일이 더 어려워진다.

설치 시간을 지연시킬 가능성이 있는 또 다른 절차는 각 헤드셋을 사용하기 전에 계정을 등록하고 로그인해야 하는 경우이다. 전 세계에 수백 대의 헤드셋을 배포하는 경우라면 특히 시간이 오래 걸릴 수 있다.

시각적 품질

2D 화면의 해상도를 풀 HD*에서 4K**, 8K***로 높이는 것에 대한 소비자의 관심이 늘어나면서 사람들은 점점 더 선명한 시각 경험을 기대하게 되었다. 거리를 두고 시청하는 기존 매체를 기준으로 다년간 쌓아 온 기대치를 고려하면 대다수 XR 화면의 선명도는 그에 미치지 못할 가능성이 있다. VR 소프트 스킬 교육과 같은 일부 프로젝트에서는 이 점이 문제가 되지 않을지도 모르지만, 예를 들어 버튼 위에 쓰인 글자까지 읽을 수 있어야 하는 조종석 가상 시뮬레이터 같은 프로젝트에서는 사용자의 초점이 상당히 세밀해야 하므로 선명도가 중요한 장애 요인이 될 수 있다. 이런 사양을 달성하기 불가능한 것은 아니지만 이렇게 전문적인 용도로 사용할 경우는 고사양 시장을 대상으로 하는 헤드셋 공급사와 접촉해야 할 것이다.

알고 계셨나요?

가상의 계기판에서 가장 작은 크기의 세부 정보까지 볼 수 있을 정도로 시각적 품질이 향상된 고사양 VR 헤드셋 덕분에 이제 우주비행사들은 우주선 조작 훈련에 VR을 사용할 수 있게 되었다.[8]

---

* 해상도 1920x1080. 가로 해상도가 약 2,000개란 의미로 2K로 불리는 경우도 있음.

** 해상도 3840x2160. 풀 HD의 4배이며 4K UHD로 불림.

*** 해상도 7680x4320. 4K의 4배이며 8K UHD로 불림.

투명 AR 화면의 경우 야외에 있으면 종종 직사광선 탓에 디지털 이미지가 빛바랜 것처럼 보여 초점을 맞추기가 어렵고 불편해지곤 한다. 한편 야외에서 밝기와 대비 정도를 조절하여 선명하게 유지되도록 하는 기능이 어느 정도 가능한 불투명 화면의 경우에는 이런 문제가 다소 덜하다. 만약 당신이 구상하는 AR 앱의 사용자가 주기적으로 야외에 있어야 하는 상황이라면 그 기기가 직사광선 아래에서도 작동할 수 있게 보장해주는 것이 좋다.

쌍안경을 통해 보이는 시야각FOV, Field Of View은 렌즈를 통해 볼 수 있는 범위로 제한되며 그 외부의 모든 것은 검게 보인다. 비슷한 개념이 VR 헤드셋에도 적용된다. 헤드셋의 시야각이 크면 클수록 주변 시야에서 더 많은 것을 볼 수 있고 실제 세계를 보는 방식과도 더 흡사해진다. 화면 창이 투명한 AR 헤드셋에서 시야각이란 자르지 않고 표시할 수 있는 디지털 이미지의 최대 크기를 의미한다.[9]

인간은 보통 수평으로 약 180도, 수직으로 약 135도의 시야각을 가진다. 일부 제조사에서 VR 헤드셋 시야각을 인간의 한계인 약 220도까지 끌어올리는 경우도 있지만, 대부분의 VR 헤드셋 시야각은 90~130도의 범위에 있는 편이다.[10] 한편 AR 헤드셋은 통상 19~50도의 범위에서 디지털 개체를 볼 수 있다.

제조사의 시야각 수치를 검토할 때 염두에 두어야 할 것은 시야각을 계산하는 방법에는 일관성이 없고 전 세계적으로 합의된 바도 없으므로 정밀한 비교가 어렵다는 사실이다. 또한 수평, 수직, 대각선 각각을 비교한 설명이 있는지 확인하는 것도 중요하다. 만약 어떠한 설명도 없다면 표기된 수치는 대각선을 의미할 가능성이 크며 아마도 셋 중 가장 높은 수치일 것이다. 하나의 확실한 시야각을 밝히기 힘든 이유 중 하나는 얼굴 모양이나 헤드셋을 얼마나 딱 맞게 착용했는지에 따라 시야각이 영향을 받기 때문이다. 헤드셋이 너무 느슨하거나 중앙에서 지나치게 벗어나면 시야각이 감소한다.[11] 또한 '글라스 스페이서glasses spacer'를 사용할 경우 시야각이 약간 줄어든다. 글라스 스페이서는 사용자의 얼굴과 헤드셋 렌즈 사이에 더 많은 공간을 만들어 안경 착용자의 편의를 높이는 물리적 인터페이스이다. 글라스 스페이서를 사용하면 시야각은 다소 줄어들지만 전일 근무 기준으로 거의 종일 안경을 착용하고 일하는 54퍼센트의 사람들에게 도움이 된다는 점에서 그만한 가치를 지닌다.[12]

시야각이 커질수록 몰입감이 강해지는 한편 메스꺼운 느낌도 증가한다는 일부 연구 결과가 있다. 바로 이 지점에서 이해가 상충한다. 몰입감을 극대화하려면 시야각을 키워야 하지만 메스꺼움을 최소화하기 위해서는 시야각을 줄여야 하기 때문이다. 하지만 아주 넓은 시야각을 요구하는 앱이거나 대상 사용자가 넓은 시야각에 편안함을 느끼는 경우가 아닌 이상은 대부분의 헤드셋 제조사가 제공하는 정도로 충분하다.

어떤 헤드셋은 제조사가 선택한 광학렌즈나 디자인으로 인해 다른 상품들에 비해 시각적 결함들이 더 눈에 띄기도 한다. 이러한 결함에는 렌즈 눈부심, 화면에서 개별 픽셀이 식별되는 문제(격자망 모양과 비슷하다는 뜻으로 '스크린도어 효과'라고 불림), 틈새빛살 문제(빛이 사방으로 퍼지는 현상을 말하며 보통 '갓 레이god rays'라고 불림) 등이 있다.

하드웨어를 평가할 때는 당신의 프로젝트와 그에 따른 필요조건, 최종 소비자를 염두에 두고 이런 모든 제약을 고려하는 것이 중요하다. 그리하면 어떤 절충안들을 수용할 수 있을지 결정하는 데 도움이 될 것이다.

견고함

견고함은 일반적으로 산업 환경에서 AR 헤드셋을 사용할 때 고려하는 사항이다. AR 헤드셋은 VR 헤드셋에 비해 실외에서 더 많이 사용되는 경향이 있기 때문이다. VR은 가상 환경에 대한 접근을 제공하므로 실외에서는 특별한 이점이 없어 대체로 실내에서 자주 사용된다.

기기의 견고성 수준은 내부 부품과 외부 덮개의 설계가 가혹한 조건에서 얼마나 잘 기능하는지를 나타낸다. 이 조건에는 극단적인 온도나 먼지, 습도, 젖은 정도, 진동, 압력(고도에 따른 변화 포함), 부식, 마모, 전자기 간섭 등이 해당된다.

견고함의 정도를 평가하는 표준은 미군, 국제 전기 전자 기술자 협회IEEE, 미국 전기 공업 협회NEMA 및 국제 전기 표준 위원회IEC에 의해 결정된 것들을 포함하여 여러 가지가 있다.

IEC가 만든 IPIngress Protection 등급 혹은 코드International Protection rating(국제 보호 등급이라고 칭하기도 함)는 XR 하드웨어 제조사들이 가장 많이 채택하여 적용하는 시스템이며 종종 태블릿과 스마트폰에 적용되기도 한다. IP 등급은 'IP'라는 글자 뒤에 두 개의 숫자가 붙는 형식을 취하는데 각 숫자는 먼지와 같은 고체 입자 이물질에 대한 보호와 물과 같은 액체 이물질에 대한 보호를 가리킨다.[13]

개인 보호 장비^{PPE} 호환성

기존 안전모나 경작업모, 안면 보호대, 기타 머리 보호 장구에 부착하여 함께 작동시킬 수 있는 AR 헤드셋은 근로자들의 작업에 기술을 통합시키고자 할 때 독보적인 이점을 제공한다. 친숙한 장비에 추가적인 기능을 더할 수 있으면서도 기존의 장비가 제공하는 보호 기능은 해치지 않기 때문이다. 필수 개인 보호 장비와 호환되지 않는 헤드셋은 프로젝트에 따라 사용이 불가할 수 있다.

기술 지원 및 보증

기업 중심의 XR 공급사는 적절한 수준의 기술 지원을 제공할 수 있어야 한다. 기술 지원의 가용성과 응답 시간, 방법(예: 전화, 이메일, 인스턴트 메신저 등)을 평가하라. 어떤 소프트웨어 개발 키트^{SDK}를 사용할 수 있는가? 함께 제공하는 문서는 얼마나 상세한가? 이런 것이 소프트웨어의 개발과 유지가 얼마나 쉬울지를 파악하는 데 도움이 될 것이다.

어떤 수준의 보증이 제공되며 보증 기간은 얼마나 되는가? 하드웨어의 대략적인 고장률은 얼마나 되며 고장 난 장치는 공급사가 얼마나 빨리 교체할 수 있는가? 수백 대의 헤드셋을 주문했을 경우 일정 기간이 지나면 일부는 고장이 날 것으로 예상할 수 있는데, 신속하고 번거롭지 않게 교체할 수 있는 한 일반적으로 이 점이 문제가 되지는 않는다.

신속한 헤드셋 배포를 위한 두 번째 방어 조치는 통제 가능한 여분의 하드웨어를 보유하는 것이다. 예를 들어 특정 현장에 50대의 헤드셋이 필요하다면 만일의 사태를 대비해 10%를 추가하여 총 55대의 사용 가능한 헤드셋을 확보하라.

공급사 정책

거래를 앞둔 XR 공급사의 정책에 관해 가장 중요하게 조사해야 할 한 가지는 개인 정보 및 자료 보호에 대한 것이다. 공급사가 수집하는 데이터(있는 경우)는 무엇인가? 선택 사항인가 혹은 구매 계약의 일부인가?

당신의 의사 결정에 영향을 끼칠 수 있는 공급사의 또 다른 정책은 하드웨어와 소프트웨어를 아우르는 장치 관리 및 화이트 라벨링*과 관련이 있다. 당신이 구매한 헤드셋 겉면에 상표를 붙여도 되는가? 당신의 기업 로고를 표시하도록 로딩 화면을 수정할 수 있는가? 장치 관리 소프트웨어에 대한 공급사의 정책은 무엇인가? 타사의 솔루션을 지원하는가 아니면 그 업체의 장치 관리 시스템만을 쓰도록 구속되어 있는가?

요약

- 프로젝트를 위해 어떤 헤드셋을 선택할 것인가를 결정할 때는 수많은 측면을 고려해야 한다. 이는 하드웨어의 성능과 더불어 그 하드웨어 공급사의 정책과도 관련이 있다.

- 최종 소비자는 틈새 문제, 특히 사용자 경험과 관련된 것으로 사양 설명서만으로는 판단하기 어려운 것들을 식별할 수도 있다. 그러므로 항상 그들과 함께 하드웨어를 확인해 보라.

---

* 특정 회사에서 생산한 상품을 다른 회사에서 만든 것처럼 보이도록 브랜드를 변경하는 것.

08

설계 및
개발 단계에서의
문제

프로젝트에 적합한 콘텐츠 선택

360도 동영상 vs 컴퓨터 그래픽

360도 동영상과 컴퓨터 그래픽^{CG}은 모두 비즈니스용 VR 앱에서 사용할 수 있는 선택지들이다. 이들은 각기 장단점을 갖고 있다.

CG 콘텐츠는 이미 디지털 앱에서 흔히 볼 수 있다. 이는 컴퓨터 소프트웨어를 사용하여 생성해 낸 3D와 2D 개체들의 조합이며 디지털 세계에서 탄생하고 그 경계를 벗어나지 않는다. 이런 면에서 CG 콘텐츠는 실제 세계를 캡처한 다음 디지털로 나타내는 360도 미디어와는 대조된다. 360도 미디어는 일반적인 사진(또는 동영상) 촬영과 유사하지만 주변 환경 일체를 360도로 포착한다는 차이가 있다([그림 8.1] 참조).

[그림 8.1] 프레젠테이션용으로 마련된 방에서 촬영한 360도 이미지의 예시. 이미지가 왜곡되어 보이는 이유는 2D 지면에서 전경이 더 잘 보이도록 구형의 360도 이미지를 평평하게 '압축'했기 때문이다.

[그림 8.2] 사용자가 미래 도시라는 배경에 몰입할 수 있도록 설계하여 VR용으로 제작한 CG 앱 화면의 한 장면. PwC와 리와인드(REWIND)*의 합동 프로젝트.[1]

---

* 영국의 몰입형 기술 제작 스튜디오.

CG 콘텐츠는 3D 모델링 소프트웨어를 통해 제작하거나 기성품을 구매하여 게임 엔진 또는 기타 소프트웨어 개발 패키지와 연결한다. 한편 360도 미디어를 제작하려면 전문 카메라가 필요하다. 이 카메라는 수백 달러 정도로 주머니에 들어갈 만한 크기의 휴대용 모델부터 최대 2만 달러까지 드는 무거운 볼링공 크기의 거대 모델에 이르기까지 다양하다.

대부분의 AR 콘텐츠는 몇 가지 특별한 경우를 제외하면 컴퓨터로 생성한다. 특별한 경우란 사용자가 휴대용 기기를 통해 실제 물리적 세계에서 디지털 출입구를 통과하여 완전한 디지털 환경에 접속할 수 있는 AR 포털* 같은 것에 해당한다. 이 디지털 환경은 360도 동영상 콘텐츠로 구성할 수 있다.

360도 동영상 역시 일반적인 동영상처럼 실제로는 평평한 화면 형태로 녹화된다. 그 이후에 사용자를 감싸도록 해서 몰입형 환경을 만들어내는 것이다. 깊이 정보가 기록되지 않으므로 동작은 고정된 관점에서 둘러보는 정도로 제한된다(3개 자유도). 반면 CG 개체는 3D 공간에 배치되기 때문에 해당 앱 내에 개체 간의 거리 정보가 충분하므로 환경을 현실감 있게 돌아다닐 수 있다(6개 자유도).

다양한 소비자 등급의 즉시 사용 가능한 카메라들이 시중에 나와 있음을 고려하면 일반적으로 360도 동영상이 CG 콘텐츠보다 만들기 쉽다.

---

* 이동문. 도서 뒤의 용어 사전을 참조하라.

하지만 두 가지 모두 고품질의 콘텐츠를 개발하려면 상당한 경험과 기술을 필요로 한다. 양질의 콘텐츠는 어느 VR 프로젝트에서건 핵심축 중 하나가 되기에 그 중요성은 아무리 강조해도 지나치지 않다.

많은 회사가 360도 미디어 제작의 진입 장벽을 낮추는 데 큰 역할을 하고 있다. 카메라 제조사들은 더 가볍고 간단하며 휴대성이 우수한 모델들을 만들어 냈다. 360도 동영상 편집과 최적화에 사용되는 도구들도 더욱 다양해졌다. 또한 사용자가 기술 또는 프로그래밍 지식 없이도 인터랙티브한 360도 체험을 만들고 배포할 수 있도록 돕는 소프트웨어 플랫폼들도 많아졌다. 내가 이야기를 나누었던 어떤 공급사들은 고객이 직접 더 많은 콘텐츠를 개발하여 그 공급업체의 플랫폼 사용이 촉진되도록 판매 패키지의 일부로 호주머니 크기의 360도 카메라를 고객들에게 제공하기도 했다.

하지만 모범 사례에 대한 기초 지식이 충분히 형성되지 않은 채로 사용자들 사이에 360도 기술이 지나치게 빨리 대중화될 경우 위험성도 따른다. 사용자가 생성한 콘텐츠 중 상당 비율이 평균적으로 저급한 수준일 것이기 때문이다. 다른 이들이 이런 콘텐츠들을 보게 되면 그들은 실망할 것이고 결과적으로는 프로젝트의 실패와 기술에 대한 인지도 감소로 이어질 수 있다.

이런 일이 일어나는 것을 막기 위해 나는 360도 동영상 감독인 알렉스 륄Alex Rühl에게 360도 동영상 제작을 위한 비전문가용 안내서를 함께 만들 의향이 있는지 물었다. 360도 동영상을 어떤 경우에 사용해야 하는지,

제작에 관련된 단계와 주의해야 할 함정들은 무엇인지 담고자 했다. 알렉스 감독은 나와 함께 수많은 기업의 360도 동영상 프로젝트를 진행해 왔으며 그녀는 그 과정에서 몰입형 스토리텔링 분야에 관한 지식을 풍부하게 쌓아 왔다. 그녀의 안내서는 10장에서 찾아볼 수 있다.

볼류메트릭 동영상: 두 세계의 장점만을 취하다

볼류메트릭 캡처는 개인이나 물체 또는 장면을 3D 영상으로 촬영하는 과정이다. 그 결과물을 얻기 위해서는 몇 가지 방법을 거쳐야 한다. 우선 고품질의 결과물을 제작하려면 많은 적외선 및 영상 촬영 카메라(보통 최소 30개이며 때로는 100개 이상)들이 개인, 물체 또는 장면을 둘러쌀 수 있는 전용 스튜디오가 필요하다. 이 카메라들은 해당 장면의 수백만 개 지점에 대한 정보를 캡처한다.

생생한 설명을 위해, 비교적 간단한 장면을 동영상으로 촬영하고 있다고 가정해 보자. 한 사람이 몸짓을 취하고 걸어 다니기도 하면서 역동적으로 어떤 주제에 관해 이야기하는 장면이다. 그 동영상을 어느 지점에서건 멈추고 자세히 살펴보면 그 사람이 어떻게 보이는지에 대한 시각적 정보를 얻을 수 있다. 키, 체형, 얼굴 특징, 착용한 옷의 형태, 다양한 색상의 머리카락과 피부 및 옷 등의 정보가 있을 것이다. 이러한 것들이 바로 볼류메트릭 시스템이 캡처하는 정보의 한 측면이다.

두 번째는 거리 및 위치와 관련이 있다. 인간의 시각 체계는 정확함과는 거리가 좀 있지만 많은 상황에서 충분히 잘 작동한다. 팔을 앞으로 뻗은 사람 앞에 서 있다면 손이 팔 앞에 있고, 팔은 몸통 앞에 있으며, 몸통은 머리 아래와 다리 위에 있다고 말할 수 있다. 또 아마도 그 사람의 각 신체 부위가 당신과 얼마나 멀리 떨어져 있는지 합리적 추정을 할 수도 있을 것이다.

그런데 만약 이보다 한 단계 더 나아가서 그 사람의 왼손 손가락 끝까지의 거리, 또 손가락이 구부러질 때 그 끝에서 수 밀리미터 떨어진 지점을 측정할 수 있다고 가정해 보라. 그리고 이 활동을 그 사람의 머리부터 발끝까지 모든 지점에 적용하고, 동영상이 재생되는 동안 이를 매초 60번 반복한다고 생각해 보라. 볼류메트릭 캡처 시스템이 어떤 방식으로 세상을 보는지 어느 정도 감을 잡을 수 있을 것이다.

한 장면에 등장하는 사람의 모든 요소에 대한 색상과 거리 정보를 충분한 빈도와 고해상도로 기록했다면 3D 모델의 기초 데이터를 획득한 것이다. 이후 이 모델은 XR 앱을 포함한 모든 종류의 3D 앱에서 사용될 수 있다.

볼류메트릭 캡처에 초당 10기가바이트GB2라는 방대한 양의 정보가 기록된다는 점을 감안할 때 이러한 모델을 처리하려면 고성능 컴퓨터 시스템이 필요하리라고 생각할 수 있다. 하지만 사실 올바른 형식으로 변환만 한다면 볼류메트릭 동영상은 일반 소비자용 휴대 기기의 성능으로 실행하고도 남는다.

내가 방문한 런던의 디멘션Dimension 스튜디오는 미국 외의 지역에서 최초로 생긴 볼류메트릭 캡처 스튜디오이며 마이크로소프트, 해머헤드 Hammerhead VR, 디지털 캐터펄트Digital Catapult의 합작 회사이다. 해머헤드는 영국 뉴캐슬시에 본사를 둔 몰입형 미디어 기업이고, 디지털 캐터펄트는 영국의 디지털 기술 혁신 센터로 기업의 혁신적 기술 채택을 장려하여 영국 경제를 성장시키는 것을 목표로 하는 기관이다.

디멘션의 영구 고정형 스튜디오는 106대의 동기화된 카메라를 사용한다. 그중 53대는 색상 정보를 기록하는 RGB* 카메라이고 나머지 53대는 깊이 정보를 기록하는 적외선 카메라이다([그림 8.3] 참조).

[그림 8.3] 디멘션의 볼류메트릭 캡처 스튜디오에 서 있는 필자(왼쪽). 그 결과로 만들어진 필자의 입체적 3D 모델(오른쪽). 콘텐츠와 이미지는 런던 디멘션의 볼류메트릭 캡처 스튜디오에서 수집되었다.

쉽게 예상할 수 있다시피, 고성능의 볼류메트릭 캡처 시스템은 비용과 공간 면에서 많은 투자가 필요하므로 영구 고정 형태로 설치되는 경향이 있다. 마이크로소프트는 전 세계적으로 이러한 영구 고정형 스튜디오를

---

* 빨강(R), 초록(G), 파랑(B) 3원색 기반의 조합으로 색을 표현하는 방식.

여러 곳 지원하고 있다. 한편, 운반이 가능하고 여러 위치에 설치할 수 있는 이동식 시스템도 점점 더 가용 범위를 넓혀가고 있다.

영국 방송사 스카이Sky*의 가상 현실 사업부가 의뢰한 '홀드 더 월드(Hold the World, 세상을 보존한다)' 프로젝트는 런던 자연사 박물관을 3D로 재현한 가상 현실에서 세계적으로 저명한 자연과학자인 데이비드 애튼버러 경을 만나는 내용이다. 이 프로젝트를 통해 사람들은 보존 센터, 민꽃식물 표본실과 지구 과학 도서관을 비롯해 일반적으로 대중에게 공개되지 않는 구역들까지 박물관의 곳곳을 탐험할 수 있다. 박물관이 수집하고 관리해 온 다양한 희귀 표본을 자세히 살펴보고 만져 보는 기회도 주어진다. 거대한 나비부터 공룡에 이르기까지 표본의 크기를 자유자재로 조작하고 회전시킬 수 있으며 눈앞의 탁자 위에 놓아둘 수도 있다. 그러는 동안에 애튼버러 경은 여러분의 맞은편에 앉아 이런 생명체들의 이야기를 아주 상세하게 설명해 준다.

이미 널리 알려진 사실일 수도 있지만, 이 가상 현실 환경에 실감 나게 구현된 애튼버러 경의 모습은 미국 워싱턴주 레드몬드에 있는 마이크로소프트의 혼합 현실Mixed Reality 캡처 스튜디오에서 볼류메트릭 캡처 기술을 통해 만들어졌다.

이 프로젝트는 우리 세계의 역사에 대해서 전 세계 사람들과 소통하고 교육할 수 있게 해 주었다. 그리고 그중에서도 특히 가상 현실의 사용이 큰 역할을 했다. 이 기술이 있기 전, 자연사 박물관을 방문하기 어려운

---

* 영국의 방송사로 유럽권에서 서비스하며 위성 방송이 주력임.

사람들이 볼 수 있었던 것은 사진과 동영상뿐이었다. 심지어 개인적으로 충분히 박물관을 직접 방문할 수 있었던 운 좋은 사람들조차도 데이비드 애튼버러 경이 파푸아뉴기니의 거대한 나비에 대해 이야기하며 그 순간을 공유하는 친밀한 느낌을 얻기란 불가능했던 것이다.

> "자연의 세계에 대한 제 열정을 공유하는 것은 다양한 기술들을 통해서 제가 오랜 세월 해 왔던 일입니다. 흑백 텔레비전 시대부터 컬러 텔레비전, HD 고해상도, 3D, 4K 초고해상도, 그리고 이제 가상 현실에 이르기까지 말이지요."

티노 카말TINO KAMAL: 뮤직비디오를 위한 볼류메트릭 캡처

영국 랩 가수 티노 카말을 볼류메트릭 캡처하여 만들어 낸 3D 모델은 그의 싱글 앨범 '브이아이피VIP'의 2D 뮤직비디오를 제작하는 데 사용되었다.[3] 특수 효과 스튜디오인 프로디저스Prodigious에서는 그를 에워싼 CG 환경을 만들고 조명, 연기, 정지 장면과 기타 효과 등을 더해 완성했다.

이와 같은 방식으로 뮤직비디오를 만들면 인상적인 형태로 예술적 표현을 할 수 있을 뿐 아니라 금전적인 이점도 취할 수 있다. 이러한 효과들을 실제로 만드는 데 필요한 장비와 재료를 고려하면 실제 작업은 티노의 3D 모델을 둘러싼 컴퓨터 작업에 비해 매우 큰 비용이 들었을 것이다. 볼류메트릭 캡처를 사용하면 작업에 유연성이 생긴다. 비디오 감독은 촬영 이후에 후처리에서 촬영 장면을 수정하고 다양한 효과를 삽입하며 여러 각도와 동영상 기법들을 시험할 수 있다. 퍼포먼스를 모든 각도에서 캡처하기 때문에 촬영 횟수를 줄이고 재촬영의 위험도 제한할 수 있을 것이다. 그 결과로 공연자인 티노가 제대로 된 퍼포먼스를 한 번만 진행하면 이를 통해 여러 가지 장면을 확보할 수 있다.

볼류메트릭 캡처는 AR을 활용한 의료 교육에도 사용된다. 글로벌 학습 회사인 피어슨Pearson은 다수의 몰입형 앱을 만들었고 기그XRGIGXR이라는 별도의 조직으로 분사하였다. 홀로그램 표준화 환자HoloPatient라고 불리는 한 앱은 볼류메트릭 캡처된 전문 환자 배우를 사용한다. 이 환자들은 방 안의 의자나 병원 침대 옆에 앉는 등 어느 환경에나 현실적으로 배치할 수 있다. 모든 환자는 다양한 형태의 증상을 보인다. 일부 환자에게서는 타박상이나 자국 등 신체에 시각적 징후가 나타나고, 어떤 환자들은 방향 감각을 잃고 방을 돌아다니거나 얼굴을 찡그리고 간지러워하며 긁는 등의 행동 증상을 보인다. 전공의들은 이러한 증상들과 환자들의 활력 징후에 대한 정보를 결합해 보며 언제라도 시뮬레이션을 일시 중지, 재생, 반복하고 정보를 사용하여 환자의 상태를 평가할 수 있다.

볼류메트릭 캡처는 디지털 아바타를 만들 때도 사용할 수 있다. 그리고 이 아바타는 나중에 완전히 별도의 절차를 거쳐 애니메이션화할 수 있다. 다시 말해 특정 자세로 사람을 스캔하여 3D 모델로 만들고 '리깅Rigging', 즉 그 모델에 디지털 골격을 적용하여 조작할 수 있게 하는 과정을 거치는 것이다. 그렇게 만들어진 누군가의 3D 모델은 (물론 그 대상의 허가를 받아서!) 향후 여러 다양한 앱에서 구현할 수 있다.

볼류메트릭 캡처 스튜디오를 이용할 때 알아야 할 점들은 다음과 같다.

1. 대상의 의복 색상과 소재가 촬영에 영향을 미칠 수 있다. 적외선 카메라는 반짝이고 반사되는 표면이나 어두운 색상, 특히 검은색에서는 제대로 동작하지 않는다. 그러므로 안경, 선글라스, 큼직한 장신구, 가죽, 속이 비치거나 투명한 천, 유리나

플라스틱 또는 금속으로 만들어진 물체는 문제를 일으킬 수 있다.

2. 배경 재질과 같은 색상 범주에 있는 모든 것은 카메라에 잡히지 않는다. 따라서 보통 밝은 녹색 의상은 의심할 여지도 없이 문제가 된다. *

3. 너무 작거나 얇은 것은 카메라가 캡처하기 어려울 수 있다. 예를 들어 뾰족구두의 굽, 모자의 챙, 가방끈, 기타 줄 등이 그렇다.

4. 길고 느슨하거나 흩어진 머리카락도 포착하기에 너무 가늘거나 일시적으로 신체 일부를 가리는 문제를 일으킬 수 있다.

5. 카메라로부터 신체 또는 옷 일부를 가리는 모든 것들은 캡처 과정에 간섭을 일으킨다. 발을 덮는 긴 망토, 목을 숨기는 높은 옷깃, 또는 3차원 모델에서 구멍을 만들어 버리는 깊은 주름이 많이 달린 드레스 등이 이런 경우다.

이처럼 볼류메트릭 캡처에는 염두에 두어야 할 몇 가지 고려 사항들이 있으며 그중 다수가 제작에 관한 결정에 영향을 미치고 이를 제약한다. 이것이 바로 실제 촬영에 앞서 완벽히 동일한 조건하에 테스트를 진행하

---

* 화면 합성이나 특수 효과 등 동영상 제작 분야에서는 색조 차이를 이용해 특정 피사체만을 뽑아내고 끼워 넣는 방법인 크로마키(Chroma-key) 기법 등을 이용한다. 이때 처리 자체만을 위한 보조 색상으로 주로 밝은 녹색을 사용한다. 그로 인해 이 색상은 동영상에 등장하는 물체의 색상으로 사용될 때는 제대로 인식이 되지 않는다. 그 때문에 사용에 제약이 있으며, 그래서 흔히 쓰지 않는 밝은 녹색으로 그 색상을 설정한 것이기도 하다. 이는 완전한 확정 표준은 아니지만 암묵적인 사실상의 업계 규칙인 데팍토(de facto) 기준이 되어 있다. 필요에 따라 밝은 분홍색 등 다른 색상으로 설정하는 때도 있다.

도록 조언하는 이유이다. 발생할 수 있는 문제들을 미리 파악하고, 촬영 중 헛되이 시간을 낭비하는 값비싼 실수를 피할 수 있다.

볼류메트릭 캡처에 드는 비용은 장소, 적용 기술, 스튜디오와 장비 사용 시간, 그리고 캡처하려는 동영상의 길이에 따라 폭넓게 달라진다. 다양한 콘텐츠 유형 중에 가장 비싼 선택지일 것으로 예상되지만, 스튜디오를 임대하는 시간 동안 다수의 캡처를 한꺼번에 처리한다면 캡처당 단가를 줄일 수 있을 것이다.

한 장면에서 여러 사람을 캡처할 생각이라면 많은 스튜디오에서 동시 캡처를 최대 2~3명으로 제한한다는 점에 유의하라. 크기의 제약도 있을 뿐더러 한 사람이 다른 사람을 가려서 신체 일부가 카메라에 보이지 않게 되면 3D 모델을 생성할 때 필요한 정보가 부족해지기 때문이다.

작업에 투입되는 비용의 많은 부분은 동영상을 처리하는 과정에서 사용된다. 컴퓨터가 모든 카메라의 전체 정보를 3D 모델로 변환해야 하기 때문이다. 성능이 뛰어난 전산 시스템이라도 불과 1분짜리 동영상에 12시간 이상을 소모하는 일이 빈번하게 일어난다.[4]

볼류메트릭 캡처 기술은 이미 교육, 패션, 마케팅, 엔터테인먼트 및 비디오 게임 분야에 사용되고 있으며 앞으로도 사용자에게 더욱 강력한 콘텐츠를 선보일 것으로 예상된다.

360도 동영상, CG 콘텐츠, 볼류메트릭 동영상의 비용 및 위험성 양상

모든 프로젝트는 서로 다르며, 프로젝트의 수명 주기 동안 비용과 위험성의 변화에 영향을 미치는 요소는 콘텐츠 유형에만 국한되지 않는다. 그러나 각 유형을 분리해서 살펴보면 몇 가지 교훈들을 얻을 수 있다.

세 가지 콘텐츠 유형 모두에 걸쳐있는 위험성 관점에서 볼 때 설계 단계는 부담이 가장 적다. 프로젝트의 시작 단계이며 보통 기한이 그리 촉박하지 않고 최악의 경우라도 매몰 비용을 거의 혹은 전혀 들이지 않고 프로젝트를 포기할 수 있다. 360도 동영상이나 볼류메트릭 동영상의 경우, 개발(제작) 단계로 들어가면 위험이 엄청나게 증가한다. 통상적으로 이 단계에서는 단기간에 다수의 촬영을 진행하는 것이 특징이라 극도로 빠듯한 일정 안에서 많은 자원(직원, 배우, 장소, 소품)을 집중적으로 조율해야 하기 때문이다.

이 단계에서 무언가 잘못되었는데 즉시 해결되지 않는다면 결국 재촬영이 필요해지므로 시간을 들여 과정 전체를 반복해야 한다. 모든 물자를 다시 모아야 하는 공급상의 악몽은 논외로 치더라도, 대다수 프로젝트에서 가장 큰 비용이 드는 부분이 제작 단계임을 고려하면 이러한 중복 비용은 프로젝트에 망조가 들게 한다.

제작 과정상에서 발생한 실수가 반드시 재촬영을 해야 할 만큼 중대한 문제는 아니더라도 그 여파가 후처리 편집 단계까지 미칠 수 있다. 내가 초창기에 참여했던 한 360도 동영상 제작 작업에서는 모든 이들이 처리해야 할 수많은 작업을 수행하는 데 여념이 없었던 나머지 동영상 속 책상 위의 키보드와 마우스가 무선이어야 한다는 점을 아무도 깨닫지 못하였다(이 시나리오는 동영상을 보게 될 사용자에게 현실감이 넘쳐야 했다). 우리에게는 두 가지 선택지가 있었다. 그 장면을 재촬영하고 모든 배우에게 비용을 다시 물어 주거나 후처리 편집 과정에서 이를 수정하는 것이었다. 우리는 후자를 택했다. 추가 금액이 수만 달러 대신 수천 달러 수준으로 더 쌌기 때문이다!

360도 및 볼류메트릭 동영상에서는 융통성을 거의 발휘할 수 없다. 일단 촬영을 마치면 제작에 사용된 어떤 배우의 움직임과 대사도 변경할 수 없다. 그런 점에서 CG 콘텐츠는 제작 방향의 변화에 맞게 수정하고 맞춤화하거나 신규 프로젝트에 맞추어 조정할 수 있으므로 더 융통성이 있다.

360도 프로젝트에서는 촬영을 전부 마친 후 최종 단계에 와서야 모든 것이 매우 빠르게 결합되는 경향이 있으므로 작업 도중에 이해 관계자에게 미리보기를 제공하기가 어렵다. 최종 결과물에 대한 대략적인 미리보기는 대체로 촬영 직후 바로 제공할 수 있긴 하지만 장면의 시간적 순서, 브랜드 노출 및 오디오 동기화와 같은 기본적인 피드백을 제외하면

이 시점에서 실제로 바꿀 수 있는 것은 없다. 특히 대본의 전달 방식과 장면 자체의 연출 방식을 수정하는 것은 불가하다. 프로젝트 초기에 모든 이해 관계자의 기대치를 관리하고, 특히 제작 과정에 지속해서 참여시키는 것이 대단히 중요한 이유이다. 제작 중에는 장면과 음성 해설을 승인해 줄 수 있는 인물을 확보하라. 그리고 유사한 카메라로 비슷한 장소에서 촬영되어 같은 형태의 헤드셋에서 볼 수 있는 360도 동영상 프로젝트를 이들이 직접 확인할 수 있게 하라. 프로젝트 계획을 듣거나 읽는 것은 VR을 통해 최종 결과를 보는 것과 아주 다르다.

360도 동영상과 볼류메트릭 캡처는 비슷한 수준의 위험성 양상을 띤다. 한편 CG 프로젝트는 조금씩 진행되기 때문에 전 과정의 위험도가 상당히 직선적이고 일정하며 상대적으로 더 안정적이다. 따라서 프로젝트 진행 도중에 이해 관계자에게 미리보기를 제공하기가 더 쉽다. 그러나 휴대용 하드웨어에서 실행할 수 있는 능력을 유지하면서 이해 관계자들이 요구하는 수준의 현실성을 만족시키는 결과를 얻는 데는 때때로 어려움이 따른다.

대략 참고할 수 있도록 정리해 보면, 360도 동영상은 일반적으로 CG 작업보다 저렴하고, 따라서 볼류메트릭 동영상보다도 저렴하다. 다양한 범주의 프로젝트에 참여해 본 사람으로서 말하자면 경험을 설계하는 단계에 가장 적은 예산과 가장 많은 시간이 들 것을 염두에 두어라. 의외라고 생각될 수도 있지만 바로 이 점이 성공적인 프로젝트를 제공하는 핵심이 된다.

요약

- VR용 콘텐츠를 만들기 위해 360도 동영상, CG 또는 볼류메트릭 동영상을 사용할 수 있다. AR 앱은 보통 CG 개체로 구성되나 볼류메트릭 동영상도 효과적일 수 있다.

- 360도 동영상은 클릭 한 번으로 사용 가능한 360도 카메라들이 시중에 많이 나와 있어 일반 사용자가 선택하기에 가장 쉬운 방법이다. 또한 일반적으로 가장 저렴한 선택지이기도 하다. 그러나 화질의 선명도가 떨어질 수 있고, 기준점들이 고정되어 있어 가상 환경에서 돌아다닐 수 없다.

- CG에는 완전한 3D 정보가 포함되어 개발자가 프로젝트를 맞춤화할 수 있고 사용자들이 가상 환경 내에서 이동 및 시점 변경을 할 수 있다.

- 볼류메트릭 동영상은 XR에 집어넣을 수 있는 사람과 사물의 3D 동영상을 제작한다. 분당 작업 비용으로 보면 가장 비싼 XR 콘텐츠 형식일 수 있지만 매우 실감 나는 결과물을 생성한다. 3D이기 때문에 사용자가 시점을 변경할 수 있다.

- 제작 관점에서 보면 360도 동영상과 볼류메트릭 동영상은 서로 매우 비슷하다. 제작 단계에 가장 큰 비용과 위험성이 따르므로 계획 수립이 필수적이다. 이에 비해 CG 콘텐츠의 개발 단계는 보통 프로젝트 전반에 걸쳐서 상당히 직선적인 비용 및 위험성 양상을 띤다.

적합한 방식으로 적절한 팀 꾸리기

XR 프로젝트에 필요한 능력

XR 비즈니스의 여정을 처음 시작하는 단계에서는 어떤 능력이 필요하고 언제 어디서 이를 얻을 것인지 결정하기가 혼란스러울 수 있다. 소프트웨어 개발부터 사용자 경험 설계, 3D 모델 제작에 이르기까지 성공적인 XR 프로그램을 제공하기 위해 사용할 수 있는 능력의 범주는 넓다. 이러한 능력들은 다음과 같이 세 가지 주요한 영역으로 나뉜다.

- **사업성**: 전략, 프로젝트 관리, 변화 관리, 이해 관계자 관리, 마케팅, 360도 동영상 제작
- **창의성**: 사용자 경험 설계, 음향 설계, 미술 작업, 대본 작성
- **기술성**: 소프트웨어 개발, 품질 보증QA 테스트, 360도 동영상 후처리, 오디오 엔지니어링, 기술 지원

> 많은 스타트업 및 신생 기업의 비즈니스 구상이 그러하듯, 자체 XR 팀을 구성할 때는 하나 이상의 능력을 갖춘 사람을 고용하는 것이 더 효율적이고 비용도 절감된다는 사실을 알게 될 것이다. 다만 이 같은 선택이 초기에는 적합할 수 있으나 조직이 성장하고 XR 제품군의 개수와 복잡성이 증가하면 특정 영역을 전담하는 이들이 필요해질 것을 염두에 두어야 한다.

XR 솔루션을 성공적으로 제공하기 위해서는 각 영역에 해당하는 능력들을 종합해야 한다. 창의성 영역의 담당자들은 XR 프로그램이 출시되는 시점에 예상한 만큼의 영향력을 가질 수 있도록 프로젝트에 효과적인 콘텐츠를 제공해야 한다. 사업성 영역의 전문가들은 해당 프로그램과 관련 의사소통 일체가 프로젝트 본래의 비전 및 목표와 일치하도록 유지

해야 한다. 그리고 기술자들은 완성된 상품을 제공하기 위해 이 모든 것을 결합해야 한다. 다만 각 영역에 속하는 능력들 하나하나가 모든 프로젝트마다 필요한 것은 아니다. 어떤 콘텐츠와 기술을 사용할지, 솔루션이 어떻게 기능하고 배포될 것인지에 관해 당신이 내리는 결정에 따라 필요한 능력은 달라진다.

XR에 대한 배경 지식이 없는 이들 중에서 위의 능력을 갖춘 사람들을 찾기가 더 쉬울 수도 있다. 그러나 최소한 XR에 대한 지식이 조금이라도 있는 사람인지를 고려하는 것이 중요하다. XR이라는 매체와 다른 매체 간의 차이점을 이해하는 것은 양질의 XR 프로젝트를 제공하는 데 있어서 핵심적인 부분이다. 그러한 이해가 없다면 프로젝트 관리 전문가는 무엇을 언제 할 수 있을지를 현실적으로 예측하지 못하고, 개발자는 XR 기기에서 잘 실행되지 않는 프로그램을 제작하게 되며, 사용자 경험 디자이너는 2D에서는 동작하지만 XR에서는 완전히 실패하는 인터페이스를 만들어 내게 될 것이다.

외부 자원 vs 내부 자원

어떤 XR 전략을 취하는지에 따라 팀 구성과 외주 규모도 영향을 받는다. 아무것도 없는 맨땅에서 시작한다고 가정해 보자. 당신은 외부 조직과 계약하여 프로젝트를 전부 맡기거나, 프리랜서를 합류시키거나, 조직에 고정 직원을 고용하여 프로젝트 전체를 사내에서 진행할 수도 있다.

최소한의 유지 관리를 필요로 하는 임시형 XR 프로젝트를 제공할 예정이라면 외부 조직과 함께 작업하는 것이 타당하다. 대부분의 영업 및 마케팅 프로젝트가 이 범주에 속하며 디지털, 몰입형, 혁신화 또는 크리에이티브 대행사가 일회성으로 구축한다. 한편 지속적인 유지 관리와 업데이트가 필요한 운영용 XR 프로젝트의 경우에는 사업성 및 기술성 영역의 능력을 갖춘 인원들을 사내에 최소 몇 명은 두는 것이 비용면에서 효율적이다. 이러한 능력들은 지속적으로 필요할 가능성이 크다. 창의성 및 특수한 기술성에 관한 능력들은 필요에 따라 프리랜서로 충족할 수 있다.

고정적인 사내 XR 팀과 임시적인 특수 목적 프리랜서 팀이 조합된 인적 자원 관리 모델은 양측의 이점을 모두 누릴 수 있어 많은 조직에서 사용된다. 이 모델로 구성된 팀은 기본적인 XR 상품을 바로 제공할 준비가 되어 있는 한편 자주 필요하지는 않지만 해당 프로젝트의 중요한 요소가 되는 것들에도 대응할 수 있다.

> PwC는 XR 비즈니스 전문가, 소프트웨어 개발자, 3D 아티스트 및 기타 인력을 사내에 보유하고 있다. 하지만 스토리 창작이 필요한 프로젝트에서는 보통 전담 작가를 따로 합류시킨다.

XR 인재를 찾는 방법

여느 신성장 분야가 그러하듯 직접적이고 종합적인 XR 경험을 해 본 사람을 찾기는 힘들다. 시간 여유가 있다면 일반적인 채용 게시판뿐만 아니라 과정을 더 쉽게 만들어 줄 XR 전용 구인 플랫폼을 사용할 수도 있다. 페이스북Facebook, 링크드인LinkedIn, 트위터Twitter와 같은 소셜 미디어

네트워크에서 적절한 분류 그룹과 해시태그를 사용해서 글을 올리는 것
또한 매우 효과적인 결과를 얻을 수 있는 방법이다.

또 다른 방법은 적합한 인재를 탐색하고 골라내는 다수의 채용 대행사
들을 통하는 것이다. 보통 채용 후보자의 연봉 기준 15~35퍼센트를 일회
성 수수료로 치른다는 점을 참고하라.

알고 계셨나요?

XR 소프트웨어 엔지니어에 대한 수요는 2019년 기준 전년 대비 1,400퍼센트 증
가하였다. 이는 하이어드(Hired)*의 2020년 소프트웨어 엔지니어 현황 보고서에 참
여한 10,000개 회사의 40만 건 이상의 면접 요청을 통해 확인할 수 있다.[6]

XR은 빠르게 진화하는 최신 기술이기 때문에 새로운 도구와 방법에
재빨리 적응할 수 있는 인재에 높은 가치를 두어야 한다. 새로운 발견과
연구 그리고 하드웨어 및 소프트웨어 양쪽 모두의 자연스러운 진화는 개
선을 위한 새로운 기회를 열어줄 수 있다. 이런 기회를 탐색하고 면밀히
조사할 수 있는 사람이 있다면 (최소한 XR 비즈니스의 초기 단계에서는) 인재를
추가로 채용할 필요 없이도 새로 개발된 기술들을 활용할 수 있다.

---

* 2012년 설립된 글로벌 채용 지원 기관 및 구인 구직 플랫폼 웹사이트로 특히 소프트웨어 엔지니어 채
용에 특화된 정책 기능이 있음.

요약

- 성공적인 XR 솔루션을 구현하기 위해서는 사업성, 창의성, 기술성의 세 가지 영역에 해당하는 능력들이 다양한 수준에서 필요하다.

- XR 팀의 모든 구성원은 XR의 세부 특성 및 다른 매체와의 차이점을 잘 이해하고 있어야 한다.

- 임시형 XR 프로젝트에는 외부 대행사를 활용하는 것이 합리적이다. 운영용에 가까운 프로젝트라면 최소한 부분적으로라도 사내 팀을 구축하는 것을 고려하라.

- XR 인재는 소셜 미디어나 채용 전문가를 통한 일반 구인 혹은 XR 전용 구인 게시판에서 찾아볼 수 있다.

- 능력과 인력은 일대일 대응 관계가 아니다. 어떤 사람은 여러 가지 기술을 보유할 수도 있다. 하지만 XR 팀이 커질수록 이를 유지하기 어렵다.

접근성 향상

사용자는 프로그램의 XR 경험을 저해하는 접근성 문제를 겪을 수 있다. 이 문제는 현재 확보된 사용자뿐 아니라 미래의 사용자에 대한 고려 사항이기도 하다.

장애는 그 유형과 정도에 다양한 차이가 있고 그중 다수가 XR과 관련이 있다. XR 기술이 인간의 감각, 특히 시각과 청각에 얼마나 의존하는지 생각해 보면 알 수 있다. XR 프로그램의 접근성 기능은 개발과 배포

기간에 구현되도록 설계 단계에서 고려해야 한다. 접근성 기능을 제공할 수 있는 방법은 다음과 같다.

- XR 운영 체제 또는 플랫폼 공급자에 의해 제공(소프트웨어)
- 개발 중인 XR 프로그램에 맞춤형으로 내장(소프트웨어)
- 하드웨어에 어려움을 겪는 사람들에게 맞춰 주도록 XR '외부'에 제공

플랫폼 차원의 접근성 기능들은 플랫폼에서 실행되는 모든 프로그램에서 기본적으로 사용할 수 있을 것이다. 당신의 사용자에게 맞출 수 있도록 XR 프로그램에 맞춤형 접근성 솔루션을 개발해 넣기 전에 먼저 플랫폼 차원의 접근성 기능들부터 살펴보라. 마지막으로 이런 소프트웨어 접근성 솔루션에 덧붙여 하드웨어와 관련된 일부 문제를 고려하기 위해 '실제 세계'의 프로토콜을 개발해야 할 수도 있다.

그러한 프로토콜의 예로써, 청력이 약한 어떤 사용자는 마이크가 외이도 바깥쪽에 있는 보청기를 착용하고 있을 수 있다. 이 경우 귀에 끼거나 얹는 헤드폰*은 제 기능을 하기 어렵지만, 마이크 주위를 감싸 덮는 오버이어(Over-the-ear) 헤드폰**은 쉽게 사용 가능한 적절한 선택일 수 있다.

---

* 온이어(On-ear) 형태를 말하며 휴대성은 높으나 성능이 다소 떨어짐.
** 귀를 완전히 덮어 가리는 형태로 크기가 크고 성능이 높음.

소프트웨어 솔루션 측면에서 마이크로소프트는 시력이 약한 사람들의 접근성을 더 높인 VR을 만들 수 있도록 시잉VR[SeeingVR]이라는 도구 모음을 출시하였다. 시잉VR은 유니티[Unity*]로 VR을 개발할 때 사용할 수 있다.[7] 또 월드 와이드 웹 컨소시엄[W3C, World Wide Web Consortium**]은 웹 콘텐츠 접근성 지침[WCAG, Web Content Accessibility Guidelines]을 작성했다. 이는 본래 웹 페이지 또는 웹 프로그램의 정보에 대한 접근성을 높이는 데 목적을 두고 있으나 일부 지침은 XR 프로그램에도 적용할 수 있다.[8] XR에 관한 특정 권장 사항들을 포함한 일련의 XR 사용자 접근성 요구사항 역시 W3C 협의체의 접근 가능한 플랫폼 구조 작업 그룹[APAWG, Accessible Platform Architectures Working Group]에서 개발 중이다.[9]

접근성은 복잡한 영역이고, XR과 결합하면 한층 더 복잡해진다. 세상에는 시각 및 청각적 장애뿐 아니라 신체적, 인지적, 신경학적, 언어적 장애가 있는 사용자들도 있다. 각 영역에는 다수의 하위 범주가 있으며 이역시도 사용자가 가진 장애의 심각도에 따라 달라질 수 있다.

프로그램에 입력을 제공하고 출력을 수신하는 측면에서 최종 사용자가 갖는 장애를 이해한 다음, XR에서 어떤 방법을 사용 가능하도록 만들수 있는지와 비교하면 유용하다. 일반적인 입력 방법으로는 키보드, 몸짓, 말, 시선 등이 있고 일반적인 출력 방법으로는 화면(시각적), 소리(청각적), 햅틱(촉각적) 등이 있다.

---

* 비디오 게임 개발 환경의 게임 엔진이자 각종 인터랙티브 콘텐츠의 통합 제작 도구.
** 인터넷 국제 표준화 협의체.

XR에서 더 높은 접근성을 달성하려면 가야 할 길이 많이 남아 있는 반면에 기존 2D 매체에서의 접근성은 한결 성숙한 상태로, 여기서 얻은 몇 가지 교훈은 XR에도 적용할 수 있다. 최소한 더 오래된 매체나 기술에 기반을 둔 선택적 대안도 사용이 가능해져야 한다.

데이터 보호와 개인 정보 및 사이버 보안

여러 관련 사건들과 일반 데이터 보호 규정GDPR, General Data Protection Regulation 등 새로 제정된 법률에서 나타나듯이, 최근 들어 데이터 보호의 개념이 이전보다 훨씬 더 광범위하게 논의되고 있다.

XR 기기에 대한 공격을 적절히 막아내지 못하면 심각한 데이터 침해로 이어질 수 있으므로 사이버 보안과 데이터 보호는 서로 이어져 있다. XR에만 한정된 문제가 아니다. 민감한 정보를 저장, 처리, 전송하는 모든 장치에 영향을 끼치는 문제이며 특히 인터넷과 같이 더 광범위한 네트워크에 연결했을 때 더욱 그러하다. 조직의 입장에서 핵심적으로 우려되는 두 가지 영역은 회사 기밀 데이터 또는 직원 개인 데이터 침해이며, 두 가지 사항 모두 기업 평판 피해, 재정적 손실 및 사업 운영 중단으로 이어질 수 있다.

유럽 위원회는 개인 데이터를 '식별되었거나 식별 가능한 살아있는 개인에 관련된 모든 정보'로 정의한다. 서로 다른 정보의 조각들이라도 종합하여 특정 개인을 식별할 수 있다면 이 또한 개인 데이터에 포함된다.[10] 이 부분에서 XR과 직접 관련된 흥미로운 논의점들이 제기되는데, 노트북 및 스마트폰과는 달리 많은 XR 기기에는 기능하는 데 필요한 센서들이 포함되어 있기 때문이다. 그리고 이 센서들은 다음과 같은 고유 데이터 모음을 추적할 수도 있다.

- 시선
- 머리의 움직임
- 손의 움직임
- 동공 간 거리IPD, Inter-Pupillary Distance
- 키(신장)

즉, 당신이 어떻게 돌아다니고 무엇을 얼마나 오랫동안 보고 있는지 VR 프로그램으로 알 수 있다는 것을 의미한다.

학계 연구에 의하면 사람의 걸음걸이는 99.6퍼센트의 정확도로 누군가를 식별할 수 있는 지표이다.[11] 이와 유사하게, XR 헤드셋과 한 쌍의 컨트롤러로 기록된 사용자들의 몸짓과 자세 등 보디랭귀지를 통해 그 안에 내포된 미묘한 의미를 파악하는 연구가 이루어진다고 생각해 보라. 이 데이터에 사용자의 키와 동공 간 거리 데이터를 결합하면 개인을 식별할 수 있다는 사실이 밝혀지는 것도 무리가 아니다. 시선 추적 기술 또한 누군가를 식별하는 수단으로써 사업화 가능한 수준으로까지 발전하고 있다.[12] 결론적으로 이 데이터 모음은 GDPR에 따른 개인 데이터의 특별한 분류인 생체인식 데이터로 구분될 것이고, 더욱 조심스럽게 취급되어야 할 것이다.

앞으로 개인 데이터가 될 정보를 포착하는 것 외에도 고사양의 AR 및 VR 헤드셋은 사용자를 둘러싼 주변 환경에 대한 자료를 기록할 수 있다. 이러한 기기들에는 바깥쪽을 향하는 카메라들이 많이 달려 있는데, 원래는 사용자를 둘러싼 공간의 3D 지도를 생성하는 데 사용되는 장치이다. AR 사용자에게는 개체가 현실감 있게 환경에 통합될 수 있게 하고, VR 사용자에게는 헤드셋과 컨트롤러의 위치를 추적함과 동시에 사용자 인근에 위험을 초래할 수 있는 모든 장애물에 대해 경고하는 데 사용된다. 하지만 이러한 지도를 만들기 위하여 포착된 촬영 정보와 데이터는 잘못 사용하면 피해가 발생할 여지가 있는 민감한 정보를 나타낼 수 있다.

VR을 사용하는 동안 사용자가 실수로 실제 물체와 물리적으로 부딪히거나 걸려 넘어지는 것을 막기 위한 소프트웨어 보호 장치가 있다. 이런 시스템은 사용자가 위험물에 너무 가까워지면 VR에서 미리 정의된 시각적 경계 범위를 제공한다. 미국 코네티컷주 뉴헤이븐대학의 연구원

---

* 오늘날 각종 게임의 전자 유통 공급으로 시장 지배적 위치에 오른 글로벌 업체 및 플랫폼으로, VR을 비롯한 다양하고 실험적인 혁신을 추진한다.

들은 이러한 시스템 중 하나를 대상으로 VR 사용자의 위치를 교란하고, 훼방하며, 위험에 빠뜨리고, 조작하도록 설계된 일련의 '몰입형 공격'을 시연하였다. 이들이 '인간 조이스틱 공격'이라는 명칭을 붙인 위치 조작 공격에는 사용자가 VR 체험에 빠져있는 동안 가상 환경을 서서히 움직이는 방식이 포함되었다. 가상 환경의 움직임에 따라 사용자들이 사소하거나 때로는 무의식적인 조정을 하도록 유도한 것이다. 그 결과, 공격을 가한 이들은 몇 분 사이에 사용자들이 물리적으로 거의 2미터를 이동하도록 만들 수 있었다. 64명의 연구 참여자 중 단 2명만이 이런 일이 자신에게 일어나고 있음을 알아차렸다. 연구 중에는 참가자들이 위험에 처하지 않도록 방에 어떤 장애물도 없게끔 하는 등의 주의를 기울였지만, 이는 VR 기기에 대한 공격이 어떻게 잠재적으로 사용자의 신체적 상해로 이어질 수 있는지 보여 준다.[14]

이 시스템 공격은 케이블 연결형 헤드셋에서 수행되었고 헤드셋과 연결된 개인용 컴퓨터[PC]에 대한 접근을 상정하였다. 이러한 공격은 PC가 이미 위험에 노출되었을 때만 가능할 것이기 때문에 XR 기기에 전원을 공급하는 시스템의 효과적인 사이버 보안 관리가 시스템과 사용자들을 모두 보호하기 위해 얼마나 중요한지를 강조한다.

XR 기기를 적절하게 보호할 방법을 고려할 때는 구성요소를 세분하는 것이 도움이 된다. 각 기기는 다음과 같이 구성된다.

- 물리적 하드웨어
- 운영 체제

- 미들웨어(프로그램에서 운영 체제가 제공할 수 있는 것 이상의 기능을 제공하는 소프트웨어)

- 설치된 프로그램

이상의 것들은 공격이 가능한 진입점을 나타낸다. 케이블 연결형 헤드셋에 있어서 시스템의 '두뇌'는 그것이 연결된 워크스테이션*이며, 헤드셋 자체는 간단히 말하면 화면과 센서의 모음이다. 그러므로 케이블 연결형 헤드셋의 경우에는 워크스테이션이라는 장치에 초점을 맞추고 이에 기존의 사이버 보안 규약을 적용해야 할 것이다.

일체형이며 또 다른 컴퓨터라고도 생각할 수 있는 독립실행형 헤드셋의 경우는 더 흥미롭다. 이와 가장 근접한 유사 기술은 스마트폰으로, 그중 다수가 비슷한 처리 장치 및 운영 체제를 갖고 있다.

어떤 XR 헤드셋은 해당 기기에 특화된 기능을 지원하고 VR 또는 AR 기기로서 최적화하기 위해 예전 버전의 안드로이드Android** 체제를 수정해서 사용할 수도 있다. 그러나 일반적으로 오래된 버전의 운영 체제는 업데이트와 유지 관리가 되지 않는 한 보안 위험이 있을 수 있으니 XR 헤드셋 공급사에 문의해야 한다.

알고 계셨나요?

윈도우 7 및 그 이전 버전의 운영 체제는 더 이상 사후 지원이 되지 않는데도 83퍼센트의 의료 영상 기기가 여전히 이를 사용한다. 그로 인해 의료 관리 업계가 운영 중단 및 민감한 의료 정보 유출을 초래할 수 있는 공격에 노출되고 있다.[15]

---

* 업무용 다기능 컴퓨터.

** 현재 스마트폰을 비롯한 각종 스마트 기기에서 가장 널리 쓰이는 운영 체제의 하나.

이렇듯 공통으로 사용되는 운영 체제 언어가 있기 때문에 스마트폰 지원에 익숙한 장치 관리 소프트웨어 공급사가 약간 손을 보아 XR 기기까지도 지원하는 일이 가능하다. 같은 이유로 기존에 스마트폰을 대상으로 한 사이버 보안 규약을 보유하고 있던 사업체라면 일부분만 수정하여 독립실행형 XR 기기에 적용할 수도 있다.

XR 기기에 대한 공격 경로는 물리적 방식과 디지털 방식 모두로 이루어질 수 있다. 하드웨어는 도난의 가능성이 있으므로 물리적인 보안 장치가 설치되어야 할 것이다. 특히 많아야 몇 개 안 되는 휴대용 부품으로만 구성된 독립실행형 헤드셋의 경우 이러한 장치가 필수적이다. 미승인 사용자가 헤드셋의 민감한 데이터에 접근하는 것을 방지하기 위해서 해당 장치는 비밀번호로 잠그고, 온라인 통신은 암호화하며, 들어오고 나가는 연결 사항은 적절하게 감시하고 선별해야 한다. 이는 운영 체제부터 미들웨어, 프로그램에 이르기까지 전체 소프트웨어 스택에 적용되는 사안이다.

알고 계셨나요?

미국의 각종 조직 전반에 접속 연결된 장치들의 98퍼센트에 달하는 통신 내용이 암호화되어 있지 않아 이 데이터들이 도난에 취약하게 방치되고 있다.[16]

마지막으로, 데이터 침해가 모두 악의적인 것은 아니다. 단순히 XR 하드웨어 및 소프트웨어 공급사에 데이터의 수집을 명시적으로 허용한다는 약관에 서명한 결과로 발생하기도 한다. 시작부터 관련 공급사의 약관을 직접 문의하라. 약관의 부적절성은 미리 확인하는 편이 가장 좋다.

요약

- XR 기기에서 사용되는 모든 소프트웨어가 주기적으로 업데이트되는지 확인하라.

- 기존의 정보통신(IT) 자산에 적용된 사이버 보안 규약이 (일부 수정을 통해) XR 장치에도 적용될 수 있을지 모르므로 이를 검토하라.

- 컴퓨터용 장치뿐 아니라 XR 하드웨어 및 XR 경험 고유의 속성에도 영향을 줄 가능성이 있는 변경 사항에 대비할 수 있도록 최신의 법률을 숙지하라.

- 작은 글씨를 잘 읽어 두라. 즉, 사용 중인 XR 하드웨어와 소프트웨어의 약관 조건을 이해해 두어야 한다.

eXtended Reality

AR VR XR

09

배포 및
보고 단계에서의
문제

XR
Business
Future

장치 관리

소규모 지역 배포(헤드셋 20대 미만)의 경우 업데이트가 잦지 않다면 장치 관리 소프트웨어가 없어도 된다. 반면 대규모 또는 원격 배포의 경우에는 많은 시간과 번거로움을 줄일 수 있도록 적절한 장치 관리 솔루션을 마련할 것을 권장한다.

장치 관리 솔루션은 노트북, 스마트폰, 태블릿부터 신체에 착용하는 웨어러블wearable 기기까지 각종 업무 기기의 프로그램과 정책, 보안을 관리하는 기업 어느 곳에서나 사용된다. 기기와 기업의 IT 관리자 사이에 쌍방향 통신 경로를 생성하기 때문에 기업은 이를 통해 특정한 보안 표준을 확실히 충족하기 위한 정책을 시행할 수 있다. 예를 들어 스마트폰에서 6개월마다 바꾸어야 하는 6자리의 핀PIN 번호를 도입하는 등이다. 기기 분실이나 도난과 같은 문제가 있을 때는 그 번호를 원격으로 안전하게 지울 수 있으므로 민감한 데이터를 훔쳐보려는 눈들로부터 안전하다.

점점 더 많은 조직이 XR 하드웨어를 대량으로 도입하기 시작하면서 XR을 지원하는 장치 관리 솔루션의 중요성이 증가하였다. HTC 및 오큘러스와 같은 일부 XR 공급사들은 자사 헤드셋의 비즈니스용 버전을 관리하는 자체적인 시스템을 보유하고 있다. 42기어스42Gears, 미라도르Miradore, 모바일아이언MobileIron, 브이엠웨어VMware 등 XR을 지원하는 전용 장치 관리 공급사들도 있다. 그 비용은 장치당 월간 약 4달러부터 시작한다. 정확한 장치 관리 솔루션에 따라 관리자는 헤드셋에서 다음의 작업들을 수행할 수 있다.

- 전산 파일(프로그램, 데이터 파일, 비디오, 사진) 전송
- 프로그램을 자동으로 설치(즉, 설치를 진행하는 도중에 사용자에게 알림을 띄우거나 어떤 입력도 요구하지 않음)
- 전체 기기 초기화 및 모든 정보를 안전하게 삭제
- 와이파이의 이름과 암호를 포함한 요약 정보를 저장(해당 와이파이 연결이 있을 시 헤드셋 자동 접속)
- 기기의 파일 및 폴더 구조 조회
- 기기의 시각적 출력을 재생 송출(원격으로 문제를 해결하는 동안 사용자에게 지침을 전달할 때 도움이 됨)
- 헤드셋의 설정 변경

이에 더해 관리자는 다음 항목을 포함하여 해당 헤드셋에 대한 다량의

정보를 볼 수 있다.

- 모델명
- 기기명 (변경 가능, 'PA7650MGD921275X' 같은 것 대신 '예비용 앨리스'처럼 사용자에게 친숙한 이름)
- 일련번호 (위 예시와 같은 불친절한 문자와 숫자의 나열)
- 블루투스 이름 (무선 헤드폰과 같은 주변장치의 연결에 사용됨)
- 상태 (온라인 또는 오프라인)
- 최근 연결 당시 타임 스탬프 (마지막으로 온라인에 접속한 날짜와 시간)
- 배터리 수준
- 온도
- 와이파이 네트워크 이름
- 운영 체제
- 펌웨어 버전 (헤드셋 하드웨어가 운영 체제와 통신할 수 있도록 하는 저용량의 소프트웨어)
- 저장 용량과 메모리 사용량

원격으로 XR 장치를 관리하기 위해 널리 사용 가능하고 호환성 있는 솔루션이 도입되기 전에는 각 헤드셋의 펌웨어 버전과 일련번호 같은 정보를 스프레드시트*에 기록해야 했다. 또, 콘텐츠에 어떠한 변경이 필요할 때는(새로운 프로그램과 미디어의 설치 또는 삭제) 각각의 헤드셋을 컴퓨터에 연결하여 수동으로 하나하나 작업해야 했다.

---

* 표에 숫자나 문자 자료를 입력하고 이를 조작하여 자료를 처리하는 프로그램으로, 엑셀 등이 이에 해당한다.

PWC: 헤드셋 300대 배포의 원격 관리

 PwC는 고객들에게 사이버 보안을 둘러싼 문제를 전달하고 그러한 상황의 현실을 이해할 수 있게 돕는 한 방법으로 몰입형 인터랙티브 사이버 보안 위기 시뮬레이션을 개발하였다. 시뮬레이션 참가자는 모든 이들이 사태를 조사하고 위기에서 벗어날 길을 찾으려 노력하고 있는 긴급 이사회 가운데 놓이게 된다. CEO(최고경영자), CFO(최고재무중역) 또는 CISO(최고정보보안중역, Chief Information Security Officer) 중 한 가지 역할을 맡을 수 있는 선택지가 있으며, 각 역할은 서로 내려야 할 결정이 다르고 공격이 펼쳐질 때 각기 다른 관점을 갖는다.

 이 VR 프로그램은 캐나다 토론토에서 열린 PwC 행사에서 처음 등장하였다. 300명의 PwC 파트너가 초청되었고 각자 개별 헤드셋을 받았다.

 해당 VR을 설계하고 개발하는 데 3개월이 걸렸고 배포에는 2주가 걸렸다. 배포 과정에는 현장에 자체적인 지역 네트워크 기반 시설을 구축하고 헤드셋에 장치 관리 소프트웨어를 탑재하는 일이 포함되었다. 각 기기에 적용된 작업은 다음과 같다.

- 사이버 보안 위기 소프트웨어를 내려받고 설치한다.
- 소프트웨어의 미디어 파일을 내려받고 이를 헤드셋의 올바른 폴더에 넣는다.
- 현장의 와이파이 네트워크 세부 정보를 불러온다.
- 각 헤드셋의 블루투스 명칭을 변경하여 물리적 자산 번호와 일치하게 한다(각 헤드셋을 블루투스 헤드셋과 무선으로 맞추어 더 쉽게 연결하기 위함).
- 비활성 상태에서 헤드셋이 수면 모드로 들어가지 않도록 설정을 변경한다.

 장치 관리 소프트웨어를 통해 무선으로 전송된 자료는 총 1,600기가바이트[GB] 정도였다. 배포 당일에는 300대의 헤드셋 모두가 현장에 구축된 지역 네트워크에 성공적으로 연결되었다. 프로그램에는 동기화 및 자료 수집 기능도 내장되었다.

 컨트롤러 시스템 역할을 하는 태블릿(네트워크에도 연결되었음)의 버튼 하나로 모든 사용자의 프로그램이 시작되도록 무선 조작이 이루어졌다. 또한 이 태블릿으로 시뮬레이션 내에서 모든 이들이 어떤 결정을 내리고, 그 결정을 내리는 데 얼마나 오래 걸렸으며, 진행도가 얼마나 되는지도 확인할 수 있었다.

 15분 뒤 시뮬레이션이 종료되자 모든 사람의 결정을 집계한 결과가 표시되었고 이

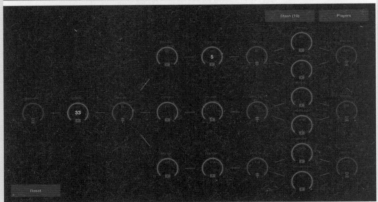

[그림 9.1] 참석자들이 사이버 보안 위기 시나리오에 몰입해 있다(위). 테스트 진행 중인 시뮬레이션에서 선택이 갈린 경로와 각 단계의 사용자 수를 보여 주는 컨트롤러 시스템을 캡처한 화면(아래).

를 사용하여 사이버 보안 공격의 문제점들에 대해 더 풍부하고 흥미로운 논의를 도출할 수 있었다.

이 성공의 결과로 이제 해당 VR 프로그램은 전 세계 약 30개국에서 사용되고 있으며 효과적인 장치 관리 소프트웨어는 여전히 그것이 실행되는 하드웨어를 유지하는 데 중요한 역할을 하고 있다.

위와 같은 정보는 문제가 있는 기기를 식별하고, 모든 소프트웨어가 최신 상태임을 확인하며, 올바른 기기에 올바른 주변기기를 연결하고, 어떤 활동이나 행사 전에 충전이 완료되어 있는지 확인하는 데 도움이 된다. 이들은 모두 디지털 정보이며 헤드셋들은 화면상의 친숙한 이름과 일치하는 물리적 자산 레이블을 통해 상호 참조된다. 장치 관리 솔루션에 대한 선택은 배포하는 헤드셋의 수와 모델 그리고 원하는 제어 및 기능이 어떤 수준인지에 따라 결정된다. 모든 헤드셋이 모든 장치 관리 솔루션과 호환되는 것은 아니기에 여러 기기에 걸쳐 적용 범위를 확보하려면 이것들을 조합하여 사용해야 할 수도 있다.

헤드셋 위생 유지

XR 헤드셋의 위생은 헤드셋의 유지 관리에 필수적이고 중요한 측면이다. 상품을 시연하거나 콘퍼런스를 진행할 때, 또는 프로젝트 도중에 헤드셋을 대여해 주어야 할 때 등 공유가 필요한 경우라면 특히 그렇다. 이러한 위생 관리 절차를 수행하는 데 사용할 수 있는 세 가지 주요한 방법이 있다.

1. 소독용 물티슈

헤드셋과 기타 주변 기기들을 청결하게 유지하는 가장 간단한 방법이다. 물티슈는 온라인이나 근처 약국에서 구매할 수 있다. 병원균을 죽이기에는 충분한 소독력이지만 안면 패드의 소재나 헤드셋의 플라스틱 틀에 손상을 줄 만큼 강하지는 않아 적절한 청소 방법이다.

물티슈를 대량으로 주문할 때는 개당 0.05달러 미만으로 구매할 수 있을 만큼 꽤 저렴하지만 살아남은 병원균이나 잔류물이 전파될 가능성을 막기 위해 한 장의 물티슈로는 하나의 기기만 닦을 것을 권장하므로 기기가 자주 오고 가는 활동에서는 쓰레기와 비용이 상당히 빠르게 쌓일 수 있다. 따라서 그리 친환경적이지는 않고 장기적으로 비용이 제법 많이 들 수 있다.

일부 헤드셋 안면 패드의 소재는 천이나 폼 같은 다공성 섬유라 물티슈로는 효과적으로 청소하기가 어렵다. 이런 경우에는 실리콘이나 폴리우레탄^{PU} 인조 가죽 같은 비다공성 소재의 패드 덮개를 구매하거나 다른 해결책(아래 참조)을 고려하라.

가상 현실 헤드셋의 감염 관리에 관해 시행한 연구에서 최하위를 기록한 헤드셋은 다공성 플라스틱 안면 패드를 알코올 물티슈로 청소한 뒤 7퍼센트의 박테리아가 남았다. 반면 비다공성 플라스틱 안면 패드가 달린 최상위 성능의 헤드셋에서는 1퍼센트의 박테리아만이 남아 있었다.[1]

2. 일회용 안면 마스크

끈을 귀에 걸어 얼굴에 고정한다는 점에서는 외과 의사의 마스크와 비슷하다. 그러나 입과 코를 가리는 대신 헤드셋이 가장 얼굴과 접촉을 많이 하는 부분인 눈 주위와 콧대 위를 가리는 고리 형태를 띠며, 얼굴과 헤드셋이 닿지 않도록 막는 장벽이 되어 어떤 형태의 전염이라도 막아 준다.

이는 VR 게임장이나 기타 엔터테인먼트와 관련된 장소에서 자주 사용한다. 이때 사용자가 하나의 헤드셋을 여러 번 사용하건, 얼마나 많은 수의 헤드셋에 접촉하건 상관없이 마스크는 하나만 사용하면 된다. 일회용 물티슈보다는 개당 가격이 비싸지만, 사용자가 하나의 안면 마스크를 계속 착용한 채로 여러 대의 헤드셋을 사용한다면 물티슈보다 사용량이 적어지게 되고 따라서 이 경우 관련된 비용은 마스크 개수가 아니라 사용한 헤드셋의 수로 계산된다. 예를 들어 0.20달러짜리 안면 마스크 한 장을 사용자가 온종일 착용한 상태로 총 10대의 기기를 사용하면 실제 유효 금액은 0.02달러가 되며, 일회용 물티슈와 비교했을 때 더 싸거나 최소한 비슷한 비용이 든다. 더 적은 개수만 사용되니 일회용 물티슈보다 쓰레기도 덜 나오게 된다.

하지만 오직 눈 주위 영역만 덮어주기 때문에 다른 부위, 특히 옆면이나 머리 위의 끈 쪽은 보호하지 못하므로 병원균 전파의 잠재적인 중심지로 남는다.

3. 자외선 소독

단파장 자외선UVC은 미생물의 DNA를 파괴하여 비활성 상태로 만들며 전 세계적으로 물, 물체 표면 및 장비를 소독하는 데 사용된다. 유럽 지역에만 2,000개 이상의 자외선 수처리 시설이 있다.[2]

UVC 방출 기계에는 휴대용 모델과 단독 컨테이너 형태의 살균기가 있다. 초기 비용은 100~1,500달러 수준으로 물티슈나 안면 마스크보다 비싸지만 UVC 광선은 올바른 조건이 갖춰지면 병원균의 99.99퍼센트를

제거할 수 있다는 증거를 통해 과학적으로 효과성이 입증되었다.[3]

이런 기계는 매회 사용 후 같은 장소로 반납되는 헤드셋들이 있는 곳에 고정 배치하기에 매우 합리적이다. 또 상대적으로 사람들이 사용하기에 쉽고, 번거롭지 않다. 기계에 따라서는 헤드셋을 UVC 살균기에 넣고 버튼만 누르면 끝일 정도로 작동 과정이 간단하다. 이러한 특징 덕에 자가 관리 및 비전문가의 사용에 이상적이다.

UVC 광선 자체로는 화장품, 땀 또는 기타 이물질을 처리할 수 없으므로 물티슈나 안면 마스크가 보조적인 관리 방안으로 필요할 수 있다.

XR 솔루션에 관한 데이터 수집

XR 솔루션을 위해 비즈니스 사례를 구축하고, 투자를 유치하며, 소프트웨어를 개발하는 데 정신없이 바쁘다 보면 어떤 데이터를 수집해 두면 좋을지, 어떻게 그 데이터를 수집할지에 대한 고민은 그 중요성에도 불구하고 꾸준히 이뤄지지 못할 수도 있다.

정량적, 정성적 데이터는 다음과 같은 몇 가지 방법으로 수집할 수 있다. 설문 조사를 통해 사용자에게 직접 피드백을 요청하거나, XR 프로그램 내에서 사용자의 행동을 조사하거나, XR 프로그램을 사용하는 동안 사용자의 생체인식 자료(생리학적 측정값들)를 분석하는 방법들을 통한다 ([표 9.1] 참조).

데이터 수집 방법	사용 가능한 데이터 유형	직접 수집/ 자동 수집
사용자 설문 조사	정량적, 정성적	직접 수집
XR 프로그램에서 직접 추출된 사용자 지표	정량적	자동 수집
생체인식 데이터	정량적	자동 수집

[표 9.1] XR 솔루션 수행 성과에 관한 데이터 수집 방법의 종류, 해당 방법이 생성하는 데이터가 정성적인지 정량적인지, 데이터의 자동 수집이 가능한지를 나타낸 표.

[표 9.1]은 덜 복잡한 방법부터 더 복잡한 방법 순으로 작성되었다. 설문 조사는 상대적으로 쉽게 생성할 수 있고 각 사용자에게 종이 혹은 디지털 형식으로 제공할 수 있다. XR 프로그램에 사용자가 접속해 있는 동안 데이터를 자동으로 수집하려면 프로그램 자체에 미리 해당 기능을 내장해야 할 것이다. 맥박수와 같은 일부 생체 정보 측정은 전문 하드웨어를 사용해야 하지만 음성 분석과 시선 추적(또는 적어도 머리 움직임 추적)은 대부분 헤드셋에서 가능하다.

설문 조사는 중요한 데이터 수집 방법이자 개방형의 정성적 응답을 수집하는 주된 방식이다. 한편 자동 수집 데이터는 후속 조치가 적게 필요하고, 주기적으로 자료를 수집한다면 시간도 절약해 줄 것이다. 또한, 사용자의 감정과 행동에 대하여 주관적인 자기 분석이나 기억에 의존하는 것보다 직접적이고 즉각적이며 잠재적으로 더욱 신뢰할 수 있는 평가이다.

어떤 경우라도 데이터 수집 방법은 설계 단계에서 평가하고 결정해야 한다. 제시한 질문을 포함하여 수집된 모든 데이터는 프로젝트의 목표,

최종 사용자, 선택한 하드웨어 및 해당 프로그램 내에서 사용 가능한 상호 작용에 따라 영향을 받을 것이다.

예를 들어 영업 담당 임원을 대상으로 잠재적 고객에게 성공적으로 상품을 홍보하는 방법을 교육하는 VR 프로그램의 경우, 다음과 같은 자료를 수집할 수 있다.

- 프로그램을 연 횟수
- 프로그램을 사용한 평균 시간
- 각 사용자가 고객과 눈을 맞춘 횟수
- 사용자의 목소리 톤, 분당 말한 단어 수, 말을 멈춘 횟수, 불확실성을 뜻하는 단어 수('음', '어' 등)를 통해 평가된 사용자의 자신감 정도
- 고객과 대화하는 동안 특정 핵심 문구를 사용함으로써 기록되는 사용자의 기술 점수
- 설문 조사에 드러난 각 사용자의 솔루션에 대한 인식(현재 상태, 참여도, 즐거움, 전반적인 효율성 및 일반적인 교육 방법과의 비교)

기술 작업에 대해 현장 엔지니어를 지원하도록 설계된 AR 솔루션의 경우에는 다음과 같이 또 다른 형태의 데이터를 수집하는 것이 유용할 수 있다.

- 작업이 완료된 속도와 정확도
- 작업에 관련된 디지털 도표에 접속할 때 감지되는 속도와 간편성

• '원격 전문가 연결' 기능이 활성화된 횟수

　항상 분석을 염두에 두고 XR 프로그램을 설계하라. 수집된 데이터를 다른 솔루션의 데이터와 비교하여 특정 프로그램을 위한 효율적인 XR 사용을 벤치마킹할 수 있다. 이것이 솔루션을 개선하고 확장하기 위한 추가 투자를 확보하는 데 좋은 비즈니스 사례가 되길 바란다.

PWC: 동료들의 입장 되어보기

　PwC는 3일간의 행사에서 2,800명의 직원을 대상으로 한 VR 프로그램을 진행하였다. 프로그램의 목표는 해당 직원들이 커리어 코치로서 시시각각 변화하는 세상을 탐색하고 코치 대상자들과 그들의 다양한 상황 및 동기에 대한 이해심, 공감 능력, 열린 마음을 가짐으로써 직무 수행에 도움을 얻도록 하기 위함이었다.

　이 프로그램은 프로젝트 착수 회의에서 팀장이 팀원들에게 고객과 프로젝트 내용 및 실행 계획에 대해 간단히 브리핑하는 흔한 시나리오를 바탕으로 진행된다. 처음에는 최대한 빨리 자기 커리어를 발전시키고자 높은 야심을 갖고 개인 시간을 기꺼이 희생하는 한 팀원의 시점에서 상황을 경험한다. 프로젝트 리더가 발표하는 내용과 그에 대한 이 팀원의 속마음을 들은 뒤 같은 장면이 반복되는데, 이번에는 바로 맞은편에 앉은 또 다른 팀원의 시점이다. 마음속 독백을 통해 이 사람이 가진 근심이 드러난다. 업무 시간이 끝날 무렵이라 아이를 돌보기 위해 퇴근할 예정이었는데 프로젝트 착수 회의에 불참하기에는 죄책감이 느껴져 아무 말도 하지 못하였다. 그래서 핸드폰을 통해서 가능한 조심스럽게 누군가 아이를 봐 줄 수 있도록 조율하려고 시도하고 있던 것이다. 그 결과, 이 팀원은 회의에 집중할 수가 없다.

　VR 경험을 마친 후 프로그램 참가자들을 4~5명의 그룹으로 나누어 이들이 보고 듣고 경험하고 느낀 바를 되돌아보도록 권했다. 모든 참가자에게는 개방형 설문 조사를 통하여 피드백을 제시할 선택권이 주어졌다. 제출된 의견들은 '긍정적' 또는 '부정적'으로 나누었고 부정적인 반응은 확인된 6가지의 주제(환경, 하드웨어, 편안함, 편리성, 가치, 콘텐츠)에 따라 분류하였다.

접수한 응답의 80퍼센트는 사실상 긍정적이었다. 제출된 의견들을 통해 나타난 주된 결과는 다음과 같았다.

- 대다수 참가자는 이 프로그램이 가치 있다고 생각함

- VR은 다양한 사람과 상황에 대한 이해를 쌓는 데 도움이 되는 강력한 도구임

- 응답자들은 특히 소프트 스킬의 훈련을 위해 온라인 학습 프로그램 또는 온라인 강의보다 VR이 더 많은 교육에 사용되기를 원함

- 마칠 무렵 그룹별로 의견을 공유하는 시간을 제공했을 때, VR 체험이 없었더라면 그만큼 강력하지 않았을 토론을 더 풍부하고 매력적으로 만듦

대다수 의견은 몰입감을 주고 공감을 형성하는 매체로써 VR의 강점을 지지하였다. 이를 아주 잘 요약한 의견은 다음과 같다. "[이번 행사에서 가장 유용했던 것은] VR, 그리고 같은 사안을 여러 다른 관점에서 본 것이었습니다. 정말로 서로의 입장을 겪는 느낌이 들었어요."

이것이 본 프로그램에 대한 투자를 지지하는 유용한 증거였음에 반해 제일 교육적인 의견은 그리 열광적이지 않은 반응을 보였던 20퍼센트의 응답자들에게서 나왔다. 접수된 해당 의견들은 오름차순에 따라 [그림 9.2]에 표시되었다.

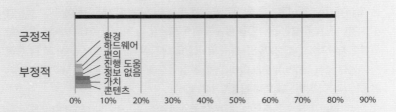

[표 9.2] VR 체험에 대한 참석자들의 긍정 및 부정적 응답의 상세 내용.

환경

이것은 소음이나 온도와 같은 주변 환경에 관련된 문제이다. 소수의 참가자만이 이 같은 의견을 제출했다. 먼저 끝낸 사람들이 수다를 떨어 아직 VR을 진행 중이었던 자신의 집중에 방해가 되었다고 한 사용자, 현장의 삐걱거리는 마룻바닥이 VR의 몰입 환경에 방해되었다고 지적한 사용자, 방 안의 열기가 헤드셋 렌즈에 김을 서리게 했다고 불평한 사용자 등이 있었다. 여기서 얻은 교훈들은 다음과 같다.

- 헤드셋 밖에서 일어나는 일도 안에서 일어나는 일만큼 중요하다. 가상 환경의 몰입 상태를 유지하기 위해 VR 사용자는 프로그램이 진행되는 동안 그 환경에서 일어나는 것만 보고 들을 수 있어야 한다.

- VR 헤드셋 내부의 전자 장치는 열기를 뿜어낸다. 따라서 현장을 적절히 시원하게 유지하여 이를 보완해야 한다. 헤드셋과 사람의 수가 많거나 상대적으로 크기가 작은 방이라면 발생하는 열기에 의해 VR 사용자와 다른 이들 모두가 불편을 느낄 수 있기에 더욱 중요하다.

- 사용자가 VR에 몰입하고 있는 동안에는 조용히 그 사용자의 경험을 존중하라.

- 여타의 소음에 주의하고 VR이 진행되는 동안 소음을 최소화하라.

- 모든 사용자가 동시에 시작하게 하고 진행을 적절히 유도할 수 있는 지침을 제공함으로써 모두가 최대한 비슷한 시간에 VR 경험을 마칠 수 있도록 하라. 가능하다면 동기화 소프트웨어를 사용하여 프로그램이 정확히 동시에 시작되도록 하라. 선택지가 있는 시나리오의 경우 어떤 선택을 하더라도 전체 시간이 같아지도록 설계하라.

하드웨어

이것은 VR 기기와 관련된 문제로 주변기기들을 포함한다. 관련 의견의 절대다수를 보면 사용자가 렌즈의 초점을 올바르게 맞추는 데 어려움을 겪는다는 사실이 드러난다. 이는 헤드셋의 위치 때문인데, 헤드셋이 이마에서 너무 위 또는 너무 아래에 있으면 콘텐츠가 흐릿하게 나타난다. 안경을 쓸 때 렌즈의 바깥쪽 가장자리를 통해 보이는 모습과 같다. 어떤 사용자들은 헤드셋의 투박함과 상대적으로 낮은 화질을 언급하기도 했다. 제공된 의견들 외에도 대략 10대의 헤드셋이 즉각적인 문제 해결 시도에도 불구하고 하나 혹은 그 이상의 지점에서 작동을 거부한 것을 확인하였다. 이때는 스마트폰 기반의 VR을 쓰던 시절이라 다행히 지금은 그때보다 기술이 발전하였다! 여기서 얻은 교훈들은 다음과 같다.

- 하드웨어 문제는 불가피하지만 몇 가지 사용자 오류는 올바른 사전 지침으로 수정할 수 있다. 모든 문제를 예방할 수는 없으나 문제가 발생했을 때 신속하고 효과적으로 대응하도록 준비할 수는 있다.

- 헤드셋의 수량을 10퍼센트 정도 여유있게 유지하라. 만약 하드웨어 문제를 빠르게 수정할 수 없거나 탐색하여 알아내야 할 필요가 있다면 준비된 예비 헤드셋을 사용자에게 즉시 지급하라. 그런 뒤 문제 해결을 시도하여 수리를 마치고 헤드셋을 반납해 여유분으로 추가하거나, 그것이 아니라면 서비스 공급에서 제외하라.

- 초점이 맞지 않는 헤드셋에 대한 불만은 특히 VR을 처음 사용하는 사용자에게서 자주 발생한다. 초점을 맞추기 위해서는 헤드셋을 위아래로 조정해야 할 수 있다고 미리 설명하라. 좌우 조정은 일반적으로 불필요하다.

편의

사용자의 편안함이 부족하다는 것은 환경과는 무관한 불편함을 뜻한다. 일부 사용자들은 어지러움을 느꼈다고 언급했고 한 사용자는 실제 세계와 단절되는 것을 불편하게 느꼈다. 여기서 얻은 교훈들은 다음과 같다.

- 완전히 편안함을 느끼지 못하는 소수의 사용자가 있음을 숙지하고 이들을 위해 사용할 수 있는 대안이 있는지 확인하라.

- 동일한 프로그램을 데스크톱 컴퓨터 버전으로 경험하는 것도 하나의 대안이 될 수 있다.

진행 도움

이는 VR 경험에 관해 소개하고, 관련된 사용 방법 일체를 설명하는 방식을 뜻한다. 어떤 사용자들은 VR에서 무엇을 해야 하는지 혼란스러워했던 반면 다른 이들은 기기 사용을 위해 제공되는 안내가 너무 길다고 느꼈다. 여기서 얻은 교훈들은 다음과 같다.

- 충분한 정보를 제공하는 것과 너무 많은 정보를 제공하는 것에는 미묘한 차이가 있다. 이 문제는 사용자들 간의 기술 경험 수준이 서로 다를 때 더욱 악화된다.

- 사용자들이 살펴볼 수 있도록 초기 사용 안내를 VR 프로그램 안에 통합하라. 여의치 않다면 적어도 사용자가 VR에 접속하기 전에 해당 내용을 언급하라.

가치

이는 VR 사용에 충분한 가치가 없다고 인식하는 데서 나오는 문제를 말한다. 어떤 응답자들은 VR의 사용이 해당 모임의 메시지를 전달하는 데 불필요했다고 느꼈다. 여기서 얻은 교훈들은 다음과 같다.

- 다른 영역 중 하나와 연결될 수 있으므로 이 분류의 응답을 깊이 파고들어 보라. 사실 '가치' 항목에는 '노력'이라는 숨겨진 구성 요소가 있다. 사용자가 장애물을 극복하기 위해 더 많이 노력해야 할수록 순가치는 더 낮아진다.

- 환경, 하드웨어, 편의, 진행 도움, 콘텐츠 문제는 모두 사용자가 극복하려고 '노력'해야 하는 장애물을 뜻한다. 이것들을 최소화하는 것을 목표로 삼으면 순가치가 향상될 것이다.

- 100퍼센트 긍정적인 응답률을 기대하지 말라. 어떤 사용자들은 그저 싫어서 프로젝트에 접속하지 않을 것이다.

콘텐츠

이는 VR 프로그램 안에 포함되었던 시나리오를 의미한다. 사용자들은 더 많고 다양한 콘텐츠를 보거나 더 활발한 인터랙션이 이루어지기를 원했다. 여기서 얻은 교훈들은 다음과 같다.

- 사용자는 참여하기를 원한다. 높은 수준의 인터랙션은 더 많은 참여를 가능케 한다.

- 의사 결정 지점 혹은 다른 형태의 인터랙션을 통해 더욱 인터랙티브한 경험을 만드는 방법을 고려하라.

- 설계 과정에 목표 대상의 표본을 참여시켜 그들의 생각을 모아 보라. 개발을 시작하기 전에 이 피드백을 반영하라.

위 내용은 PwC가 VR을 막 사용하기 시작했던 초기의 경험으로, 이를 통해 얻게 된 교훈에 큰 가치가 있기에 그 내용을 투명하게 공개하게 되었다. 당신의 프로젝트에서도 이 같은 문제들이 발생한다면 이 내용을 활용하여 해결할 수 있길 바란다. 이때의 교훈을 반영한 결과 이다음 VR 프로젝트는 95퍼센트의 긍정적인 피드백을 얻을 수 있었다.

10

고품질 360도 동영상 콘텐츠 제작을 위한 초보자 가이드

- 알렉스 륄(Alex Rühl)

소개

2016년 초, 나는 3D 프린터로 직접 만든 장비와 강력 청테이프로 감아 장대 끝에 매달아 놓은 한 덩어리의 액션 카메라를 옆에 놓고 들판 한가운데에 서 있었다. 손수 조악하게 만든 이 물건을 보면서 나는 스스로 이렇게 생각할 수밖에 없었다. '도대체 이걸 어떻게 해낼 수 있을까?'

내가 나의 한계에 도전하는 것을 좋아해서인지, 할 수 있다는 마음가짐을 갖는 것에 항상 자부심이 있었기 때문인지, 아니면 기술로 가능한 새로운 지평의 벼랑에 서 있는 듯한 느낌이 들었기 때문인지, 그 이유는 잘 모르겠다. 하지만 그 순간부터 나는 VR 분야의 경력에 모든 것을 걸어야 한다는 것을 알았다.

나는 14살 때부터 죽 영화를 만들어 왔고 연출 전공으로 학사 학위를 받았으며 비비시 스리BBC Three, 스카이Sky, 아이티브이ITV 스튜디오 등 영국 국내 방송사를 위해 대규모 TV 프로그램을 제작하는 방송 산업 분야에서 4년간 일하며 경험을 쌓았다. 그러나 영국의 한 유명 브랜드를 위해 360도 동영상을 만드는 프로젝트에 참여하기로 합의했을 때 나는 내가 어떤 일에 발을 들여놓고 있는지 전혀 알지 못했다.

나는 프로젝트의 위험과 보상을 저울질하며 합리적으로 생각해 보았고, 결국 '이건 그냥 주변 모든 것을 기록하는 카메라를 사용한 촬영 작업일 뿐이야. 어려워 봤자 얼마나 어렵겠어?'라는 생각에 도달하게 되었다.

촬영 전날 밤 나는 요령을 부릴 수 있을 것이라 은근히 자신하고 있었다. 신기술에 대해 알아볼 때 대부분의 옛 선배들은 갖지 못했던 교육용 도구가 나에게는 있었으니, 바로 구글^{Google}이었다.

정보화 시대의 밀레니엄 세대라면 어떤 조언이나 방법, 유튜브^{YouTube} 튜토리얼을 찾기 위해 구글 검색을 했을 때 말 그대로 검색 결과가 '0'일 때만큼 오싹한 일은 없다. 다시 한번 말하지만, 그것보다 무서운 일은 없다. 컴퓨터의 엔터키를 아무리 두드려도 내가 입력한 검색어로는 어떤 결과도 나오지 않았다.

- '360도 카메라 장비 설치하는 법'
- '360도 동영상에 사용하는 카메라 설정'
- '360도 동영상과 기존 동영상 촬영 차이'
- 'VR 헤드셋용 동영상 제작 방법'

결국, 나는 임대한 장비를 밤새 붙들고 미친 듯이 씨름하면서 촬영 준비를 위해 가능한 한 많은 실습을 직접 해 보았다. 다음 날 나는 내가 탐색하고 있던 이 새로운 매체에 대한 궁금증으로 머리가 가득 찬 채 카메라 장치와 함께 들판 한가운데 서 있게 되었다.

그렇게 처음 360도 카메라를 잡은 이래로 4년이 넘게 흘렀다. 그 시간 동안 내가 배운 것은 한 문장으로 압축할 수 있는데, 내 생각에는 심지어 구글도 수긍할 것 같은 단문이다. '이것은 새로운 하드웨어와 새로운 작업 절차, 기존에 정의된 바 없는 완전히 새로운 영화적 언어를 갖춘 전적으로 새로운 매체이다.'

그러므로 위협적인 카메라 장비와 혼란하고 부정적인 감각으로 둘러싸인 은유적인 분야에서 당신이 헤매지 않도록 내가 배운 모든 것에 대한 통찰을 담아 360도 동영상 제작을 위한 청사진을 빠르게 제공하고자 한다.

360도 동영상을 사용하는 이유

지금까지 이 책을 통해 VR이 당신의 비즈니스에 강력한 솔루션이 될 수 있는 경우에 대해 알게 되었겠지만, 저자 제레미Jeremy가 간단히 설명했듯이 VR에도 여러 형태의 콘텐츠가 있다. 창작자에게 있어서 가장 중요한 질문은 '어떤 경우에 CG 콘텐츠보다 360도 동영상을 사용하는 것이 나은가'이다. 물리적 환경을 360도로 볼 수 있게 만드는 데에는 어떤 이

점이 있을까?

1 현장 포착

행사, 산업 워크숍, 시연회, 콘퍼런스를 비롯해 비즈니스로 사람들을 직접 만나는 수많은 자리는 360도 카메라를 설치하기에 이상적인 기회이다. 이 현장을 포착함으로써 직원과 고객, 이해 관계자들은 필요에 따라 이를 경험하고 실제로 그 현장의 일부가 된 것처럼 참여하는 느낌을 받을 수 있다.

또한 물류나 포용성 문제에 대한 스트레스를 없애 주는 해결책이 됨으로써 두 배의 효과를 낼 수 있다. 예컨대 멀리 이동하기 어렵거나 단순히 탄소 배출량을 절감하고 싶어 하는 원격 근무자가 있는 경우 그렇다. 또는 정신 건강상의 문제로 군중 속에 있는 것이 어렵거나 신체적인 장애로 인해 직접 참석하기 힘든 경우일 때도 마찬가지이다. 360도 동영상 캡처는 대면으로 현장에 참석하는 것 다음으로 좋은 방식이다.

2 사실감

CG 기술력의 엄청난 발전에도 불구하고 동영상은 여전히 장면을 기록하는 가장 사실적인 방법이다. 내가 고객들과 진행했던 작업 경험에 따르면 직원들은 동영상을 통해 환경이나 사람을 인식했을 때 애니메이션으로 구성된 시나리오를 볼 때보다 더 높은 집중도를 보였다. CG 역시 믿을 수 없을 만큼 강력한 경험을 만들어 줄 수 있지만, 그 수준에 이르려면 많은 작업과 비용이 필요하다. 만약 당신의 목표가 사용자의 공감과

감성을 불러일으키는 것이라면 360도 기술을 통해 우리가 익숙한 세상으로부터 콘텐츠를 직접 포착하는 것이 때로는 더 효과적이다.

3 초심자가 더 쉽게 사용 가능

많은 이들에게 수동적 360도 동영상은 VR에 입문하기 아주 좋은 시작점이다. 일단 헤드셋이 켜지면 이를 처음 써 보는 사용자도 매력적이고 굉장히 신선한 경험을 간단히 즐길 수 있기 때문이다. 좀 더 인터랙티브한 능동적 형태의 VR을 시연할 때에는 사용 안내 과정이 완벽하거나 사용자가 이미 비디오 게임에 친숙하지 않은 한, 사용자에게 헤드셋과 컨트롤러를 건네어 주고 그들에게 예전에 결코 경험해 보지 못한 어떤 것과 상호 작용을 해 보라고 요청하는 순간 몇 가지 문제가 보이기 시작한다.

인터랙티브한 VR 체험에는 더 많은 전문가와 자원 그리고 사전 및 사후 관리가 필요하다. 반면에 수동적 360도 동영상은 헤드셋을 쓰고 등을 기대고 앉아 눈앞에 펼쳐져 재생되는 장면을 보기만 하면 되는 간단한 방식이다.

4 한결 쉬운 콘텐츠 제작

동영상 녹화는 우리 일상의 일부분이 되어 왔다. 스마트폰이 있는 모든 사람은 할리우드 영화를 제작하기에 충분할 만큼의 동영상 카메라에 접근할 수 있다. 핸드폰으로 (아직은) 360도 녹화를 할 수는 없어도 카메라 설정이나 용어, 동영상 캡처와 관련된 문화에 친숙함을 갖게 하며, 이는 모두 360도 촬영에 그대로 사용할 수 있다. 많은 이들에게 360도 촬영은

VR용 CG 콘텐츠에 필요한 고급 게임 프로그래밍이나 3D 그래픽 모델링 기술을 익히는 것보다 더 간단하다. 여기에 아주 훌륭한 입문용 360도 카메라를 불과 500달러 미만으로 얻을 수 있다는 사실이 더해지면 360도 동영상은 시도해 보기에 매력적인 선택지가 된다.

알고 계셨나요?

일반 소비자 등급의 스마트폰은 너무나 강력해져서 무려 일부 전문 제작에도 사용되었다. 미국의 영화 제작자 스티븐 소더버그Steven Soderbergh는 아이폰으로 촬영한 영화 다수를 극장과 넷플릭스에서 개봉하였다. 수상 경력에 빛나는 코미디 드라마 영화 탠저린Tangerine*과 레이디 가가의 최신 뮤직비디오도 아이폰으로 촬영되었다.

5 배포에 더 용이함

360도 콘텐츠는 사용이 쉬울 뿐 아니라 다른 형태의 VR보다 배포하기가 쉽다. VR 헤드셋 중 가장 저렴한 형태인 '3개 자유도의 헤드셋'만 있으면 되고, 컴퓨터나 노트북의 전원 공급이 필요 없어 간편하므로 각종 VR 콘텐츠 중 가장 널리 보급되어 있다. 동영상 파일의 크기는 CG 프로젝트에 비하면 상당히 클 수도 있으나 유튜브나 페이스북 같은 대부분의 온라인 플랫폼에서 360도 동영상을 제공할 수 있어 콘텐츠 공유가 꽤 빠르고 쉽다. VR 시연에서도 사용자들이 움직이지 않고 앉아서 주위를 둘러보기 때문에 360도를 보여 주는 데 인당 필요한 공간이 그리 크지 않다.

이를 더욱 복잡한 인터랙티브형 VR 프로젝트와 비교해 보자. 인터랙

---

* 아이폰 5S 촬영으로 2015년 선댄스 영화제 최고의 화제작이 되었고 국내에서도 부산국제영화제, 서울 프라이드영화제, 무주산골영화제 등에서 화제가 되었다. (다음 영화 정보)

티브형 VR 프로젝트는 장비가 훨씬 더 비싸고 서비스와 문제 해결에 더 많은 시간과 인력이 필요하므로 사용자 수가 제한된다. 또한, 사용자가 주위를 걸어 다닐 가능성이 있고 손을 마구 휘저을 것이기 때문에 공간도 더 많이 필요하다.

원하는 결과의 역행 분석

360도 콘텐츠를 제작하기로 확실히 결정했다면 이제 뭘 해야 할까? 그다음은 프로젝트를 통해 얻고자 하는 결과를 역공학적으로 접근하는 단계로, 우선 프로젝트의 완성형이 어떤 모습일지를 예상해 보는 것으로 시작한다. 그 프로젝트를 통해 달성하고자 하는 목표가 무엇이고, 그로 인해 사용자들이 어떤 영향을 받기를 원하며, 그것을 어떻게 이끌어 낼 것인가?

나의 전문 분야는 VR 헤드셋을 위해 특별히 제작한 360도 동영상이지만, 360도 미디어는 업계에서 '매직 윈도우Magic Window'라고 부르는 대상에도 전시할 수 있다. 이는 기본적으로 360도 콘텐츠를 태블릿이나 핸드폰 혹은 컴퓨터상의 브라우저 안에서도 보여 줄 수 있음을 의미한다. 이는 또 다른 대체 현실로 향하는 창을 열어 주는 것과 비슷하기 때문에 마법 창문이란 뜻의 '매직 윈도우'라 부른다. 헤드셋에서 하듯이 머리를 움직이는 대신 핸드폰을 움직이거나 컴퓨터용 마우스를 클릭하고 드래그해서 동영상을 탐색할 수 있다.

여기서는 어떤 기기를 대상으로 할지를 미리 결정하는 것이 중요하다. 제작 절차가 같을지라도 대상 기기에 따라 연출 방식과 촬영 및 편집 기법이 매우 다르기 때문이다. 제작 과정 부분에서 더 깊게 파고들어 다루겠지만 한 예로 카메라를 주위로 많이 움직이면서 빠른 편집 컷을 통합한 360도 콘텐츠를 만들었다면 사용자 주의력이 길게 유지되기 힘든 곳에서는 훌륭한 매직 윈도우 경험이 될 것이다. 하지만 이를 VR 헤드셋으로 변환하면 사용자에게는 아마도 사이버 멀미의 요인으로 작용할 것이 분명하다.

나는 VR 헤드셋용 360도 동영상이 비즈니스에 제공하는 가치와 투자 수익에 관하여 확고한 믿음을 갖고 그에 대한 목소리를 매우 높여 왔다. 내 전문 지식의 상당 부분은 여기에 있다. 그래서 이어질 부분에서는 VR 콘텐츠를 통해 그러한 이점들을 활용하는 방법을 제시할 것이다.

VR 콘텐츠에 대한 투자 이익을 극대화하는 데 큰 부분을 차지하는 것은 제작할 콘텐츠가 더 광범위한 행사의 일환이 될지 아니면 독립형 경험으로 사용될지 선택하는 것이다. 이것이 왜 중요할까? 이는 360도 동영상의 시작에 영향을 미칠 가능성이 있다. 만약 해당 콘텐츠를 독립형 경험으로 사용한다면 지침을 더 많이 포함할 수 있다. 한편 360도 동영상이 더 광범위한 행사의 일환이며 토론의 촉매제로 기능하기를 원한다면 좀 더 자유로운 답변이 가능하고 생각을 자극하도록 스토리를 구성하고 화면상에 시나리오를 실행할 수 있다.

제레미와 내가 함께 완성했던 한 프로젝트가 이에 관한 아주 좋은 예이다. '프로젝트 시프트Project Shift'라는 매우 은밀한 코드명으로 불렸던 이 프로젝트는 더 광범위한 변화 관리 프로그램의 일부분으로, 상사의 부정적인 리더십 행동을 강조하고 그에 관한 논의를 촉진하도록 만들어진 360도 콘텐츠였다. 이같은 목표를 달성하기 위해 우리는 참가자들이 그룹 토론을 시작할 수 있도록 고안한 좋은 행동과 나쁜 행동의 사례들이 담긴 장면을 촬영하였다.

해당 동영상이 독립형으로 사용될지 어딘가에 통합될 것인지를 결정한 후에는 대상 사용자가 이를 통해 어떤 느낌을 받게 하고 싶은지 결정해야 한다. 사용자들이 영감을 얻거나 즐거움을 느끼기를 원하는가? 불편감을 느끼거나 깊은 생각에 잠기기를 원하는가? 지식을 얻거나 감정적으로 자극받기를 원하는가? 이는 기존 절차의 시간 또는 비용의 절감, 더 많은 고객 전환, 더 많은 연결 생성 등 프로젝트의 전반적인 목표와 연관되어야 한다.

지금까지의 내용을 요약하자면 다음과 같다.

- 360도 동영상 제작을 확실히 결정했으며 왜 다른 형태의 VR 콘텐츠보다 360도 동영상을 선택했는지 알게 됨
- 동영상을 배포하고 구현하는 방법을 알게 됨
- 사용자가 해당 경험을 통해 무엇을 얻어 가기를 원하는지 알게 됨

이제 처음부터 끝까지 실제 360도 동영상을 설계해 볼 차례이다.

360도 설계의 3단계

360도 경험을 설계하는 과정은 다음의 세 가지 단계로 나눌 수 있다.

- 사전 제작: 카메라 장비를 집어 들기 전에 결정해야 할 모든 사전 준비를 마친다.
- 제작: 실제로 손을 대는 부분으로 본격적인 촬영에 들어간다.
- 후속 처리: 촬영 후 수행되는 모든 작업으로 편집, 사운드, 이어붙이기를 포함한다.

360도 동영상의 경우, 거의 틀림없이 가장 중요한 단계는 사전 제작이다. 할리우드에서 흔히 하는 '후속으로 수정하겠다'라는 말과 달리, 360도 동영상은 잘못 촬영하면 수정하기가 정말 매우 어렵다. 소품 선택을 고려하지 않았거나 방 어딘가에 있어서는 안 되는 상표 노출을 알아채지 못하거나 하는 간단한 일이 후처리로 오게 되면 정말 골칫거리가 될 수 있다. 따라서 사전 제작 단계에서 큰 노력과 꼼꼼한 작업 그리고 이해 관계자의 승인이 중요하다.

사전 제작

1. 사용자가 얻어 갈 핵심 내용

사용자가 헤드셋을 벗고 나올 때 무엇을 느끼기를 원하는가? 그들이 학습했어야 하는 것은 무엇인가? 다른 사람의 입장에 이입해 공감을 일으키는 것이 목표인가? 아니면 사무실 환경에서 위험 요소를 찾는 방법을 이해해야 하는가? 가능한 한 목표의 윤곽을 구체적으로 잡을수록 더 좋다.

예를 들어 이런 360도 경험으로 직원들에게 잘못된 리더십의 영향력에 대해 교육하고 싶다고 가정해 보자. 기존의 교육용 동영상처럼 누군가를 카메라 앞에 앉혀 가장 좋은 리더십 사례에 관해 이야기하게 하는 대신, 좋지 않은 리더십이 작용하는 역할극 시나리오 속으로 사용자를 들여보낼 수 있다. 이를 통해 사용자는 자신들이 직접 그 상황을 겪은 것처럼 시간이 지나도 기억하고 그려낼 수 있는 높은 차원의 몰입형 경험을 할 수 있다.

2. 높은 수준의 스토리보드

다음으로는 360도 동영상의 모든 장면을 세밀히 구분해야 한다. 이는 예산부터 촬영에 필요한 물류 공급과 배송 일정에 이르기까지 모든 정보를 알려 주는 시작점이 될 것이다.

각 장면은 주된 행동을 기준으로 윤곽을 잡되 어떤 배우가 등장할 것인지, 그들이 서로 어떻게 상호 작용할지, 위치상으로는 어디에 있을 것인지, 필요한 주요 소품이 어디에 놓일지 등을 포함한다.

각 장면에서 핵심적인 행동은 무엇이고, 여기에서 무엇을 얻어 갈 것인가? 예시를 통해 살펴보자.

장면 1
장소: 회의실

등장인물: 프레야와 토비

소품: 토비의 핸드폰 / 회의실 장식

액션: 프레야는 연례 실적 평가를 기다리고 있다. 그녀는 핵심성과지표^{KPI, Key} Performance Indicator*를 달성하지 못해 불안하다. 이때 그녀의 상사인 토비가 핸드폰으로 통화하며 성난 채로 들어온다. 그는 스트레스를 받은 상태였고, 전화를 끊고 난 뒤에도 프레야에게 말 한마디 할 기회를 주지 않는다. 실제로는 그녀가 왜 거기 있는지조차 잊어버렸다. 프레야는 더욱 좌절감을 느끼며 회의실을 나선다. 이는 그녀가 적대감을 쌓는 계기가 되었고, 성과에 영향을 미치게 된다.

> **프로의 팁**
>
> 360도 동영상을 제작할 때는 장면을 촬영하는 동안 카메라를 움직이고 싶은 충동을 꾹 참아야 한다. 올바르게 촬영되지 않을 경우 사용자가 구역감을 느끼고 방향감을 잃을 수 있으며 완전히 시청을 그만두게 되는 위험을 초래하게 된다.

3. 관점

관점은 360도 동영상 제작과 360도가 아닌 기존 형태의 동영상 제작 간의 핵심적인 차이점이다. VR이 가진 뛰어난 힘은 사람들을 다른 사람의 입장에 놓을 수 있다는 사실이다. 모든 프로젝트가 등장인물의 시점^{POV, Point Of View}에서 촬영되는 것은 아니지만 항상 사용자에게 자신이 실제로 그 동영상에 들어와 있다고 믿을 수 있는 이유를 주어야 한다. 이를 통해 사용자는 자신이 거기서 뭘 하고 있는지 자문하기보다 진실로 그

---

* 인사평가에 반영하는 기간 목표 달성 수준의 성과 지수

경험과 연결될 수 있을 것이다.

동영상의 시점을 고려할 때는 사용자가 얻어 가야 할 핵심 요소와 그 메시지를 전달하는 데 가장 효과적일 관점에 대해서 생각하라. 앞서 언급했던 기업 내 부정적인 리더십 사례에서는 토비의 행동이 프레야에게 어떤 영향을 끼치는지 느낄 수 있도록 프레야의 시점에서 상황을 경험하는 것이 가장 합리적이다.

관점 바꿔보기

내가 종종 받았던 질문 하나는 동영상의 관점을 바꿀 수 있냐는 것이었다. 이에 대한 대답은 '바꿀 수 있다'지만 한 가지 중요한 주의점이 있다. 관점이 바뀔 때 사용자에게 명시적으로 알려야 한다는 것이다. 개인적으로는 같은 장면에서 관점을 전환하지 않기를 강력히 권한다. 사용자를 혼란스럽게 만들 위험이 있기 때문이다.

제레미와 함께 프로젝트 작업을 하면서 우리는 어떤 장면에 앞서 이를 이야기로 간단히 설명하고 해당 장면을 누구의 관점으로 보고 있는지도 알려 주는 것이 유용하다는 것을 알게 되었다. 예를 들어 만약 이번 장면에서는 프레야의 입장에 있고 다음 장면에서는 토비의 입장이 될 경우, 각 장면 앞에 설명 화면을 집어넣어 관점의 변화에 주목할 수 있게 하는 것이다. 여기에서는 다음과 같은 문구를 사용할 수 있다.

'당신은 프레야이며, 자신의 연례 실적 평가를 기다리고 있는 법률사무소의 하급 관리자이다.'

'당신은 토비이며, 이사회 구성원과 통화 중인 법률사무소의 고위 중역이다.'

4. 장면의 대본 구성

360도 동영상은 갓 시작된 매체이다. 따라서 프로젝트의 대본을 구성하는 데 정해진 형식은 아직 없다. 일반적으로 비즈니스용 360도 동영상 프로젝트에서는 [표 10.1]과 같은 대본 양식이 가장 효과적이다.

대본	장면 묘사 및 세트 연출
장면 1 프레야의 관점이다. 프레야는 하급 관리자로 같은 회사의 고위 중역이자 상사인 토비와 1:1 연례 실적 평가 자리를 갖고 있다. **프레야** (내적 독백 VO) 제발 토비가 실적을 평가할 시간이 있었기를. **토비** (놀라며) 오, 프레야. 미안해요. 우리가 논의 일정이 있었나요?	**장소:** 토비의 사무실 앞에 놓인 책상에는 빈 커피 컵과 서류 더미가 있다. **빈 화면에 텍스트:** **X 기업에서 하급 관리자로 일하고 있는 프레야의 관점이다.** **토비가 혼자 웃으면서 핸드폰으로 문자를 보내며 들어온다.**

[표 10.1] 프로젝트 엑스(X)의 촬영 대본 예시.

대화와 핵심적인 행동의 세부 내용은 왼쪽에 있고 물리적인 동작, 설정에 대한 설명, 기타 등등은 오른쪽에 있음을 알 수 있을 것이다. 이 양식을 통해 사람들은 각 장면의 위치, 필요한 배우, 해당 장면이 누구의 관점에서 촬영되는지, 필요한 모든 중요 소품, 제작 팀을 위한 기타 주요 정보 등 제작에 필요한 핵심 구성 요소를 매우 빠르게 확인할 수 있다.

프로의 팁

배우가 어떻게 연기하길 원하는지 잊지 말고 설명해야 한다. 어떤 감정을 묘사해야 하는가? 해당 장면에서 누구를 향해 말해야 하는가? 360도 동영상에서는 모든 이가 촬영 범위에 들어가므로 대사가 없는 등장인물에도 지시를 내려야 한다는 점을 기억하기 바란다.

5. 장면의 길이

대본에 관한 경험을 바탕으로 대략 어림잡은 바에 따르면 대사 한 페이지는 약 1분의 촬영 시간과 같으므로 대본을 쓸 때 이를 염두에 두어야 한다. 360도 동영상은 영화보다는 연극에 훨씬 더 가깝기에 최소 1분은 넘되 장면이 너무 길어지는 것을 신경 써야 한다. 장면 내에서는 편집이 없으므로 배우가 모든 대본을 외우고 한 번에 연기해야 한다는 점을 기억하라. 만약 대본이 6분 길이이고 한 장면에 배우가 3명 있다면 그중 한 명이 5분 지점에서 대사 하나만 잘못 말해도 모든 촬영을 처음부터 다시 시작해야 한다.

> 제레미와 내가 작업했던 모든 프로젝트 중에서 우리가 성공적으로 한 장면을 끝내는 데 걸린 최소 촬영 횟수는 18번이다. 상대적으로 짧은데도 이 3분짜리 장면은 상당히 복잡해서 7명의 인물은 회의실에, 2명의 인물은 전화상으로 등장했고 여러 사람이 방을 드나들었다. 각 등장인물의 대사가 짧고 앞선 등장인물의 대화에 뒤이어 나와야 했기 때문에 흐름이 빨라 실패하기 쉬웠다. 18번째 시도는 운이 좋았다!

6. 배우 vs 기여자

지금까지의 사례를 보면 발표자나 기여자(예를 들면 조직의 직원 중 한 사람처럼 미디어 교육을 받지 않고 동영상에 등장하는 사람)가 아닌 배우나 등장인물의 활용이 언급되었다는 것을 알아차렸을 것이다. 360도 장면을 촬영하는 일은 기술적으로 어려운 도전이며, 엄청난 준비와 예행연습이 없다면 대다수 사람은 배우만큼 연기를 잘하지 못할 것이기 때문이다.

만약 배우보다는 발표자나 기여자를 활용할 것이라면 이들이 대본을 훤히 꿰고 있을 만큼 잘 숙지했는지 확인해야 한다. 예행연습 시간을 많이 두어 이들이 카메라 앞에서 편안함을 느끼도록 하고, 어디에 서 있고 움직일지, 카메라상의 위치를 알고 있는지 확인해야 한다. 이것이 후처리에 영향을 미칠 수 있는 아주 중요한 세부 사항이기 때문이다.

7. 장면의 동작 및 소품

제작 단계에서 소개될 기술적인 이유로 인해 당신은 각 장면에 어떤 형태의 움직임이나 동작, 어떤 장식과 소품이 있는지 고려해야 한다.

소품의 경우, 카메라가 전체 각도를 볼 수 있기 때문에 장소 안의 모든 것들이 촬영된다는 것을 기억하라. 방의 한구석만 예쁘게 보이도록 꾸미는 것은 좋지 않다. 모든 것이 카메라에 담기므로 전부 고려해야 한다. 제거해야 하는 상표나 이야기에 영향을 끼칠 수 있는 불필요한 장식, 심지어 아침 시간 첫 장면에서 오후 5시를 가리키고 있는 시계 같은 사소한 세부 사항까지도 살펴보라.

8. 정찰 답사

정찰 답사Reconnaissance 또는 업계에서 '답사recce'*라고 부르는 단계에서는 핵심 제작 팀이 촬영 장소를 사전에 물색하여 아이디어를 시험하고,

---

* reconnaissance의 비격식 줄임말.

잠재적인 문제를 확인 및 해결하며 장비의 기술 설정에 합의한다.

여기서 배우 액션에 사용될 특정한 움직임을 사전에 계획하는 '블로킹 blocking' 작업을 거치고, 카메라의 기술 설정을 시험하며, 후처리 때 나타날 수 있는 모든 문제를 미연에 방지 및 해결하고, 오디오 소리를 시험하여 방에 있는 가전제품 소리가 마이크 녹음 중 섞여 들어가지 않도록 할 수 있다. 여기에는 냉장고, 컴퓨터, 프린터, 에어컨 및 아주 미세하게 웅웅거리는 소리를 내는 모든 것들이 포함된다.

왜 제작 과정에서 답사가 그토록 중요한가? 제레미가 9장에서 묘사한 360도 사이버 보안 위기 시뮬레이션 중 한 장면에서는 한 방에 20명 이상의 배우가 모여 정신없이 바쁜 고위급 기자 회견을 재현해야만 했다. 너무나 많은 요소와 액션을 사전에 고려해야 했기에 그 장면에서 답사는 대단히 중요했다. 배우들이 카메라에 문제를 야기하지 않도록 얼마나 멀리 떨어져 있어야 할지 시험하는 것도 중요했고 제작진이 어디에 숨어야 할지도 알아내야 했다. 결국 제작진 일부는 기자 회견장 뒤쪽에서 카메라를 조작하는 취재진 역할을 맡아 사용자 시야 안에 잘 숨어들었다.

촬영 장소의 실용성 또한 중요하게 고려해야 할 점이다. 방 내부의 조명은 어떠하고 촬영에 어떤 영향을 줄 것인가? 소품은 얼마나 많이 필요하고 그 특정한 방으로 어떻게 운반해야 할 것인가? 더 사실감 넘치는 의자 배치를 위해 얼마나 많은 제작진이 필요한가? 그 방의 원래 장식은 어디에 숨길 것인가? 카메라를 미처 집어 들기도 전에 이 모든 것들과 그 외 여러 고려 사항들부터 해결해야 했다.

위에 나열한 모든 요소는 360도 촬영에 앞서 고려해야 할 매우 중요한 것들이다. 사전 제작 단계에서 빈틈없이 처리함으로써 엄청난 골칫거리와 더 많은 예산의 발생 가능성을 피할 수 있다.

요약

처음 시작하는 360도 콘텐츠 제작자가 사전 제작 단계에서 참고해야 할 요약 팁들이다.

- 단순하게 하라.

- 너무 많은 장면을 넣지 마라.

- 하나의 관점을 유지하라.

- 한 장면당 동시에 최대 2명의 배우까지만 활용하는 것을 고려하라.

- 대화를 짧게 유지하라.

- 동작과 움직임을 최소로 유지하라.

- 당신에게 익숙한 장소를 사용하라.

- 답사를 통해 시청각적으로 많은 시험을 해 보라.

- 많은 시간을 할애하여 예행연습을 하라.

- 계획, 계획, 그리고 더 많은 계획.

제작

이렇게 준비 작업을 마치면 당신의 팀은 360도 프로젝트를 촬영할 준비가 되었다. 이제 제작에 들어갈 때이다. 더 이상 돌아갈 수 없는 지점이긴 하나 사전 제작 시에 광범위한 작업을 했고 모든 이해 관계자들의 명확한 승인을 얻었다면 겁낼 것은 없다.

1. 제작진

360도 동영상 제작을 위해 필요한 최소한의 제작진 역할은 4가지이다. 이 역할들은 다음과 같다.

- **감독**: 감독은 배의 선장 격이다. 프로젝트를 위해 핵심적인 결정을 내리고 창조적인 전망을 설정하며 제작 당일에 카메라 앞의 화면에서 일어나는 일을 관리한다.

- **촬영 감독(DOP, Director of Photography)**: DOP는 카메라를 조작하여 제대로 동작하는지 확인하고 올바른 설정으로 녹화하며 촬영의 기술적 측면을 감독한다. 고급 촬영에서는 감독과 사전에 합의한 대로 특정 분위기를 조성하는 조명을 설정하고 장면이 시각적으로 조화롭게 보이도록 만드는 일까지 담당한다.

- **녹음 담당자**: 녹음 담당자는 모든 소리를 깨끗하게 포착하고 마이크에 녹음을 망칠 수 있는 방해 요소가 들어가지 않도록 할 책임을 진다.

- **제작 보조**: 이 사람은 모든 제작진을 지원하는 역할로 필요한 것이 모두 갖추어졌는지 확인하고, 제작진 간의 소통을 촉진하며, 일반적으로 배우와 기여자를 비롯한 기타 이해 관계자들을 관리한다. 이들 역할의 본질은 모든 것이 순조롭게 진행되도록 보장하는 것이다.

이들은 핵심 제작진으로 불리는 인물들로, 전문적인 고품질의 360도 동영상을 얻기 위해 현실적으로 필요한 최소한의 인원이다.

제작 규모가 더 크다면 다음과 같은 기타 제작진도 보유할 수 있다.

- **제1조감독**: 감독이 CEO(최고경영자)에 해당한다면 첫 번째 조감독^{AD, Assistant Director}은 COO(최고운영책임자)에 해당한다. 이들은 프로젝트가 시간 및 예산에 맞게 운영을 지속할 수 있도록 중요한 결정을 내리는 선임 제작진이다. 이들은 작업을 관리하고, 구매 결정을 내리며, 물류를 조정하고, 원하는 창의적 결과물을 얻기 위해 같이 일하는 촬영 감독 및 감독을 제외한 모든 제작진이 직접 보고하는 대상이다.

- **제2조감독**: 더 규모가 큰 촬영에서 두 번째 조감독은 첫 번째 조감독의 업무 중 일부를 맡는다. 일 단위 콜 시트(시작 시간, 현장 주소 등 제작진과 배우를 위한 운영 정보가 담긴 것)뿐 아니라 배우들과의 연락을 담당하는 사람이다.

- **제3조감독**: 더욱더 큰 규모의 촬영에서 많은 수의 배우 및 엑스트라들과 작업할 때 세 번째 조감독은 배우들과의 연락에 더하여 제작 보조 팀을 감독하는 책임을

맡을 것이다.

- **대본 감독자**: 이 사람은 촬영장에서 감독의 옆에 앉아 배우들이 자신의 모든 대사를 제대로 해내는지 확인하는 역할을 한다. 이는 장면이 상당히 길고 복잡한 360도 프로젝트에서 특히 중요하다.

- **카메라 보조**: 이 사람은 사진 감독을 보조한다.

- **DIT(디지털 이미징 기술자)**: 이 사람은 촬영 중에 생성된 대량의 자료를 구성 및 백업하고 과정 중에 자료가 손상되거나 없어지지 않았는지 확인하는 책임을 진다.

- **VFX(시각 효과) 감독자**: VFX 감독자는 동영상이 후처리에 적합한지 확인하기 위해 촬영장에서 내리는 제작 관련 결정을 승인한다.

- **제작 디자이너**: 이 사람은 360도 프로젝트의 내용에 따라 필요한 특정 연출을 담당한다. 예를 들어 만약 해당 동영상이 다른 문화권과의 사업 협상을 중심으로 다루고 외국을 무대로 한다면 이 사람은 장소, 소품, 그림체, 기타 등등을 포함하여 촬영장의 모든 것이 지리적 특성과 이야기 흐름에 맞는지 확인한다.

- **음향 보조**: 이 사람은 녹음 담당자를 보조한다.

- **조명 감독(개퍼, Gaffer)**: '최고 조명 기술자'라고도 부르는 조명 감독은 복잡하거나

커다란 조명 장비가 필요한 촬영장의 수석 전기 기술자이다.

- **방송 장비 관리자(그립, Grip)**: 이 사람은 커다란 카메라 장치를 이동시키는 궤도, 수레나 크레인과 같은 장비를 설정하고 작동시킨다. 또한 조명을 매달 수 있는 삼각대, 스탠드, 천장 장치 등 전기 방식이 아닌 조명 설정을 구성할 수 있다.

- **메이크업 아티스트**: 이 사람은 영상에 적합한 메이크업으로 출연자(배우, 발표자, 기여자)를 꾸며 준다.

- **헤어 스타일리스트**: 이 사람은 출연자의 헤어 스타일을 손질해 준다.

2. 감독 시 FOMO를 주의하라

360도 동영상을 감독하는 것은 다른 형태의 동영상을 감독하는 것과는 매우 다르다. 기억해야 할 한 가지 핵심 사항은 VR 헤드셋용 콘텐츠 제작 시 근본적으로 카메라가 사용자의 머리가 된다는 점이다. 그러므로 장면에 어떤 것을 넣고 싶을 때는 언제라도 카메라의 위치에 앉아 있는 누군가의 시점에서 볼 때 어떤 모습으로 보일지를 꼭 고려하라.

한 장면에서 여러 가지 일들이 일어나는 연출이 있을 때, 그것들이 모두 동시에 일어나지는 않게 하도록 노력하라. 이는 FOMO(fear of missing out, 놓치는 것에 대한 두려움) 효과를 만들어 낼 것이며 특별히 의도한 바가 아닌 이상은 피하고 싶은 현상일 것이다. 사용자는 주위에서 진행되는 모든 일을 받아들이기 위해 머리를 너무 빨리 돌리며 채찍질하듯 재촉당하는 느낌을 받을 수 있다.

수천 명의 청중에게 360도 콘텐츠를 시연해 왔기에 나는 사람들이 중요한 장면을 놓친 듯한 느낌을 좋아하지 않는다고 자신 있게 말할 수 있다. 이를 고려하며 사용자의 주목을 끌 수 있는 관심 지점POI, points of interest들을 주의 깊게 선택해야 한다. 내가 할 수 있는 최고의 조언은 카메라 옆에 서서 어떻게 사람들이 자연스럽게 그 특정한 위치와 환경에 반응할지 생각해 보라는 것이다. 가능한 한 자연스럽고 직관적으로 느끼게 만들어라. 기존의 동영상 제작에서는 근접 촬영을 할 때 카메라를 줌 인하거나 배우에게 더 가까이 가져갔다면 360도 동영상에서는 안무를 통해 이런 종류의 구성을 얻을 수 있다. 즉, 배우가 카메라로 더 가까이 혹은 더 멀리 움직이게 함으로써 사용자가 친밀함과 강렬함에 따른 다양한 감정을 느끼도록 만드는 것이다.

또한 장면에서 어떤 에너지가 느껴져야 하는지 생각해 보고 대화 속도에 이를 반영하라. 만약 어떤 장면이 긴장에 차거나 어색한 느낌이어야 한다면 생각에 잠긴 침묵이나 불편하게 훑어보는 시선을 다수 넣어 묘사하는 것을 고려하라. 만약 활기차고 신나는 느낌이 들기를 원한다면 대화의 속도를 높이고 장면 안에 더 많은 움직임이 있도록 만들어라.

또 다른 중요한 고려 사항은 장면 간에 사용자의 시선이 어떻게 전환될 것인가이다. 이것이 중요한 이유는 한 장면에서 다음 장면으로 넘어갈 때 관심 지점과 사용자가 보고 있는 방향이 일치하도록 만들어야 하기 때문이다.

이 360도 감독 이론은 구글의 수석 VR 동영상 제작자인 제시카 브릴하트Jessica Brillhart에게서 나온 것이다. 그녀는 360도 동영상에서 장면을 편집하는 과정을 세계와 세계 사이를 뛰어넘는 것에 빗댔다. 따라서 새로운 세계로 뛰어들 때, 사용자가 방향 감각을 잃지 않고 다음 행동이 일어날 방향을 바라보고 있음을 확인해야 한다.

예를 들어 사무실에서 일어난 첫 번째 장면이 오른쪽 문을 통해서 방을 나가는 사람의 모습으로 끝난다면 다음 장면에는 오른쪽의 커피 자판기 옆에 사람이 서 있는 식이다. 사용자들이 그 방향을 보고 있을 가능성이 크기 때문이다.

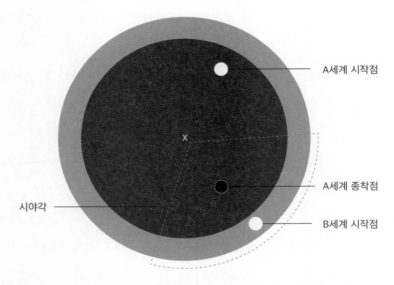

[그림 10.1] 360도 동영상 편집에 대한 제시카 브릴하트의 이론을 설명한 그림. 한 장면이 끝날 때 사용자의 시야와 다음 장면이 시작되는 곳이 일치하는 모습.

어떤 경우라도 되도록 한 번에 끊김 없이 온전한 하나의 장면을 촬영하기를 추천한다. 망친 대사를 후처리에서 고칠 수 있을 거라는 생각은 않는 게 좋다. 예를 들어 한 장면의 중간 지점에서 발생한 어색한 침묵 부분을 잘라 낸다고 가정해 보자. 헤드셋을 통해 이 장면을 보고 있는 사용자는 마치 장면이 앞으로 건너뛴 것처럼 화면이 혼란스럽게 점프한 모습을 보게 될 것이다. 이는 사용자에게 매우 거슬리는 경험이 될 수 있으므로 의도적인 연출이 아닌 한 무슨 일이 있어도 피하길 바란다. 심지어 의도된 것일지라도 그 선택을 다시 한 번 세심하게 숙고하기를 권한다.

3. 제작진을 어디에 숨길 것인가?

이것은 정말로 중요한 고려 사항이고 촬영 장소에 따라 전적으로 달라진다. 가능하다면 제작진을 방에서 내보내거나 숨게 할 수 있다. 아니면 아예 해당 장면에서 잘 보이는 곳에 숨어 어떤 대사나 행동 없이 배경에서 연기하는 엑스트라가 될 수도 있다. 이런 경우는 자연스럽게 있으면서 촬영 중에 카메라를 의식하지만 않는다면 가능하다.

카메라 근처에서 장면이 펼쳐지는 것을 볼 수 있어야 하는 핵심 제작진은 감독과 촬영 감독이다. 와이파이를 지원하는 카메라가 있다면 촬영 감독은 별도의 장소에서 아이패드나 다른 기기를 통해 촬영 장면을 볼 수 있을 것이다. 이 방법을 취할 경우, 촬영 감독은 해당 '테이크'를 망칠 수 있는 기술적 측면을 살펴보고 있을 것이기에 통신 연결이 원활하고 촬영된 장면을 명확하게 볼 수 있는지를 확인해야 한다.

테이크는 녹화를 누르는 순간 시작하고(보통 유명한 명령어인 '액션'을 수반함) 녹화를 멈출 때 끝난다('컷').

규모가 크거나 고급 후처리에 쓸 예산이 있는 제작일 경우 VFX(시각 효과)로 지울 수 있는 위치의 특정한 구역에 제작진들을 서 있게 할 수 있다([그림 10.2] 참조).

이런 사치를 누릴 만한 예산이 없다면 감독을 삼각대 아래나 가능한 한 카메라에 가까이 앉히도록 권한다. 어쨌든 최소한 카메라가 놓인 삼각대까지는 후처리를 통해 디지털 방식으로 지워야 하기 때문이다.

4. 카메라

360도 카메라 기술은 급격하게 변화하고 있다. 360도 동영상을 캡처하고 처리하는 방식도 6개월마다 획기적인 발전이 이루어지는 것으로 보인다. 사용할 카메라를 알아보고 촬영이 이루어질 시점을 기준으로 제작에 적합한 것인지 확인하라.

스테레오 vs 모노

첫 번째 결정 사항은 스테레오 광학계로 촬영할지 모노 광학계로 촬영할지 여부이다. 이 점에 대해서는 지나치게 상세히 설명하지 않을 것이다. 왜냐하면 (스포일러 경고) 영상 전문가가 아닌 초보자라면 무조건 대답은 모노 광학계, 언제나 모노 광학계이기 때문이다.

"하지만 알렉스, 도대체 스테레오 광학계와 모노 광학계가 무엇인가요?"라고 묻는다면 아주 간단히 말해 스테레오 광학계는 왼쪽 눈과 오른쪽 눈을 모사하기 위해 두 가지 다른 시점에서 영상을 촬영하는 것을 의미한다. 이는 깊이감 있는 착시를 제공한다. 착시가 일어나도록 뇌를 속여 무언가를 3D로 보이게 만드는 것이다.

[그림 10.2] 후처리 전 필자가 360도 환경의 한 영역에서 제작진 몇몇과 함께 장면을 감독 중인 모습(위). 후처리 후 플레이팅(plating)이라 부르는 기법을 사용하여 제작진과 필자가 모두 마법처럼 지워진 모습(아래). 플레이팅에 관해서는 후처리 부분에서 더 살펴보겠다.

모노 광학계는 왼쪽과 오른쪽 두 눈 모두에 정확히 똑같은 이미지를 전달하는 것과 같다. 모노 광학계로 촬영한 360도 동영상을 보면서 어떤 사람들은 그것이 3D라고 생각하는데 이것은 단지 두뇌가 모든 것을 망라하는 새로운 현실에 너무나 압도되어 그것을 자연스럽게 깊이로 해석하기 때문이다.

스테레오 광학계로 촬영하는 데는 다양한 기술적 어려움이 따른다. 따라서 고급 기술 교육을 받았거나 전문 제작진을 고용하지 않는 한 이를 피하라고 권고한다.

해상도

다음으로 주목해야 할 것은 카메라의 해상도이다. 보통 스마트폰과 TV의 표준인 4K에 익숙하겠지만, 360도 동영상에서 4K는 촬영에 필요한 극히 최소한의 기준이다. 기존의 4K 이미지는 수천 개의 픽셀이 16:9 직사각형으로 압축되어 맑고 깨끗하게 구현되지만 360도 동영상에서는 그와 동일한 픽셀이 완전한 구형의 프레임에 맞게 늘어나기 때문이다. 따라서 사용자 앞에 바로 보이는 이미지는 그 픽셀들의 1/4밖에 되지 않아 마치 VHS* 비디오테이프 화질처럼 왜곡되고 거칠게 보인다.

이제 많은 소비자용 360도 카메라들이 최소 5.2K에서 최대 8K의 해상도로 촬영된다. 사람들이 익숙하게 보던 깨끗한 이미지까지는 아니지만 360도 이미지에서는 이전과 비교해 확실히 더 높은 선명도를 제공한다. 전문적인 촬영에서는 최소 8K의 해상도를 사용해야 하며 12에서 16K까

---

* 2000년대 이전에 쓰인 구시대의 비디오 영상 규격.

지도 올라갈 수 있는데, 이 정도가 되면 헤드셋에서 보는 모든 방향이 4K에 가까워진다.

이 내용은 아주 빠르게 기술적인 얘기로 빠질 수 있다. 모든 픽셀이 똑같이 생성되지는 않으며 여타 카메라 사양의 차이로 인해 같은 8K도 카메라마다 다른 결과를 낼 수 있기 때문이다. 그러나 실제로 촬영할 수 있는 해상도에 영향을 끼치는 또 다른 요소가 있기 때문에 지금으로서는 해당 정보를 다루지 않을 것이다.

카메라 렌즈 수

360도 카메라 렌즈의 최소 개수는 2개이다. 하나는 앞쪽을 캡처하고 다른 하나는 뒤쪽을 캡처한다. 렌즈가 더 많을수록 더 높은 해상도를 캡처할 수 있을 것이다. 하지만 반대급부로 렌즈가 많을수록 접합선의 수도 늘어난다는 것을 의미한다.

360도 이미지는 후처리 과정을 거치며 만들어지는데, 마치 누비이불을 조각조각 꿰매는 바느질 작업처럼 여러 카메라 렌즈에서 온 이미지들을 짜깁기하여 합치는 작업이다. 그러면서 카메라 렌즈가 없는 지점을 따라 접합선이 생긴다. 바로 이 접합선에 대해 잘 알고 있어야 한다. 만약 배우가 접합선 중 하나에서 카메라 쪽으로 너무 가깝게 있으면 접합선에 의해 잘려 보일 위험이 있고 머지않아 외눈박이 괴물처럼 보이게 될 것이다.

또 누군가 한 렌즈와 다른 렌즈 사이를 이동할 때 '고스팅*' 현상이 나

---

* 기기 결함으로 TV나 컴퓨터 화면 등에 희미한 이중의 상이 나타나는 것. (네이버 사전)

타날 수도 있다. 이것은 시차* 때문이다. 시차를 설명하는 가장 쉬운 방법은 여러분의 집게손가락을 들고 - 그렇다, 지금 해 보라 - 자신에게서 가능한 한 멀어지도록 팔을 쭉 뻗는 것이다. 왼쪽 눈을 감고 오른쪽 눈으로 자신의 손가락을 응시하라. 이제 왼쪽 눈을 뜨고 오른쪽 눈을 감아 보라. 손가락이 어렴풋이 같은 위치에 있는 듯 보일 것이다. 이제 손가락을 얼굴에서 1인치 정도 앞으로 가까이 가져와 같은 행동을 해 보라. 이번에는 손가락이 완전히 옮겨간 것처럼 보일 것이다, 그렇지 않은가? 왼쪽과 오른쪽 눈이 각기 다른 관점에서 사물을 보고 있기 때문이다.

이것이 바로 360도 장면에서 동작을 계획할 때 매우 조심해야만 하는 이유이다. 초심자의 경우, 이상적으로 배우가 어떤 접합선도 가로질러 가지 않기를 바랄 것이다. 하지만 만약 절대적으로 불가피하다면 반드시 배우들이 충분히 떨어진 거리에서 움직이도록 하라. 이것이 시차를 줄여 고스팅과 기타 시각적 이상 현상을 감소시키기 때문이다.

상당히 협소한 장소에서는 이런 잠재적 문제들을 줄이기 위해 렌즈 수가 더 적은 카메라의 사용을 고려하게 될 것이다. 하지만 렌즈 수를 줄이면 품질도 떨어진다는 것을 기억하라. 그래서 제작용으로 적합한 카메라를 선택할 때는 항상 균형 잡힌 조처를 해야 한다.

5. 조명
대부분의 360도 카메라는 조도가 낮은 환경에서는 잘 동작하지 않는

---

* 視差. 관측 위치에 따른 물체의 위치나 방향의 차이를 의미하는 전문 용어. (네이버 사전)

다. 촬영할 장소에 조명이 잘 드는지 확인하라. 가장 좋은 것은 야외 또는 자연광이지만 만약 실내에 있다면 실외조명과 실내조명이 너무 많이 섞여 색상 균형이 엉망이 되지 않도록 주의하라. 실내조명은 주황빛이 더 많고 실외조명은 푸른빛이 더 많기 때문에 둘 다 있으면 색상을 모호하게 만들 것이다.

창문이 달린 방에서 촬영하고 있다면 대부분의 동작이 창문이 없는 쪽에서 일어나게 하라. 그 이유는 '다이내믹 레인지dynamic range'*라고 부르는 것 때문이다. 카메라는 두 가지의 다른 조명 조건에 직면했을 때 그중 하나에만 '노출'을 해야 한다. 실내에서 촬영하지만 창문 밖에서 일어나는 일에 주의를 집중시키고 싶다면 창문의 노출을 조절한다. 그렇게 하면 실내는 훨씬 어두워지고 실외는 선명하고 자연스럽게 보인다. 반대로 실내의 행동에 초점을 맞추고 싶다면(이것이 일반적인 경우인데) 실내를 노출시켜 방을 더 밝게 만든다. 하지만 대신 창문이 날아가 버려 안 보이게 될 것이다. 창문 쪽이 너무 많이 밝아져서 세부 사항을 볼 수 없을 것이라는 의미이다.

6. 플레이팅Plating**

VFX 아티스트에게 프로젝트의 후처리를 맡길 만한 예산이 있다면, '플레이팅'이라 부르는 작업을 할 수 있다. 이것은 조명 조건이 나쁜 경우

---

* 필름이나 디지털 센서의 노출 허용도 또는 피사체의 밝기 분포. 필름에서 사용이 가능한 최대 노출 범위를 말한다. (네이버 사전)
** 요즘의 디지털 사진학에서 HDR 혹은 브래킷 촬영이라는 기법과 유사하다.

에 특히 도움이 된다. 플레이팅은 한 장면을 다른 상태에서 여러 번 촬영하고 결과를 합성하는 것이다. 예를 들어 한 번의 노출로 주요 동작을 촬영한 다음, 그 테이크에 뒤이어 노출을 더 어둡게 한 상태에서 다시 환경을 녹화한다. 그러면 VFX 아티스트가 후처리 과정에서 여러 동영상의 일부를 '합성(또는 덧대어 중첩)'하여 균형 잡힌 조명으로 완벽한 이미지를 만들 수 있다.

플레이팅의 또 다른 큰 이점은 제작진을 가리는 것이다. 앞서 언급하였듯이, 특정 지점에 카메라 뒤에 앉아 있는 제작진이 있다면 후처리에서 이를 제거할 수 있다. 조명을 조절하는 경우와 마찬가지로 제작진을 빼고 똑같은 위치를 녹화(또는 플레이팅)한다. 그러면 동작이 이루어지고 있는 장면과 아무도 없는 장면, 이렇게 두 가지를 얻게 되고 VFX 아티스트가 이를 한데 합성하여 그 장면에서 마술처럼 제작진을 지울 수 있다.

전체 환경을 제어할 수 없는 공원이나 공공장소 등의 장소에서 소품이나 원치 않는 동작 등을 제거하는 데도 동일한 원칙을 적용할 수 있다. 가장 기본적인 플레이팅의 예는 아래쪽에 나타나는 카메라의 삼각대를 제거하는 것이다. 해당 장면이 사무실이라면, 예컨대 삼각대를 의자로 바꿔치기할 수도 있다.

7. 사운드(소리)

사운드는 360도 동영상 제작에서 가장 중요한 측면의 하나이다. 관객들은 사운드만 훌륭하다면 동영상 품질이 좋지 않아도 눈감아 준다는 것은 영상 제작 분야에서 잘 알려진 사실이다. 하지만 그 반대는 성립하지 않는다.

좋은 소리를 녹음하는 것은 360도 동영상으로 신뢰감 있고 몰입감 있는 경험을 하는 데 매우 중요하다. 대화가 많은 동영상이라면 특히 그렇다. 마이크가 눈에 띄지 않으면서도 말하는 사람과 가능한 한 가까이 있는지 확인하라. 이를 위해 옷깃 무선 마이크가 자주 사용되는데, 녹음을 고품질로 유지하면서 배우의 몸에 마이크를 숨길 수 있기 때문이다. 그 녹음은 무선 전파를 통해 수신기로 전송되고 이를 녹음 담당자가 확인한다.

전문적인 촬영에서는 실제 세계의 경험과 동일한 공간 음향 경험이 가능한 형태로 녹음할 수도 있다. 기본적으로 카메라가 하듯이 전 방향으로 녹음할 뿐 아니라 소리가 나오는 방향에 대한 데이터도 녹음할 것이다. 예를 들어 한 배우가 사용자의 왼쪽에 앉아 있다면 음향은 왼쪽 면에서 온다. 만약 그 배우가 일어나서 오른쪽 면으로 움직인다면 음향이 이를 따라갈 것이다. 만약 그 배우가 사용자 앞에 있고 사용자가 정반대 방향을 향하도록 머리를 움직였다면 그들이 내는 소리는 이제 뒤쪽에서 들려올 것이다. 이런 종류의 위치 기반 음성은 360도 경험을 크게 향상하며 자신의 뇌로 하여금 지금 보고 있는 것이 진짜라고 완전히 믿게 해 준다.

감독에게 공간 음향은 오직 소리만으로 무언가를 향해 사용자의 관심을 끌 수 있는 매우 강력한 도구이다. 지금 당장 뒤쪽에서 쾅 하는 소리가 난다고 상상해 보라. 본능에 따라 거기에 무엇이 있는지 보기 위해 재빨리 돌아볼 것이다. 소리 신호를 전달하는 것은 관심을 유도하는 강력한 방법이다.

하지만 이런 종류의 음향을 사용하는 것을 고려하기에 앞서, 사용할 헤드셋과 360도 동영상을 재생할 소프트웨어가 해당 음향 형식을 다룰 수 있는지 확인하라. 이 기술은 매우 새로운 매체이기에 아직 표준화된 형식이 없어 모든 헤드셋 및 동영상 재생용 프로그램과 호환되는 음향을 만들기가 어렵다.

요약

360도 동영상이 처음이라면, 제작 과정에서 아래의 지침을 사용하라.

- 최소 3명, 사운드를 녹음한다면 최소 4명의 제작진이 제작의 핵심 영역을 돌보게 하라. 구체적으로 초점을 잡으면 중요한 측면을 놓쳐 녹화된 테이크들을 잠재적으로 망치게 될 가능성이 줄어든다.

- 카메라의 고정 상태를 유지하라. 카메라는 이제 사람의 머리라는 것을 염두에 두고 그에 따라 조심히 취급하라.

- 너무 많은 행동이 이루어지게 하지 말고 하나의 관심 지점에 집중시키도록 노력하라.

- 자연스럽게 느껴지는 장소에 배우들을 위치시키고 배우들이 많이 움직이지 않도록 하라.

- 제작진을 가능한 한 감추어라.

- 렌즈 수가 더 적은 카메라를 선택하여 접합선을 최소화하되 최소 5.2K의 해상도는 갖추어야 한다.

- 카메라 렌즈들 사이의 접합선 근처에 배우들을 위치시키지 마라. 그들이 움직일 때는 카메라에서 최소 1~2미터 떨어지도록 거리를 확보하라.

- 숙련된 전문가와 작업하는 것이 아닌 한 모노 광학계로 촬영하라.

- 조명이 잘 드는 장소에서 촬영하고 조명을 최대한 균일하게 유지하려 노력하라.

- 창문이 있는 장소에서 촬영한다면 동작이 창문에서 떨어진 곳에서 일어나도록 하라.

- 보다 고급 촬영을 진행한다면 플레이팅과 공간 음향 녹음을 고려하라.

후처리

축하한다! 이제 촬영은 끝났고 지금껏 설명한 조언에 맞춰 잘 따라오고 준비한 덕에 일이 아주 잘 진행되었다. 이제 후처리 단계에서 모든 촬영본을 한데 모으고 360도 동영상을 마지막으로 손봐 프로젝트에 생명을 불어넣을 때이다.

1. 자료 관리

가장 중요한 것부터 시작하라. 바로 체계화이다. 빠르고 쉽게 찾아 식별할 수 있도록 모든 파일을 구조화된 폴더에 분리 저장하라. 촬영 장면의 수, 함께 작업하는 배우들의 수, 카메라의 렌즈 수 모두 살펴봐야 하는 파일의 수에 영향을 미칠 것이므로 후처리 작업에 참여하는 모든 사람이 이해할 수 있는 방식으로 파일들에 이름을 붙이고 체계화하는 것이 정말로 중요하다.

360도 동영상의 파일 크기는 담고 있는 자료의 양 때문에 보통의 동영상 파일보다 매우 큰 경향이 있다. 그러므로 모든 파일을 제대로 별도 저장하고 백업할 시간을 충분히 갖도록 해야 한다.

전문적인 제작 현장에서는 파일을 적어도 세 군데에 백업하지 않았다면 백업을 전혀 하지 않은 것과 같다고 말하곤 한다. 사실 이런 끔찍한 이야기를 세세하게 해서 겁을 줄 의사는 없지만, 내가 사람들에게서 들은 바로는 누군가 파일을 확실하게 백업하지 않는 바람에 엄청나게 크고 예산이 많이 든 제작물이 완전히 날아간 일이 있었다고 한다. 스스로를 위해 외장 하드 드라이브를 몇 개 마련하라. 분명 나중에 이 조언을 고마워하게 될 것이다.

2. 짜깁기(스티칭Stitching)

앞서 이야기한 것처럼 360도 카메라가 장면을 캡처하는 방식 때문에 촬영된 동영상들은 마치 누비이불의 조각조각을 꿰매는 바느질 작업처럼 모아 짜깁기해야 한다.

대부분 카메라에는 하드웨어 안에 꽤 괜찮은 짜깁기용 자동 소프트웨어가 있다. 이러한 프로그램 중 하나에서 파일을 열면 마치 마법을 부리는 것처럼 자동으로 간단하게 작업을 처리할 것이다.

장면에 많은 움직임이 있어서 고급 합성이 필요한 경우에는 픽셀 단위 정확도로 접합선을 수동으로 조정하게 해 주는 전문 소프트웨어를 사용해야 할 수 있다.

프로의 팁

많은 360도 영상 업계의 전문가들은 수동 짜깁기 합성을 위해 미스티카Mistika VR이나 피티지유아이PTGui 같은 전문 소프트웨어를 사용한다.

짜깁기 합성 과정을 끝내고 나면 하나의 완전한 파노라마 360도 동영상이 나올 것이다. 이제 추가적인 후처리 편집을 위한 준비가 되었다.

3. 채색 작업, 영상 합성 및 로토스코핑^{Rotoscoping}*

하나의 접합된 360도 동영상 파일이 있으면 VFX 아티스트가 환경 배경에 채색 작업을 일부 수행하여 시계가 걸려 있던 자리에 박혀 있는 못이나 원치 않는 소품과 같이 장면에서 지워야 할 부분을 제거할 수 있다. 정말 최소한의 작업으로 카메라 삼각대를 없애고 이를 그래픽(종종 회사의 로고) 또는 의자와 같은 또 다른 물체로 바꿔치기하거나 단순히 바닥처럼 칠해 버리는 것이 바로 이 단계이다.

영상 합성은 VFX 아티스트가 다양한 플레이팅을 결합하여 하나의 세련된 영상으로 만드는 과정이다. 만약 장면이 정말 복잡해서 채색하거나 합성해야 할 장면의 영역으로 사람들이 움직인다면 약간의 로토스코핑 작업을 위해 VFX 아티스트가 필요할 것이다. 여기에서 각 프레임을 개별적으로 편집하고, 움직이는 개체 주위를 잘라 내서 장면 전체에 걸쳐 편집된 효과가 일관성 있게 유지되도록 만든다.

4. 편집

각 완성 장면의 최종 360도 동영상들을 다듬고 나면 기존 동영상이나 '플랫티(209p 참조)'에서 하듯이 모아서 편집할 수 있다. 장면을 연속적으로 배치하거나 원하는 길이로 자를 수 있고 그래픽이나 타이틀 카드 또는 크레디트 등 어떤 것이라도 추가할 수 있다.

---

* 실제 촬영한 영상과 애니메이션 이미지를 합성하여 영상을 만드는 기법. 애니메이션 영화나 뮤직비디오에서 많이 활용한다. (네이버 사전)

5. 사운드 믹싱

동영상 제작 용어로 '픽처 로크picture lock' 상태, 즉 모든 시각적 작업에 만족하여 최종 승인을 한 상태가 되면 사운드를 믹싱* 할 수 있다. 이는 기본적으로 음향 편집을 멋지게 부르는 말이다.

우선 배우의 마이크에서 나오는 소리를 카메라 내장 마이크와 동기화해야 할 것이다. 그런 다음, 카메라 소리를 음소거하고 여러 마이크의 레벨(또는 볼륨)을 조절하여 모두 일치시키고 그중 어느 것도 과하게 커지지 않게 해야 한다. 전문적인 사운드 믹스라면 이 지점에서 바람, 잡음, 옷 마찰 소리와 같은 불필요한 소음을 제거하는 등의 일을 한다. 또한 음악이나 사운드트랙 또는 효과음을 추가하여 프로젝트의 영화적 느낌을 높일 수도 있다. 공간 음향을 녹음했다면, 현장에서 캡처한 데이터를 사용하여 개별 사운드를 시간과 공간에 맞게 배치하는 과정을 거쳐야 한다.

이러한 후처리 과정을 전부 마친 360도 동영상 파일은 VR 헤드셋에 불러와서 돌려 볼 수 있다. 짜잔! 내 친구, 독자여, 당신은 이제 360도 동영상 제작자가 되었다.

---

* '섞는다'는 의미의 사운드 작업용 전문 용어.

요약

- 파일들이 구조화되어 있고 최소한 두 곳 이상의 장소에 백업되어 있는지 확인하라.

- 기본적인 360도 동영상 파일을 얻으려면 카메라의 자동 짜깁기 합성(스티칭) 소프트웨어를 사용하라.

- 장면을 모아서 편집하되 한 장면이 진행되는 동안에는 어떤 것도 잘라 내지 않도록 한다.

- 카메라에 담긴 음성을 배우의 마이크로 녹음한 소리로 교체하고 사용자가 듣기에 음량 볼륨이 고르고 깨끗한지 확인하라.

360도 동영상과 관련된 기타 주제

VR 180

2017년에는 카메라로 180도까지만 캡처하는 180도 콘텐츠의 인기가 급증하였다. 유튜브와 페이스북은 이 형식에 대한 지원을 공개했고 제조사들은 3D 180도 장면을 촬영할 수 있는 카메라를 제조하기 시작했다.

180도 콘텐츠는 기존의 동영상과 360도 콘텐츠 간의 사생아 같은 존재이다. 180도 동영상의 제작 절차는 기존의 동영상 제작과 훨씬 비슷하다. 또한 장면의 앞 절반만 캡처하기 때문에 앞서 설명했던 것처럼 제작진을 숨기고, 조명을 고려하고, 많은 채색 작업과 영상 합성을 거치는 등

360도 콘텐츠에서 고려해야 했던 많은 골칫거리를 피할 수 있다.

180도 콘텐츠는 근본적으로 스테레오 광학계인데, 왼쪽 눈과 오른쪽 눈으로 앞에서 벌어지는 일을 보는 것을 본떠 나란히 선 2대의 카메라로 앞쪽의 움직임을 포착하는 개념이기 때문이다. 이것이 의미하는 바는 스테레오 광학계가 갖는 작업 과정의 특성에 따라 고려해야 할 점들이 있다는 뜻이며, 이런 부분들은 내가 앞서 제안했다시피 매우 기술적이기 때문에 전문가에게 맡기는 편이 좋다.

그렇긴 해도 소비자용 180도 카메라를 사용하면 모든 작업을 대신해 줄 '캡처 및 촬영' 설정을 아주 쉽게 만들어 낼 수 있다. 헤드셋으로 시청할 수 있고 3D로 되어 있을 뿐, 사실상 기존 형태의 동영상을 녹화하는 것과 다르지 않다. 180도 콘텐츠의 최고 장점 중 하나는 픽셀 밀도의 증가로, 헤드셋에서 보았을 때 360도보다 이미지가 더 선명하고 고품질이라는 것이다. 같은 해상도로 촬영해도 360도의 경우 완전한 구형 프레임이기 때문에 절반인 180도보다 더 많이 늘어나기 때문이다. 180도 콘텐츠의 주된 단점은 환경의 절반만 캡처되므로 사용자가 돌아서면 검은색 화면만 보게 되어 몰입감이 떨어진다는 것이다.

지난 몇 년간 이 형식에 대한 지원은 줄어들었고 이것을 요청하는 고객과 전문가도 점점 더 줄어들고 있다.

인터랙티브 360

VR 헤드셋에서 360도 동영상을 사용하는 것을 사람들이 반대하는 가장 큰 이유는 이것이 다른 형태의 VR 콘텐츠만큼 인터랙티브하지 않다는 것이다. 하지만 360도 프로젝트에도 인터랙티브한 요소를 통합할 수 있다.

제레미와 내가 함께 제작했던 사이버 보안 위기 시뮬레이션은 '분기형 서사'라는 특별한 형태의 인터랙티브형 360도 제작물로, 사용자가 내리는 결정이 경험이 진행되는 방식에 영향을 미친다. 제작 방법은 일반적인 360도 프로그램과 완전히 똑같았다. 다만 모든 '분기점'마다 다른 장면을 만들어야만 했다는 차이가 있었다. 이로써 사용자는 결정을 내릴 때마다 선택지에 따라 각기 다른 360도 장면을 보게 되었다.

한편, 인터랙티브한 360도 체험을 그렇지 않은 것처럼 보이게 만들 수도 있다. 장면 안에 보이지 않는 핫스팟을 배치하여 사용자가 360도 동영상 외에는 아무것도 볼 수 없도록 구현하지만 그 장면의 배후에서는 사용자가 현재 보고 있는 것에 따라서 콘텐츠가 변화하는 방식이다. 이는 사용자의 자연스러운 참여가 특정 결과를 유발하기를 의도하는 위험 인식 등의 시나리오에서 아주 잘 작동한다.

예를 들어 사무실 시나리오에서 만약 사람들이 자기들 뒤쪽 쓰레기통에서 나오는 연기를 충분히 빨리 찾아내지 못하면, 다음 장면은 불이 붙은 쓰레기통과 공황 상태에 빠진 모습이 될 수 있다. 만약 연기를 충분히 일찍 발견한다면, 다음 장면은 그 등장인물이 화재 경보를 울리거나 올바른 사무실용 소화기를 사용하는 것일 수 있다.

당연하게도 촬영해야 하는 장면이 많아질수록 비용이 커지고 프로젝트 일정도 길어진다. 특히 분기형 서사의 경우 한 결정 지점을 더할 때마다 복잡성이 추가되므로 이 점을 염두에 두고 그에 따라 계획을 잘 세워야 한다.

인터랙티브한 요소들 자체는 유니티나 언리얼과 같은 게임 엔진을 통해 밑바닥부터 프로그래밍을 시작할 수 있다. 또는 원다Wonda VR, 리퀴드 시네마Liquid Cinema 등 기타 여러 가지 기성 규격 솔루션을 통해 프로그래밍 기술이 필요하지 않은 간단한 웹 사용자 인터페이스를 사용하여 인터랙티브한 기능을 추가할 수도 있다.

360도 콘텐츠의 미래

기술이 빠르게 진보함에 따라 VR에서 영화 및 게임 기술이 계속 융합되는 것을 보게 될 것이다. 현재 360도 동영상과 CG 콘텐츠는 같은 스펙트럼의 양 끝단이다. 기술의 발전으로 비용이 저렴해지고 접근성도 좋아지면 360도 동영상 제작에 사용 가능한 기능이 많아져 프로젝트를 더욱 인터랙티브하게 만들고 사용자에게 더 많은 권한을 부여할 수 있게 될 것이다. 내가 이 글을 쓰는 동안에도, 우리는 기존의 360도 동영상에 특정 중간 단계 소프트웨어를 더해 사용자가 해당 장면을 걸어 다니는 것처럼 느끼게 해 주는 '룸스케일 360roomscale 360'의 출현을 목도하고 있다.

어떤 360도 카메라는 장면에서 심도 데이터를 캡처하고 심도 지도 또는 심도 망이라 부르는 것을 제공하여 그 환경의 3D 모델을 만들고 게임 엔진 소프트웨어 내에서 조작할 수 있게 한다. 수십 대의 카메라로 다양한 각도에서 물체나 사람을 캡처하여 게임 엔진 소프트웨어에서 조작 가능한 완전한 3D 모델을 생성하게 해 주는 볼류메트릭 동영상처럼 강력하고 발전된 기술로 360도 동영상을 캡처할 수 있게 되는 것도 단지 시간 문제일 뿐이다. 이는 근본적으로 동영상 제작과 게임 개발 기술의 융합이다.

볼류메트릭 동영상은 바깥쪽에서 안쪽으로 캡처하고 360도 동영상은 안쪽에서 바깥쪽으로 캡처하는 방식이다. 만약 360도 기술과 같이 더 간단한 단일 카메라 장비로 볼류메트릭 캡처와 같은 데이터 및 결과를 얻을 수 있다면 이는 모든 종류의 VR 제작자들에게 지극히 강력한 제작 도구가 될 것이다.

맺음말

이 가이드가 비즈니스의 발전과 변화를 꾀할 수 있는 강력하고 몰입감 높은 360도 프로젝트 제작을 시작하는 데에 자신감과 노하우를 제공했길 바란다. VR 제작으로 첫발을 내딛는 것은 자기 자신을 시험하고, 기초를 다지며, 창의적인 파트너 또는 전문가와 더 효과적으로 협업하여 고품질의 360도 콘텐츠를 제공할 수 있는 기회이다.

비즈니스용 VR의 최고 활용 사례를 개척해 나가는 것은 흥미로운 일이다. 사무실, 작업장, 사업체에 VR을 보급할 기회는 무궁무진하다. 이 책에서 전문 지식을 얻은 사람들이 눈부시게 뛰어난 사용 사례들을 더욱 많이 탄생시키는 모습을 보게 된다면 진정으로 기쁠 것이다.

11

XR에 대한
흔한 오해와
비판

XR 기술을 비즈니스에 도입하려는 여정을 이어 가다 보면 아마도 이 기술을 둘러싼 여러 오해와 마주치게 될 것이다. 이번 장에서는 흔한 오해들을 소개하고 이전 장들에서의 정보, 논의, 사례 연구에 근거하여 당신 스스로 이런 오해들을 해소할 수 있게 할 것이다.

'XR은 단지 엔터테인먼트만을 위한 것이다'

이것이 XR에 대한 가장 치명적인 인식이고 전 세계 조직들이 기회를 놓치는 이유이다. 이런 인식이 생기는 이유는 간단하다. 주로 상품을 홍보하고 판매하기 위해 큰 규모의 영업 예산을 편성하는 소비자 대면 조직의 XR 프로그램에 대해서만 듣기 때문이다. 〈포켓몬 고(AR)〉 또는 〈비트 세이버(VR)〉 같은 게임이 인기를 얻게 되면 화젯거리가 되고, TV

쇼와 영화에 등장하면서 대중적으로 논의된다.

반면, XR의 영리적 사용은 일반적으로 잘 대중화되어 있지 않다. 사업 목표를 달성하기 위해 내부적으로 사용되거나 기껏해야 틈새시장을 노린 소수의 비즈니스 간행물에서나 등장할 뿐이다. 창고 운영의 효율성을 개선하는 XR 기술은 이를 구현하는 사업체에는 흥미로울지 몰라도 '지미 팰런 쇼The Tonight Show With Jimmy Fallon'*에 언급될 가능성은 거의 없다. (VR 게임 비트 세이버를 즐기는 모습으로 지미 팰런 쇼에 등장했던 브리 라슨(Brie Larson)**을 제외하면 말이다.)

이 두 가지 힘이 함께 작용하여 소비자들이 사용하는 XR은 전면에 돋보이고 비즈니스용 XR 프로그램은 잘 드러나지 않게 되는 것이다. 이전 장들에서 XR이 모든 산업 분야를 아울러 다양한 비즈니스에 사용되고 있는 방식을 상세하게 논의했으므로 여기서 되풀이하지는 않겠다. 게임과 엔터테인먼트가 XR의 전부는 아니지만 XR이 많은 부분 게임에 의존하고 있는 것은 사실이다. 게이머들은 끊임없이 점점 더 매력 있고 몰입감 넘치는 엔터테인먼트의 형태를 갈구하고 있으며 계속해서 XR을 그런 매체의 정점으로 끌어올리고 있다. 한편 참여와 몰입은 학습 및 개발, 운영, 영업 및 마케팅, 그 이상의 많은 영역에서도 마찬가지로 필수적인 요소들이다. 게임과 비즈니스는 점점 더 깊이 얽혀가고 있는 두 세계이다. 12장에서 이들의 접점에 대해 더 심도 있게 논의할 것이다.

---

* 미국의 인기 텔레비전 쇼.
** 미국의 여성 배우이자 영화감독 겸 가수.

'VR은 사람들을 병들게 한다'

진실은 이보다 훨씬 더 미묘하다. 그리고 기술 혁신에서 오는 불편함에 관한 인류 역사를 생각해 보면 이 쟁점은 놀랍지도 신선하지도 않다.

시대별 멀미

인류가 여러 형태의 멀미를 겪는 것은 전혀 새로운 일이 아니다. 2,000년도 더 전에 그리스의 의학자 히포크라테스는 처음으로 이 증상을 설명하며 이렇게 기록했다. '바다 위를 항해하는 것은 움직임이 신체를 무질서하게 엉망으로 만든다는 것을 입증한다.' 메스꺼움nausea이라는 단어 자체가 배를 의미하는 그리스어 '나우스naus'에서 유래한 것만 보아도 항해가 인간의 생리학에 얼마나 강력한 영향력을 미치는지 알 수 있다.[1]

알고 계셨나요?

18세기의 유명한 영국 해군 제독인 넬슨 경은 자신의 30년 해군 경력 내내 뱃멀미로 고통받았다.[2]

시간을 훌쩍 뛰어넘어 1900년대 중반으로 가도 역사는 반복된다. 미국 언론인이자 퓰리처상을 수상한 어니 파일Ernie Pyle은 제2차 세계대전 기간에 미군에게 있었던 일들을 다루었다. 그는 노르망디 상륙 작전 디데이D-Day에 직접 해변 상륙을 목격하였으며 그 결과로 '인류 역사상 최대 규모의 집단 구토'가 벌어졌다고 기록하였다.[3]

심지어 오늘날에도 바다와 하늘 그리고 땅과 우주에서 전 세계 수백만 명의 사람들이 크루즈 유람선을 탈 때 뱃멀미를 하고, 다른 나라로 날아갈 때 비행기 멀미를 하고, 자동차를 타고 여행할 때 차멀미를 하며 고통받는다. 심지어 우주비행사는 우주 비행 중 멀미와 씨름하기도 한다.

어떤 이론들은 멀미가 질병이 아니라 인류 진화의 특징으로써 우리의 조상 격인 침팬지가 흔들리는 나무나 가지가 가장 안전한 장소가 아니라는 것을 알 수 있도록 진화한 것이라고 주장한다. 하지만 이는 오늘날 우리의 주요 관심사가 아니므로 자동차, 버스, 기차, 배, 비행기를 타거나 영화를 보거나 비디오 게임을 하거나 VR 기기를 사용하는 동안에 속이 안 좋아진다는 것은 현대사회에서는 불편한 쪽에 가깝다.

알고 계셨나요?

시청 중 느끼게 될 수 있는 멀미의 정도에 따라서 일반 영화를 평가하는 전용 웹사이트가 있다. 기존 2D 미디어를 보는 것조차도 사람들의 속을 불편하게 만들 가능성이 있다는 뜻이다.[4]

무엇이 사이버 멀미를 일으키는가?

몰입형 환경 내의 불편함에 관한 주요 연구들은 대부분 미항공우주국 나사NASA와 미군에 의해 수행된 것으로 1970년대까지 거슬러 올라간다. 이 연구들은 몰입형 환경에서 사용자의 불편함과 관련 증상, 이론, 요인 및 솔루션에 관해 풍부한 통찰력을 제공하기에 오늘날에도 여전히 참조

문헌으로 사용된다.

멀미(또는 디지털 기술이 유발하는 유사 증상을 구체적으로 언급할 때 부르는 용어로서 사이버 멀미)의 원인에 대해서는 여러 가지 가설이 있다. 대중에게 가장 널리 알려진 이론은 시각 기관과 전정 기관 사이에 불일치가 있다는 것이다. 쉬운 말로 하면, 보는 것과 느끼는 것 사이에 어긋남이 있다는 것이다. VR에서 이런 감각적인 충돌은 통상 물리적으로는 정지해 있으나 주변의 가상 환경은 움직이고 있는 것처럼 보일 때 자신의 정적인 상태와 직접적인 충돌이 발생하면서 나타난다.

이미 많은 사람이 악명 높은 VR 롤러코스터의 희생양이 되었으니 시도해 보고 싶은 충동이 들더라도 꾹 참기를 바란다(다시는 VR을 하지 않게 될 수도 있으니 적어도 첫 VR 경험으로는 피하라!).

누가, 얼마나 심하게 사이버 멀미를 경험할지에 영향을 주는 요인은 다양하고 복잡하다. 이는 다음과 관련될 수 있다.

- **개인적 특성**: 나이, 성별, 민족, 수면 패턴, 비슷한 기술에 대한 노출 경험, 앞선 노출에서 했던 부정적 경험, 편두통에 대한 민감성, 마지막 식사 이후 경과 시간, 심지어 개인의 성격도 영향을 준다!

- **하드웨어**: 디스플레이의 형태(헤드셋, 프로젝션 시스템, 대형 스크린 등), 그 시스템의 편의성 수준, 조정 상태(만약 헤드셋이 얼굴에 올바르게 장착되지 않았거나 동공 간 거리 IPD가 제대로 설정되지 않았다면 불편한 느낌을 악화시킬 수 있다), 하드웨어의 성능(전원 전력이 부족한 VR 기기는 머리를 움직일 때와 눈앞에 보이는 디지털 환경이 뒤따라 움직일 때

그 사이에 작지만 인지할 수 있는 지연이 발생하면서 메스꺼움을 유발할 수 있다).

- **소프트웨어**: 프로그램의 소요 시간, 콘텐츠의 방향(카메라 움직임이 거칠고 불규칙하거나 단순히 카메라 시야가 자신의 시야 범위에서 벗어나는 것만으로도 사이버 멀미를 겪을 수 있다. 사용자가 가상 세계에서 자신의 움직임을 조절할 수 있는지가 핵심이다).

- **환경**: 덥거나 습하거나 시끄러운 분위기와 같은 불편한 조건들 또한 반응을 악화시킬 수 있다.

알고 계셨나요?

심지어 사용자의 생리 주기도 사이버 멀미에 대한 민감성에 영향을 미친다.

AR 사용자는 사이버 멀미를 겪지 않는다

증강 현실은 시각 기관과 전정 기관 간의 불일치가 일어나지 않으므로 이러한 부작용을 유발하지 않는다. 사용자는 AR을 사용하면서 걸어가는 동안에도 물리적 환경을 거의 완전히 볼 수 있으므로 시각 기관과 전정 기관이 받아들이는 바가 일치한다. AR에서 움직이는 디지털 개체들은 해당 프로그램에서 과도하게 동적인 AR 광고나 팝업, 기타 요청한 바 없는 정보로 시야를 가리지 않는 한 사용자에게 운동 감각을 느끼게 할 가능성이 거의 없다.

방금 언급한 진화된 형태의 AR 광고 만큼이나 압도적이지만 그보다는 더욱 정적인 세계가 케이이치 마즈다Keiichi Matsuda의 컨셉 영화 〈하이퍼 리얼리티Hyper-Reality〉를 통해 다뤄지며 널리 알려지게 되었다. 그는 '그 흥미롭고도 위험한 행보를 탐색하기 위해' 이 영화를 만들었다고 밝혔다. 이 영화는 적어도 시청자들에게 멀미와 같은 신체적인 고통을 주지는 않지만 감정적으로는 많은 사람들이 이 시각적 미래에 끔찍한 충격을 받았다.[5]

몇 퍼센트의 사람들이 사이버 멀미를 겪을까?

이는 앞서 설명한 많은 요인에 따라 달라지기 때문에 대답하기가 까다로운 질문이다. 사이버 멀미의 강도 또한 다양하므로 어느 정도를 기준으로 삼는지에 따라 발생 확률이 달라진다.

이를 추정할 수 있는 한 가지 방법은 사람들이 멀미에 얼마나 민감한지 조사하는 것이다. 멀미에 대한 민감도는 사이버 멀미와 밀접한 관련이 있기 때문이다. 미국 국립 의학 도서관US National Library of Medicine에 따르면 멀미에 매우 예민한 사람은 약 3명 중 1명꼴이지만, 충분히 강렬한 경험으로 자극을 받으면 거의 모든 사람이 멀미에 시달리게 된다.

케임브리지Cambridge 대학의 사이버-휴먼 연구소는 정기적으로 VR 및 여타 기술을 활용한 실험을 시행한다. 이들이 시행한 한 연구에는 700명이 넘는 사람들이 참가했지만 심각한 메스꺼움을 느낀 사례는 전혀 발견되지 않았다.[6] 로열 셰익스피어 컴퍼니가 시행한 시장 조사 연구에서는 사용자들이 앉은 채로 VR을 통해 3시간짜리 극장 공연을 관람하는 것에 대한 내용도 포함되었는데 여기서도 마찬가지로 어떤 문제도 보고되지 않았다.[7] 이 밖에도 VR이 올바르고 최적화된 상태로 구현된다면 사이버 멀미는 그 악명에 비해 훨씬 사소한 문제임을 시사하는 학계와 산업계의 결론들이 다수 있다.

사이버 멀미를 해결하기 위해 무엇을 할 수 있을까?

어떤 사람들은 VR을 사용하는 동안 직접 메스꺼움을 느꼈거나 다른 사람으로부터 속이 안 좋았던 경험에 대해 들었을 수도 있다. 하지만 이것이 순수하게 VR 기술과 관련된 것은 아니라는 점을 인식하는 것이 중요하다. 이러한 이유로 VR을 거부하는 것은 승객의 일부가 사용 중에 불편함을 느낀다는 이유로 자동차나 기차를 거부하는 것과 같다.

사이버 멀미에 관해 지금까지 주어진 정보들이 압도적으로 느껴질 수도 있다. 그러나 좋은 소식이 있다면 이런 요인의 상당 부분은 통제 관리가 가능하다는 것이다. 물론 개개인과 그들의 속성에는 영향을 미칠 수 없겠지만 하드웨어를 선택하는 일은 가능하다. 당신이 설계하고 개발하는 소프트웨어도 마찬가지이다. 프로그램을 배포하는 환경 역시도 통제 범위 안에 있다. 절대다수의 사람은 잘 개발된 VR 프로그램과 잘 계획된 VR 환경에서 편안함을 느낀다. 경험과 연구, 협업을 통해 최고의 사례들을 지속해서 발견하고 구현한다면 분명 이러한 부작용을 개선할 수 있다.

요약

- 기술의 사용으로 불편함을 느끼는 것은 전혀 새로운 일이 아니며 VR에만 해당되는 일도 아니다.

- 일부 사용자, 특히 멀미에 예민한 이들은 VR 사용 시 불편함을 느낄 것이다.

- 불편함의 정도는 사용하는 하드웨어 및 소프트웨어와 관련된 여러 요인과 개인적인 특성에 따라 달라진다.

- VR에서 발생하는 사이버 멀미에 관한 주요 이론 중 하나는 보는 것과 느끼는 것 간에 충돌이 일어난다는 것이다.

- 사용자가 여전히 물리적 환경을 보고 있는 AR 기술에서는 그러한 충돌이 발생하지 않아 사이버 멀미를 유발하지 않는다.

- 사이버 멀미의 정확한 발생 정도는 측정하기 어렵지만 많은 연구에서 발견한 바로는 사용자들 사이에서 그 악명이 실제보다 과장되어 널리 퍼졌을 가능성이 있다.

'VR은 사람을 고립시키는 기술이다'

VR은 이런 논란이 일어나기 쉬운 대상이다. 많은 사람의 눈에 VR 사용자들은 헤드셋을 쓰고 주변 세상으로부터 단절된 채로 입을 떡 벌린 채 이상한 모양의 컨트롤러를 휘두르며 실제 존재하지 않는 물체를 잡으려고 손을 뻗는 것처럼 보인다. 한편, AR은 사용자가 변함없이 실제 세계에 있고 여전히 주위 사람들과 소통할 수 있기에 이런 비난에 심하게 시달리지 않는다.

이 같은 이미지는 사람들을 고립시키는 것과 정반대로 함께 모일 수 있게 만드는 VR 프로그램이 많다는 사실을 전혀 고려하지 않은 고정관념이다. 4장에서 협업에 대하여 논의할 때, VR 덕분에 전 세계 여러 지역에 있는 직원들이 동일한 디지털 환경을 공유하고 같이 일할 수 있다는 것을 언급한 바 있다.

그러면 왜 어떤 사람들은 여전히 VR이 사람들을 고립시킨다고 생각할까? 한편으로는 기술에 대한 이해가 부족하기 때문이고 또 한편으로는 VR에 관한 사회적 규범이 아직 초기 단계에 있기 때문이다. VR을 사용하는 사람과 사용하지 않는 사람이 같은 공간에서 마주치게 되면 양쪽 모두에게 어색한 상황이 펼쳐진다. VR 사용자는 다른 사람들이 자신을 지켜보고 있다는 점에 불편함을 느끼고 소심해질 수 있다. 한편 구경꾼들은 VR을 사용하고 있는 사람들을 방해하지 않도록 조용히 있어야 한다는 생각을 함과 동시에 어색한 침묵을 피하려고 계속 대화를 해야 한다는 압박감을 느낄 수 있다.

역사는 반사회적이라고 간주될 수 있었던 기술들의 사례로 가득하다. 책, 신문, 컴퓨터, 핸드폰은 전부 잠재적으로 고독한 활동을 포함하지만 모두 세상에서의 더 큰 연결에 긍정적으로 공헌해 왔다.

사회가 VR에 더 익숙해지고 VR 기술의 사용자 경험이 진보하며 그러한 상황에서 지켜야 할 불문율에 대한 이해가 발전함에 따라 이런 상황들을 보는 것이 더 익숙하고 편안해지기를 기대해야 한다.

'VR이 실생활 경험을 대체할 것이다'

VR이 실생활 경험을 대체할 것이라는 사회적 우려가 많이 있다. 사람들이 휴가를 VR로 보내게 되면서 관광업, 서비스업, 항공업을 비롯한 다양한 산업에 영향을 끼치면 어쩌나 하고 걱정하는 것이다.

우선, VR은 매우 인상적인 기술이지만 실제 세계를 완전하게 전부 모방하지는 못한다. 시각과 청각으로 소통하는 것은 가능해도 촉각, 미각 또는 후각으로 간단하고 정확하며 휴대 가능한 방식으로 소통할 수는 없다. 진동 반응을 사용해 시각과 청각 이외의 감각으로 훌륭하게 교감할 수 있는 장치들이 시중에 나와 있기는 하지만 대부분 본격적으로 사용하기에 충분할 만큼 성숙한 단계는 아니다.

둘째로, VR은 모든 경험을 전부 대체하기 위한 기술이 아니다. VR은 실제 경험들을 보완하고 어떤 측면에서는 사람들이 실제 세계에서 그러한 경험들을 더 즐기도록 조장할 수도 있다. 사업을 접게 되기 전, 토머스 쿡Thomas Cook 여행사*는 VR을 도입하여 뉴욕의 헬리콥터 관광을 28퍼센트 증가시키고 로열 카리브해 크루즈 유람선 매출을 45퍼센트 증가시켰다.[8] 이 VR 프로그램은 곧 다가올 휴가를 준비하는 여행객들에게 실제 헬리콥터나 크루즈 유람선에 있는 듯한 느낌을 맛볼 수 있게 해 주었다. 실제와 거의 비슷하지만 완벽하지는 않은 맛보기 체험을 하고 나면, 사람들은 이를 현실에서 온전히 경험하고 싶다는 열망을 갖게 된다.

---

* 세계 최초의 여행사로 알려져 있다.

한편 단순히 여행을 갈 수 없는 상황에 있는 사람들도 있다. 울루루 Uluru*는 오스트레일리아 중부의 사암으로 이루어진 거대한 바위 더미로, 측정된 둘레가 무려 9.4킬로미터에 달한다. 오스트레일리아에 있는 대부분의 주요 도시에서도 현지 율라라Yulara 공항까지는 비행기로 2~3시간이 걸린다. 가장 가까운 마을인 앨리스 스프링스Alice Springs는 북동쪽으로 355킬로미터 떨어져 있어 450킬로미터의 도로를 따라 차로 4시간 30분을 가야 한다. 이것이 고된 일처럼 들린다면 일단 오스트레일리아까지 가야 하는 수고부터 생각해 보라!

이동의 어려움에도 불구하고 이 유네스코UNESCO 세계문화유산을 보기 위해 2015년 30만 명의 방문객이 찾아왔다. 그러나 여행할 돈이 없는 사람들, 질병으로 고통받으며 병실에 누워 있는 사람들, 또는 단순히 그곳에 다녀올 만큼 충분한 시간적 여유가 없는 사람들은 어떻게 해야 하는가? VR은 그들에게 이 자연 경관의 아름다움을 경험할 수단을 제공하며 그 경이로움의 일부가 되는 충족감을 함께 느끼도록 할 수 있다. 그런 사람들에게 VR은 건강, 돈 또는 시간 제약으로 인해 접근할 수 없었을 경험에 대한 접근성을 높여 주는 기술이다.

'XR은 그저 헤드셋일 뿐이다'

XR 헤드셋은 VR, 그리고 그 빈도는 덜하지만 AR이 언급될 때마다 가

---

* 과거 한때 '에어즈락'으로 알려졌던 경관의 현 지명이다.

장 흔하게 떠오르는 이미지이다. 하지만 두 기술 모두 다양한 형태를 띠고 있어서 그중 일부는 이미 우리가 미처 알아차리지 못하는 사이 일상에 들어와 있다.

14장에서 이야기하겠지만 VR은 헤드셋이나 프로젝터 시스템, 그리고 심지어 더 큰 스크린 화면 등 충분한 몰입 경험을 제공하는 모든 시스템을 통해 사용할 수 있다. AR은 헤드셋, 프로젝터 시스템 또는 휴대용 기기 등 실제 세계 위에 디지털 정보를 제공할 수 있는 모든 시스템을 통해 사용할 수 있다.

그리고 어떤 범주에도 확실하게 속한다고 할 수 없는 독특한 방법들도 있다. 차량과 전투기에 사용되는 헤드업head-up 디스플레이는 AR의 한 형태이다. 스포츠에서도 디지털 경기 데이터를 실제 경기장이나 코트 위에 중첩하여 시청자들에게 정보를 제공하고 운동선수와 팀의 역량에 대한 분석을 제공한다. 이 경우 휴대용 화면과 TV 화면의 유일한 차이점은 TV 화면을 직접 제어하지 않는다는 것이다. 이런 종류의 AR은 매우 널리 퍼져 있고 친숙해서 더 이상 그에 대해 특별히 많이들 생각하지 않는다.

스페인 최고의 프로 축구 리그인 라리가LaLiga는 비즈아트Vizrt*와 제휴를 맺고 경기장에 디지털 관중들의 모습을 나타내었다([그림 11.1] 참조). 코로나19 대유행으로 인해 텅 빈 경기장이 좀 더 정상적으로 느껴지게끔

---

* Visualization in Real-Time 또는 Visual Artist의 약자로 디지털 미디어 산업을 위한 콘텐츠 제작, 관리 및 배포 도구를 만드는 노르웨이 회사.

만들기 위한 장치였다. EA 스포츠*는 이 증강 경험을 완성시키기 위해 자사의 비디오 게임인 피파^{FIFA}의 홍보용 녹음 음향을 제공하였다.

[그림 11.1] 코로나19 대유행 기간에 원격으로 경기를 관람하는 시청자들에게 더 친숙한 분위기를 조성하기 위해 라리가의 한 축구 경기가 펼쳐지는 경기장에 관중들을 겹친 전후 모습. 사진 제공: 라리가[9]

'360도 동영상은 VR이 아니다'

이와 관련하여 자주 듣게 되는 두 가지 주장은 360도 동영상에 인터랙션과 깊이감이 부족하다는 점이다. 인터랙션과 깊이감은 확실히 더 강력한 경험을 만드는 요소지만 몰입감이 주가 되는 VR 경험의 필수 전제 조건은 아니다.

---

* 대규모 비디오 게임 회사인 일렉트로닉 아츠(Electronic Arts)의 한 부문으로 NBA 농구, FIFA 축구, NFL 미식축구, NHL 아이스하키, PGA 골프 등 다양한 스포츠 게임 브랜드를 오랜 기간 제공해 왔다.

또한 시중에 나와 있는 대부분의 360도 콘텐츠는 수동적 방식으로, 이전 장에서 나왔듯 360도 동영상 내에서도 물론 인터랙션은 가능하지만 CG 콘텐츠에서 가능한 만큼 높은 수준은 아니다. 가장 기본적인 단계에서는 환경을 둘러볼 수 있는 능력도 인터랙션의 한 형태라고 할 수 있는데, 시야 범위가 강제되는 2D 동영상과 달리 사용자가 본인의 시야를 스스로 선택하기 때문이다.

360도 동영상은 깊이감에 대한 데이터가 부족하기 때문에 사용자가 주위를 둘러볼 수는 있으나 자신의 위치를 변경할 수는 없는 3개 자유도의 경험을 하게 된다. 3개 자유도는 많은 VR 헤드셋과 VR 경험에서 널리 사용되고 받아들여지는 속성이기에 360도 동영상이 VR보다 떨어진다는 주장의 이유로 깊이감을 드는 것은 말이 되지 않는다.

360도 동영상은 CG와 마찬가지로 단순히 VR, 혹은 심지어 몰입형이 아닌 미디어에서도 쓰일 수 있는 콘텐츠의 한 가지 형태일 뿐이다. 때로는 이 두 가지가 하나의 경험에 통합되기까지 한다. 360도 동영상으로 가능한 일에 몇 가지 제약이 있는 것은 사실이지만, 이는 여전히 VR 내에서 유효한 몰입형 콘텐츠의 한 형식이다.

'VR은 일반 동영상과 다를 바가 없다'

누군가가 이렇게 묻는다면 아마도 그 사람은 VR을 경험해 보지 못했을 가능성이 크다. 가장 좋은 대응은 이들과 관련이 있으면서도 강력한 콘텐츠를 시연함으로써 기술을 소개해 주는 것이다. 이 경험이 VR의 강력한 특성을 보여 줄 것이기 때문에 보통 근거 자료를 인용하는 것보다 훨씬 더 효과적이다. 하지만 이들이 그 단계에 도달하게 하려면 설득이 필요할 수 있으며 이 경우 다음과 같이 기존 형태의 미디어 대비 VR의 이점을 언급할 가치가 있다.

- 더 집중되고 방해받지 않는 환경
- 일인칭 시점
- 더 흥미롭고 감정적으로 영향력 있는 체험

닐슨Nielson*과 유미YuMe**는 150명의 참가자를 대상으로 시행한 연구에서 VR 헤드셋, 태블릿, 일반 평면 TV의 3가지 시스템을 통해 동영상 콘텐츠를 시청하는 동안 감정적 몰입도를 측정하였다.[10] 닐슨의 신경과학 팀은 시선 추적과 생체인식 모니터링 기술을 사용하여 각 참가자의 안구 움직임, 피부 전도도 및 심박수의 분석과 함께 참가자의 태도를 파악하기 위해 시청 후 설문 조사를 시행하였다. 그 결과, 같은 콘텐츠를 TV로 보았을 때보다 VR로 보았을 때 다음과 같은 이점이 도출되었다.

- 정서적 참여가 27퍼센트 더 높았음
- 정서적 참여가 34퍼센트 더 길었음

---

* 분석적 컨설팅을 제공하는 세계적인 통합 정보분석 기업. (위키피디아 백과)

** 미국 캘리포니아에서 2004년 설립된 텔레비전 광고용 자료 분석 플랫폼 기업으로 2018년 광고 기술 회사인 리듬원(RhythmOne)에 인수됨. (위키피디아 백과)

심지어 360도 동영상 콘텐츠를 태블릿(사용자가 그에 대해 탐색할 수 있는 기능이 포함됨)으로 보았을 때조차 VR로 보는 쪽이 여전히 정서적 참여가 17퍼센트 더 높았고 16퍼센트 더 길었다.

'XR은 확장성이 낮다'

사용자 자신의 휴대용 기기를 사용하게 할 경우, XR 솔루션을 대량으로 배포하는 것은 큰 문제가 아니다. 많은 수의 사용자들을 위해 새로운 XR 장치를 공급해야 할 필요가 있는 경우, 어려운 일이지만 확실히 불가능한 일은 아니다.

월마트는 세계에서 가장 많은 직원을 둔 기업으로 자사의 인력에 VR 교육을 도입하는 데 큰 어려움을 겪었다. 그러나 영리한 배포 모델, 전용 자원과 올바른 외부 지원을 통해 이 문제를 극복해 낼 수 있었다. 더 규모가 작은 조직에서 XR을 확장하려고 할 때는 가용 자원이 더 적을 수는 있으나 복잡성과 직원의 수가 적으므로 달성해야 할 목표 역시 더 작다.

월마트Walmart: 150만 명의 직원에게 VR 교육을 배포

월마트는 미국의 소매업체이자 세계에서 가장 많은 직원을 고용한 민간 기업이다. 1962년에 미국 아칸소주 로저스에 설립된 월마트는 전 세계적으로 11,000개 이상의 매장과 220만 명의 직원을 보유하고 있다.

월마트 직원의 거의 70퍼센트는 미국에 거주하고 있고, 이들은 50개 주 5,000개 이상의 매장에 퍼져 있다. 이런 규모에서는 효과적인 교육을 제공하는 것이 엄청나게 도전적인 문제이지만 월마트는 2017년 이래로 스트리브이알Strivr*과 협업하여 거대한 규모의 VR 교육 프로그램을 시작함으로써 미국에 있는 직원들이 새로운 매장 내 기술의 운용부터 까다로운 고객의 관리, 총기 난사 사고에 대한 대처까지 모든 사항을 더 잘 처리할 수 있도록 지원하였다.[11,12]

맨 처음에는 미국 내 모든 월마트 교육 아카데미에 헤드셋을 제공하여 관리자들이 맞춤형 VR 교육 프로그램에 접속할 수 있게 하였다. 이 프로그램이 성공을 거두자 뒤이어 17,000대 이상의 헤드셋을 개별 매장에 보급하여 직원들이 같은 교육을 받을 수 있게 하였다. 모든 월마트 슈퍼센터(6,400~24,200제곱미터 크기의 초대형 슈퍼마켓)에는 4대의 VR 기기가 제공되었고 각 인근 점포(2,600~6,000제곱미터 크기의 상대적 소형 매장)와 할인 매장에는 2대의 VR 기기가 제공되었다.

200개의 운영 중인 매장과 10개의 유통 센터가 물리적으로 월마트 교육 시설에 근접해 있다. 이런 시설들은 관계 직원의 80퍼센트가 자동차로 올 수 있는 거리에 최소 하나 위치하도록 만들어져, 직원들이 아침에 그곳으로 이동해서 하루 동안 교육을 받은 뒤 저녁에 집으로 돌아갈 수 있다. 이처럼 센터 네트워크를 형성하는 것은 개별 직원이나 위치별로 헤드셋에 투자하지 않고도 대규모 집단의 VR 교육을 더 쉽게 운영할 수 있는 매우 좋은 방법이다.

360도 동영상과 CG를 모두 사용한 총 45개 이상의 VR 교육 교과가 다음의 주제 및 그 이상의 것들을 다룰 수 있도록 제작 및 배포되었다.

- **근무지 소개**: 출근 절차, 기존 장비에 대한 소개 가이드, 동료 직원이 휴대하는 기기, 직원 등급과 식별용 배지, 사물함 등 근무지 시설

---

* 미국 캘리포니아 팰로앨토에 소재하며 스탠퍼드 대학 출신으로 출범한 소프트웨어 회사로 기업용 몰입형 VR 교육 솔루션에 특화됨.

- **신기술**: 매장에 도입될 새로운 장비를 소개하고 직원들이 해당 장비가 사용되는 절차에 익숙해지도록 하여 도입되자마자 곧바로 착수할 수 있게 준비함

  월마트는 수백 개의 온라인 주문을 담고 편리하게 고객들에게 배포할 수 있는 16피트 높이의 매장 내 구조물인 '픽업 타워'를 직원들에게 소개하기 위해 VR을 사용하였다. 5분짜리 교과 과정 4개를 통해 그 타워를 설치, 유지 및 사용하는 방법에 대한 교육이 진행되었고 그 결과 픽업 타워 교육 시간은 8시간에서 약 15분으로 단축되었다.

- **운영 작업**: 트레일러에 배송용 상품을 싣고 내리는 방법을 포함함

- **인사HR 평가**: 누군가 성공적으로 어떤 역할을 담당하기에 충분할 만큼 기술을 개발했는지 확인함. 이는 직원이 준비된 역할에만 고정적으로 배치되도록 하여 이직률 감소에 도움이 됨

- **상황별 교육**: 대규모 직원회의에서의 발표, 총기 난사 사고에 대한 대응, 휴일 성수기를 맞은 고객 밀집 시나리오(블랙 프라이데이)

  "최고 성수기 시즌에 바쁜 매장으로 몰려드는 사람들과 주위에서 벌어지는 모든 일에 대해 도대체 어떻게 누군가를 준비시킬 수 있을까요? 몰입형 교육을 통해서라면 이런 상황에 대비해 리더들을 제대로 준비시킬 수 있습니다."
  - 톰 워드(Tom Ward), 월마트 디지털 운영 부문 부사장13

- **매장 규정 준수**: 재고 부족이나 부정확한 집화 구역, 농산물 포대가 누락된 구역 등과 같은 문제를 식별하고 해결함

- **고객 서비스**: 주의가 필요할 수 있는 고객에 대해 신속하게 미리 대응하는 등 즉각적인 행동 요령을 교육함

이 VR 교육을 진행하는 동안 직원 성과에 대한 데이터가 저장되어 향후 이들의 교

육을 맞춤화하는 데 사용할 수 있다.

　최신 교육 프로그램과 조합하여 이런 규모에서 VR을 구현한 결과로 월마트는 다음의 것들을 발견하였다.

- 교육 시간이 줄어듦

- 관계자의 참여도가 더 높아짐

- 관계자들이 직원 만족도가 30퍼센트 더 높아졌다고 보고함

- 관계자들이 시험에서 70퍼센트 더 높은 점수를 기록함

- 습득한 지식을 기억하는 비율이 10~15퍼센트 더 높아짐

- 매장 관계자들이 업무를 효율적으로 수행하고 더 자신감 있게 고객에게 다가가 도와주기 때문에 고객들이 매장에 직원들이 더 많다고 생각함

- 월마트가 고객 행복도를 측정하는 데 사용하는 척도인 깨끗하고Clean, 빠르고 Fast, 친절한Friendly CFF 점수가 상승함

- 프런트 엔드 시스템*에 대한 교육 이후 그 활용도가 증가하게 됨

- 이직률이 계속하여 감소함(10년 만에 가장 낮아짐)

"우리는 VR 교육이 시험 점수를 10~15퍼센트 향상시키면서 자신감과 잔류율을 크게 높여 주는 것을 확인했습니다."
　- 앤디 트레이너(Andy Trainor), 월마트 미국 교육센터의 선임 이사

---

* 사용자가 직접 이용하는 시스템. (네이버 사전)

'XR은 비싸다'

XR 프로젝트에는 목표와 범위에 따라 5백 달러에서 50만 달러 이상의 비용이 들 수 있다. 다수의 사용자를 대상으로 하는 맞춤화 소프트웨어라면 XR 솔루션 비용이 꽤 빠르게 증가할 수 있지만 다른 기술 구현 프로그램과 크게 다르지는 않다. 다만 핵심적인 차이는 XR의 이점에 대한 이해가 덜 되어 비용을 고려하려는 의지가 적다는 점이다. 특히 비용이 클 때 그러하다. 비용이란 제시된 솔루션이 긍정적이고 잘 표현될 때 열리는 관문이다. 즉, 투자상의 이익이 좋을 때 비용에 관한 논의를 진행해 보기가 더 쉬워진다.

초기 사용자 집단에 시범 적용하는 기초적인 프로토타입을 만드는 등의 중간 대안이 있음에도 불구하고 많은 조직에서는 기술 솔루션 및 프로젝트에 대한 투자에 '모 아니면 도'라는 태도를 보인다. 그러나 낮은 예산에도 맞출 수 있는 XR 시범 프로그램을 구축하는 방법은 항상 존재한다. 다음의 요소들을 고려하라.

- **적용 범위** - 해당 기획의 가치를 증명하는 데 필요한 최소한의 기능은 무엇인가?

- **콘텐츠 유형** - 더 저렴한 형식의 콘텐츠를 사용하여 프로젝트 목표를 달성할 수 있는가?

- **적용 자산** - 이미 사용 가능한 자산에는 어떤 것이 있는가? 밑바닥부터 처음 만들

어 내는 대신 예전의 프로젝트에서 재사용하거나 구매할 수 있는 자산이 있는가?

- **사용자 배포 모델** - 모든 사람이 자신의 하드웨어를 갖고 있어야 하는가? 또는 공
  유할 수 있는가?

- **하드웨어 배포 모델** - 장비 임대와 구매를 비교하여 고려해 보았는가? 배포할 VR
  프로그램에 필요한 다양한 장치 옵션을 살펴보았는가? 6개 자유도(DoF)의 헤드
  셋이 필요한가? 또는 3개 자유도로 충분한가? AR 프로그램을 위해서는 헤드셋
  이 필요한가? 아니면 스마트폰에서 목표를 달성할 수 있는가? 만약 헤드셋이 필
  요하다면 물리적 환경을 측량할 수 있어야 하는가? 또는 기본적인 디지털 화면을
  덧입히는 것만으로 충분한가?

- **사용자 배포 규모** - 모든 사람에게 배포해야 하는가? 또는 더 제한된 사용자 집단
  으로 시작할 수 있는가?

- **팀 자원 조달** - 어떤 요소들이 품질상의 타협 없이 자신 있게 외주로 조달될 수 있
  는가?

- **소프트웨어 맞춤화 수준** - 맞춤 제작해야 하는가? 또는 라이선스를 받아 필요한
  것을 달성할 수 있는 기성 소프트웨어가 시중에 있는가? 필요한 맞춤화 솔루션의
  제작을 더 쉽게 해 주는 플랫폼의 라이선스를 중간에서 부여하는 선택지가 있는
  가? 필요로 하는 것에 충분한 수준이면서도 맞춤화에 열려 있는 솔루션을 제공하

는 공급사가 있는가?

.

교육 또는 협업 목적으로 기성 제공 솔루션을 사용할 가능성을
무시하지 말라. 시중에는 월별로 라이선스를 받을 수 있는 상품
이 많이 있다. 예컨대 헤드셋 공유 모델을 적용해 수백 명의 사람
을 대상으로 한 3개월짜리 시범 프로그램을 운영할 경우 모든 하
드웨어 및 소프트웨어를 포함한 비용이 10,000달러 미만으로 해
결될 수 있다.

XR 프로그램 비용에 대한 논란을 해소하는 비결은 시범 프로그램으
로 작게 시작하여 비즈니스 사례를 구축하는 데 사용하고 그 결과에 따
른 투자 대비 수익에 초점을 맞춰 보는 것이다. 이는 가장 강력한 신뢰성
을 부여하는데, 그 결과가 다른 맥락에 관한 보고서에 연계되기보다는
특정 회사의 문제나 기회를 바탕으로 하기 때문이다. 예상되는 투자 대
비 수익이 위기에 처하지 않는 한 상기 언급한 대로 절충하는 것을 두려
워하지 말라.

3D 솔루션 제공업체인 홉스 쓰리디(Hobs 3D)사는 불과 7천 달러
의 초기 자금만으로 건설업계 근로자들의 복지 증진을 위한 VR
프로토타입을 제작하기 시작했다. 그리고 이 프로토타입은 이해
관계자들에게 해당 솔루션의 가치를 보여 주기에 충분했다. 이
성공 사례를 토대로 홉스 쓰리디는 프로젝트를 더 발전시키는 데

사용할 11만 5천 달러의 자금을 추가로 지원받게 되었다.[14]

'XR은 젊은 세대에게만 매력이 있다'

기성세대는 신기술 활용에 시간을 더 적게 투자하고 이를 사용하는 데 보이는 관심도 적다는 고정관념이 있으나 데이터는 정반대의 결과를 보여 준다. 세대 간 비교 설문 조사에 따르면 대다수의 베이비 붐 세대(64퍼센트)와 X세대(70퍼센트)는 VR 경험에 적극적인 것으로 나타났다.[15] 이는 케임브리지 대학의 사이버-휴먼 연구소에서 이후에 시행한 연구로 뒷받침되었는데, VR과 AR을 각각 사용하는 실험에서 연령대가 기술의 활용 성과에 영향을 미치지 않는다는 사실이 밝혀진 것이다.[16]

월마트 역시 VR과 같은 신기술을 받아들이는 데 있어서 세대 차이는 중요하지 않다는 사실을 발견하였다. 월마트가 VR 기술을 자사의 교육 프로그램에 도입했을 때 세대 간 견해 차이의 결과로 나온 부정적인 반응은 없었다. 재미있고 유용하며 효율적인 교육 환경을 만들어 내는 능력 덕분에 모든 세대의 구성원들이 VR의 사용을 즐겼다.

실제로는 오히려 기성세대가 젊은 세대에 비해 신기술을 더 긍정적으로 수용하고 이에 영감을 받는다고 볼 수도 있다. 젊은 세대는 신기술에 이미 익숙해져 일상생활에서 흔하게 볼 수 있는 것으로 여기기 때문이다. 오늘날 전 세계에서 기술적 변화가 얼마나 빠르게 일어나는지, 그리고 각 세대가 신기술과 얼마나 일상적으로 상호 작용하는지를 고려해 보면 타당성이 있다. VR 교육 프로그램을 도입하려고 계획 중이던 북유럽의 한 고등학교로부터 그들이 진행한 예비 조사에 대해 직접 들은 바에 따르면, 학생들은 자신이 집에서 즐기는 비디오 게임에서 익히 보던 정도의 품질에 미치지 못하는 기술에는 무관심한 태도를 보였다고 한다. 가장 인기 있는 비디오 게임 타이틀의 제작에 2천만~1억 5천만 달러의 비용이 투자된다는 점을 고려했을 때, 기대치에 대한 관리가 필요할 수 있다.

북유럽에서 한참 떨어진 중국에서도 인기리에 부상하고 있는 신기술에 대한 세대별 관심도를 측정하기 위해 여러 세대를 아우르는 3천 명 이상의 사람들을 대상으로 설문 조사를 시행하였다. 그 결과 밀레니엄 세대 응답자의 33퍼센트가 AR에 관심을 보인 한편 밀레니엄 이외의 세대에서는 32퍼센트가 관심을 보였다. VR에서는 그 결과가 각각 48퍼센트와 46퍼센트였다. 요약하자면, VR이나 AR 기술에 관심이 있는 밀레니엄 세대와 그 외 세대 사이에는 2퍼센트 이하의 차이만이 있었을 뿐이다.[17]

'VR은 AR보다 뒤처질 것이다'

여러 출처에서 수집한 분석 데이터와 대중의 여론은 AR과 VR 기술이 성숙함에 따라 AR 시장이 VR 시장보다 훨씬 더 커질 거라는 점에서 일반적으로 맥락을 같이한다. 이는 AR이 물리적 환경에 연결되어 있기 때문에 더 많은 응용 분야와 가능성이 있다는 점에서 납득 가능한 분석이다. 또한 소비자용 스마트폰이 발전함에 따라 AR 기술은 점점 더 가용성이 높아지고 있고 현실과 단절되어 있지 않다는 개념 덕에 더 편안하게 받아들여진다.

> PwC의 〈백문이 불여일견(Seeing Is Believing)〉 보고서는 VR과 AR 각각에 대해 2030년까지 세계 경제의 잠재적 추세를 추산한 결과, 2030년에는 AR의 기여도가 VR의 두 배 이상이 될 것으로 예상하였다.

그러나 두 기술이 점유율을 두고 맞서는 상황이 아님을 인식하는 것이 중요하다. 이들은 밀접하게 관련되어 있고 심지어 일부 프로그램을 공유할 수도 있지만 서로를 대체할 수는 없다. VR은 대안 환경에 사용자를 몰입시키고, AR은 물리적 환경 내에서 사용자에게 정보를 준다.

'올해는 VR의 해가 될 것이다'

페이스북이 VR 스타트업인 오큘러스를 인수했던 2014년을 기점으로 전 세계에서는 매년 VR이 주류 기술로 채택될 것이라는 조급한 예측이 이어져 왔다. 이는 해당 기술이 새로운 핸드폰의 출시나 소프트웨어 업데이트가 아닌 인류가 탐색하고 실험해 나갈 완전히 새로운 매체라는 사

보다폰: VR 고소高所 작업

송신탑으로 직접 갈 필요 없이 이를 오르는 경험을 재현하고 싶다면 그런 수준의 정서적 몰입을 제공하는 능력을 갖춘 VR을 고려하는 것이 가장 합리적이다. VR을 사용하면 사용자가 작업 내용과 관련 위험을 탐색하기에 안전한 환경을 제공할 수 있다. 또한 사용자 자신이 어떻게 반응하게 될지에 대한 이해를 도와 실제 상황에서 그러한 감정을 잘 조절할 수 있게 한다.

이것이 바로 보다폰이 메이크 리얼Make Real*과 협력하여 구축한 VR 프로그램의 내용이다. 보다폰은 건강 및 안전사고를 줄이기 위한 더 폭넓은 혁신의 일환으로 고소 작업을 수행하는 방송 통신 기술자들이 직면한 위험을 전달하는 데 VR 기술을 활용하였다.[18,19]

이 프로그램은 유지보수 팀의 관리자들을 대상으로 하여 관련 작업 중에 발견되는 통상적인 위험을 다루고 개인 보호 장비의 중요성을 강조하였다. VR 시작 시점에서 사용자는 옥상으로 향하기 전 요구되는 장비를 식별하고 가져가라는 요청을 받는다. 그곳에서 이들은 해당 지역의 위험 평가를 시행하고, 잠재적인 위험을 인식하며, 필요한 예방 조치를 한다. 위험 평가에 이어서 사용자는 적절한 안전 절차를 지키며 송신탑을 오른다. 꼭대기에서 사용자는 마이크로파(극초단파) 안테나를 조정하려 시도하는 동안 바람이 강하게 휘몰아치는 소리를 들을 수 있다. 작업에 성공하면, 사용자는 수행 성과를 보고받는다. 준비 절차, 위험 평가, 작업 과정, 소요 시간에 대해 평가가 이루어지고 이를 작업에 반영하라는 요청을 받는다.

이 VR 경험은 케이블에 연결된 VR 헤드셋용으로 구축되었다. 이 중 다수는 보다폰 본사에 배치되어 80퍼센트의 직원들이 프로그램에 접속할 수 있도록 하였다. 이를 더욱 확장하기 위해서 보다폰은 휴대 가능한 독립형 헤드셋용 버전을 제작하여 직원들이 직장이나 집에서 사용할 수 있도록 대여를 허용하였다. 또 보다폰의 학습 관리 시스템에 배포된 360도 동영상 체험에 CG를 반영하였고, 모든 직원이 업무용 노트북이나 핸드폰으로 접속할 수 있게 했다.

이는 송신탑에서 작업하는 현장 기술자의 입장이 되어 볼 수 있는 효과적인 방법이었고, 관리자들이 자신의 유지보수 팀 구성원들과 더 큰 공감대를 형성하는 데 도

---

* 영국에 기반을 둔 몰입형 기술 콘텐츠 개발 및 배급업체.

움이 되었다. 또한 모든 이들이 업무 중 사망사고를 줄이기 위해 보다폰의 글로벌 지침인 '안전 근무, 안전 귀가Work Safe, Home Safe'를 따르도록 장려하였다.

또 이 VR 경험은 보다폰이 대중과 함께할 수 있는 아주 좋은 방법이었다. 해당 프로그램은 외부에 배포되어 4천 번 이상 설치되었다. 보다폰이 직원 안전과 복지에 중점을 두고 있다는 것을 강조하는 리뷰도 많이 달리면서 매우 긍정적인 반응을 얻었다.

실을 잊은 것이다.

최초의 휴대용 핸드폰은 1973년 4월 모토로라의 연구원이자 임원인 마틴 쿠퍼Martin Cooper에 의해 공개되었지만, 핸드폰은 그로부터 24년 뒤인 1997년이 되어서야 주류 기술 채택(더 자세한 정의는 곧 설명할 것)으로 고려될 수 있을 법한 수준을 달성하였다. 이미 전 세계적 수준에서 상당한 투자가 이루어진 후의 일이었다. 이에 비해 현재 우리가 보고 있는 VR의 최신 단계는 아직 10년짜리 이정표에도 채 도달하지 못했다.

'VR의 해'라는 말이 가당키나 하겠는가? 이는 우리가 1년 안에 VR 기술이 지구를 뒤흔들 만큼 빠르게 채택되는 모습을 보게 될 것이라는 의미이다. '핸드폰의 해'가 있었던가? 애플이 첫 번째 아이폰을 출시했던 2007년이라고 말하고 싶을지도 모르겠다. 그해에 전 세계 핸드폰 보급률은 절반을 넘어선 51퍼센트를 기록했는데, 아이폰 출시에 대한 열광과 결합하면 이것은 듣기 좋은 이야기가 된다.[20] 출시 며칠 전부터 수천 명의 사람이 아이폰을 구매하려고 줄을 설 정도로 대중의 기대가 그토록 대단하였고, 설문 조사에서 미국인 10명 중 6명이 그 출시가 임박한 것을 알고 있다고 답할 만큼 대대적인 마케팅이 이루어졌다.[21]

그러나 그 열기에도 불구하고 이 시기는 핸드폰의 시장 점유율이 감소하기 시작한 때와 일치한다. 2008년 변곡점에 도달하기 전까지는 매년 54.7퍼센트의 비율로 증가했으나 이후 완만한 감소세가 뒤따라 2009년부터 2017년까지의 성장은 단지 6.6퍼센트에 불과했다.

핵심을 요약하면, 핸드폰처럼 우리가 매일 보내는 일상에서 꾸준히 영향을 끼치고 있는 중요 기술도 주류 기술로 채택되기까지는 긴 시간이 걸렸고, 그 사이에는 긍정적 발전과 부정적 발전이 모두 있었다. 핸드폰 채택의 해라고 확실히 칭할 수 있는 해는 존재하지 않았고, VR 기술에 대해 확실히 'VR의 해'라고 불릴 수 있을 정도의 일이 갑자기 생기게 될 것이란 생각에는 어떤 근거도 없다. 그보다는 핸드폰이 그러했던 것처럼 느리기는 해도 꾸준히 우리 일상에 기술의 통합이 이루어질 것이라고 예상해야 한다.

우리가 과거에 어떻게 기술을 사용했는지도 생각해 보자. 모든 기술은 입력과 출력 시스템으로 구성된다. 컴퓨터에서 키보드와 마우스는 가장 흔한 입력이고 2D 화면은 (시각적으로) 가장 일반적인 출력이다. 핸드폰에서는 일련의 손가락 접촉이 터치를 감지하는 화면에 출력을 만들어 낸다. 스마트 홈 보조 장치는 음성 입력을 받고 내장 스피커를 통해 우리가 들을 수 있도록 응답을 출력한다.

VR에서는 자연스러운 신체적 행동에 기초한 다수의 잠재적 입력이 가능하다. 가장 흔하게는 머리나 손, 시선의 움직임이 있다. 다만 이런 형태의 입력은 인간 관점에서는 자연스러울지 몰라도 지금까지의 디지털 인터랙션에서는 찾아볼 수 없던 것이다. 우리는 지금껏 키보드, 마우스, 터치 화면을 사용해 왔고 최근 들어 그 입력 레퍼토리에 음성을 추가하는 중이다. 심지어 출력 측면에서는 상황이 훨씬 다르다. 우리는 스크린 화면에 익숙하지만 이제껏 이런 화면은 우리 얼굴로부터 편안한 거리만큼 떨어져 있었다(물론, 과거에 TV에 붙어서 〈슈퍼마리오〉 게임을 즐기던 이들은 예외다). 이는 우리가 주위를 둘러싼 세계를 계속 인식하면서 디지털을 다룰 수 있도록 해 주었다. 그러나 VR은 실제 환경을 차단해 버림으로써 그러한 문화적 안락함을 깨뜨린다. 기존의 디지털 인터랙션과 비교하면 VR에서 사용되는 입력 방식은 여전히 상대적으로 이질감이 든다.

반면, 핸드폰에는 이전 세대의 모델인 유선 전화와 사용자 경험을 공유한다는 이점이 있었다. 사람들은 일련의 전화번호 버튼을 누르거나 다이얼을 돌린 뒤, 귀에 전화 장치를 대고 사용하는 데 이미 익숙해져 있었다. 하지만 VR을 경험하는 시간 동안 얼굴에 물리적 세계를 차단하는 화면을 묶어 놓고 있는 것은 이전의 기술로 익숙해질 수 있는 속성의 것이 아니다.

기술의 폭넓은 영역을 아울러, VR은 실제 세계의 완전한 감각적 모방을 창조하는 데에는 현재 가장 근접한 '최종 미디어'라 생각될 수 있다. 하지만 그 수준에 도달하려면 하루아침에 극복할 수 없는 과학적, 기술적, 사회적 장애물을 넘어서야 하기에 이는 엄청나게 이루기 복잡한 목표가 될 것이다. 그러므로 'VR의 해'라는 말을 사용하기엔 부적절하겠지만 어쨌든 이 기술은 하루하루 주류 기술로의 채택을 향해 나아가는 중이다.

'VR은 죽었다'

VR의 본질은 태초부터 존재해 왔다

'VR은 죽었다'라는 오해는 VR이 완전히 새로운 개념이라는 믿음에서 일부 비롯된다. 개념상으로 보면 가상 현실은 인류가 이야기를 전하던 때부터 쭉 우리 주위에 있었다. 유네스코 세계문화유산으로 지정된 프랑스 남서부 몽티냑Montignac 마을 근처의 라스코Lascaux 동굴은 벽과 천장이 다양한 동물과 인간, 기하학적 기호를 묘사한 600점 이상의 그림으로 뒤덮인 곳이다. 일부 인류학자와 미술사학자가 이 그림들을 해석하려고 시도하며 제시한 이론 중 하나는 이것이 과거 사냥 성공의 기록일 수 있다는 것이다. 또 다른 이론은 이 그림들이 미래 사냥 활동의 성공을 장려하기 위한 의식을 의미한다고 주장한다. 진짜 이유가 무엇이건 간에 이 그림들은 기원전 15,000년까지 거슬러 올라가는 것으로 추정되는 원시적 의사소통의 매체이다.

최근 발견된 바에 따르면 문자의 사용이 기원전 5000년보다 더 거슬러 올라간다는 말도 있지만, 통설로는 수메르 문명이 기원전 3400년쯤에 문자를 발전시킨 것으로 알려져 있다. 아마도 역사상 가장 오래된 허구적 이야기일 《길가메시 서사시》는 기원전 2100년으로 거슬러 올라가는 수메르 시(운문) 연작으로 시작되었다.

이런 고대의 사례는 그림과 글자라는 두 가지 형식을 통한 스토리텔링을 보여 준다. 하지만 우리는 아마 가장 오래된 매체이면서도 상대적으로 최근까지 역사적으로 기록하기 어려웠던 또 다른 형식으로도 이야기를 전달한다. 바로 '말하기'이다. 매일 우리는 직장 동료, 친구, 가족과 말을 한다. 전문적인 맥락에서는 직업적 조언부터 사업계획 발표에 이르기까지 매일 이야기를 하고 듣는다.

스토리텔링과 VR의 목표는 유사하다. 바로 이야기꾼의 해설에 청자를 몰입시키는 것이다. 그 목적은 오락, 사교, 정보, 교육, 설득, 훈련 등으로 다양하다. 이야기꾼의 역할은 듣는 이에게 감정을 불러일으키는 것이다. 그 감정들은 좋은 거래를 놓치는 것에 대한 두려움, 어려운 상황에서 살아가는 난민에 대한 안타까움, 신상품 출시에 대한 흥분, 공포 영화를 보면서 느끼는 공포심 등이 될 수 있다.

현재의 기술 형식으로 봤을 때 VR은 단지 이야기 매체의 최신 진화형일 따름이다. 개념적으로 VR은 인류의 깊은 본질과 역사에 기반을 두고 있고, 결국 당분간 이 사실은 달라지지 않을 것이다.

VR과 타 기술의 채택 시간 차이

'VR은 죽었다'는 온갖 뉴스 기사와 트윗, 블로그 게시물에서 흔히 사용되는 문구이다. VR 기술의 채택 수준이 상대적으로 낮은 것에 비해 고작 그 정도 수준의 상황에 도달하는 데도 '긴' 시간이 걸렸다는 이유로 쓰는 문구이다. 이런 인식이 만연해 있는 이유는 대부분 사람들이 VR과 과거 기술들의 채택 시간을 비교해 보려고 하지 않기 때문이다. 이는 VR 기술이 몇 년 이내에 널리 채택될 것이라는 기대를 바탕으로 과거의 기술들과 VR을 별개의 것으로 인식한 결과이다.

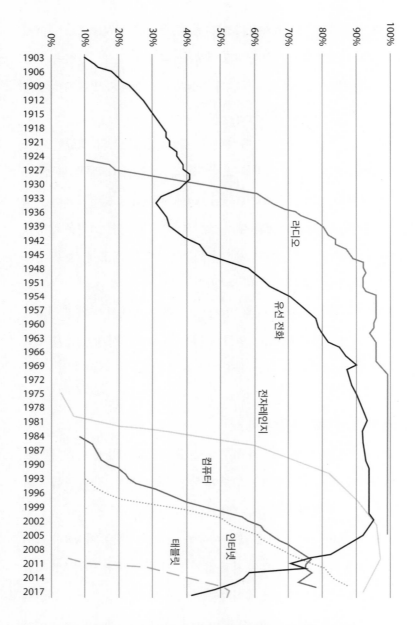

[그림 11.2] 1900년대 초부터 현시대까지 미국 가정의 다양한 기술 채택률.[22]

[그림 11.2]는 과거 기술과 신기술의 채택률을 보여 준다. 여기에는 전자레인지와 같은 가전제품뿐 아니라 라디오와 같은 미디어 장치도 포함된다. 또한 인터넷과 같이 곳곳에서 쓰는 복잡한 기술부터 태블릿 같은 하드웨어 장치까지 다룬다. 이 다양한 범주의 기술들을 분석하면 기술 채택이 얼마나 오래 걸리는지에 대한 이해를 돕는 유용한 통찰력을 얻을 수 있다.

이 자료는 공개적으로 사용 가능한 출처에서 가져왔으며 미국 가정의 기술 채택에 기반하고 있다. 대다수 기록, 특히 오래된 것들은 보통 기술 보급률 10퍼센트 돌파와 같이 중요한 지점에 도달하였을 때 수집되었다. 따라서 그 지점 아래에 있는 세세한 자료는 파악이 어려운 것도 있다. 하지만 해당 기술이 대중에 처음 판매된 연도를 고려하면 출시부터 주류 기술로 채택되기까지 어느 정도의 시간이 걸렸는지 계산할 수 있다.

주류 기술 채택은 대체로 주관적인 개념이지만 이를 명확하게 정의하고 그 정의를 일관되게 모든 기술에 걸쳐 적용함으로써 각종 비교에 유용한 분석을 개발할 수 있다. 1962년 사회학자 에버렛 로저스Everett Rogers는 새로운 아이디어와 기술이 어떻게 전파되는지 이론화한 《혁신의 확산Diffusion of Innovations》이란 제목의 책을 발간하였다.[23] 이를 위해 그는 다양한 분야를 아우르는 500개 이상의 연구에서 조사 내용을 취합하였다. 그 결과로 나온 것이 오늘날 '기술 채택 수명 주기technology adoption life-cycle'라고 알려진 종 모양의 곡선으로, 구매 습관에 따라 소비자를 5개 집단으로 분류한다. 다음은 조직 이론가인 제프리 무어Geoffrey Moore에게서 영감을 받아 이 5개 집단을 설명한 내용이다.

- **혁신가**: 최초로 기술을 채택하는 2.5퍼센트의 사람들. 최신 기술을 보유하는 것이 본인 인생의 핵심 관심사인 기술 분야 전문가와 애호가들을 대표한다.

- **얼리어답터**: 다음 13.5퍼센트. 이들은 꼭 기술 분야 전문가에 해당하지는 않으나 초기 상품의 이점을 얻기 위해 기꺼이 높은 위험을 감수하는 선지자이다.

이 두 집단은 기술을 최초로 채택하는 16퍼센트로 초기 시장을 대표한다.

- **초기 다수 집단**: 다음으로 기술을 채택하는 34퍼센트. 주류 시장의 시작을 대표하는 실용주의자. 이들은 신상품에 익숙하지만, 채택 전에 유용성에 대한 증거를 보기를 원한다.

- **후기 다수 집단**: 끝에서 두 번째로 기술을 채택하는 34퍼센트. 진보보다는 전통에 푹 빠져있는 보수주의자. 이들은 깊이 있게 확립된 상품에만 관여할 것이다.

- **느린 수용자(후발자)**: 마지막 16퍼센트. 기술과 혁신을 적극적으로 피하는 회의론자.

이 세 집단이 주류 시장을 대표한다.[24]

자신의 저서 《제프리 무어의 캐즘 마케팅》을 통해 무어는 '초기 다수 집단'을 기점으로 하는 주류 시장에 진입할 발판을 만드는 것이 얼마나 도전적인 문제인지에 대해 요약한다.[25] 이 말인즉슨, 일단 5명 중 1명 정도가 어떤 기술을 채택했다면 그 기술은 주류로 간주할 수 있다는 것이다. 이를 바탕으로 시대에 따른 다양한 기술을 살펴보고 각 기술이 주류 채택 상태(혹은 우리가 합의한 정의에 따라 17퍼센트)에 도달하기까지 얼마나 걸렸는지 알아보자.

유선 전화: 29년

1876년 알렉산더 그레이엄 벨의 전화 특허가 부여된 후 1877년 4월에 최초의 가정용 전화가 설치되었다. 유선 전화의 채택률은 1906년이 되어서야 17퍼센트에 도달하였다.[26]

전자레인지: 26년

레이더 시스템의 개발 및 제조업체인 레이시온Raytheon*은 제2차 세계 대전이 끝난 뒤 우연히 마이크로파(극초단파)에서 생성된 레이더의 새로운 용도를 발견하였다. 바로 식품을 가열하는 기능이었다.[27] 최초의 소비자 대상 전자레인지(마이크로파) 오븐인 타판 알엘-1Tappan RL-1은 1955년에 판매가 개시되었고 1981년에 채택률 17퍼센트에 도달했다.

---

* 1922년 설립된 미국의 대표적인 군수업체. (위키피디아 백과)

태블릿: 23년

최초의 태블릿 장치가 실제로 출시된 것은 1989년 10월이었다. 당시 그리드패드GRiDPad라는 이름으로 불렸고 가격은 2,370달러(2020년 기준으로 5,000달러)였다. 빠르게 인기를 끌지는 못했으며, 채택률 17퍼센트를 달성하는 데 23년이 걸렸다.

컴퓨터: 19년

세계 최초의 개인용 컴퓨터로 인정되는 켄백-1Kenbak-1은 1971년에 750달러(2020년 기준으로 4,800달러)에 판매되었다. 제조업체인 켄백사Kenbak Corporation는 그 기계를 겨우 50만 개 판매한 후 문을 닫았다. 19년 후인 1990년에는 미국 가정의 17퍼센트가 개인용 컴퓨터를 보유하게 되었다.

인터넷: 8년

인터넷은 1969년 미 국방성 프로젝트에서 시작되었다. 하지만 1989년에야 대중에게 상업적으로 허가되었고, 최초의 인터넷 서비스 공급자ISP가 된 더 월드The World가 인터넷에 전화 연결을 제공하였다. 이후 인터넷은 눈부시게 빠른 속도로 성장하면서 8년 후에는 미국 가정의 17퍼센트에서 인터넷 접속이 가능해졌다.

라디오: 6년

1920년 11월 미국 피츠버그에서 최초의 상업 라디오 방송국인 KDKA가 방송을 시작하였다. 같은 지역의 조셉 혼Joseph Horne 백화점에서는 바로 사용할 수 있는 라디오 수신기를 판매하였다. 그러나 그전까지는 오늘날의 컴퓨터 괴짜처럼 DIY 작업을 해야만 라디오를 수신하는 시스템을 갖출 수 있었다. 아무것도 없이 완전히 처음부터 만들거나 모든 부품과 설명서가 동봉된 제작 키트를 사용해 만드는 방식이었다. 신기술치고는 크게 비싸지 않아서 1920년대 초기에 일부 키트는 17달러(2020년 기준으로 약 250달러)에 판매되었다. 라디오는 미국 가정 내 17퍼센트 점유율에 도달하는 데 6년밖에 걸리지 않았다.

> **재미있는 사실**
>
> '방송'이라는 뜻의 'broadcast'는 사실 농업에서 유래된 단어로, 넓은 토양 지역에 씨를 흩뿌리는 방법을 뜻한다.

17퍼센트의 채택률은 주류 기술로 인정하기에 상당히 낮은 기준인데도 불구하고 전화기와 같은 몇몇 기술들은 이 수준에 도달하기까지 29년이 걸렸다. 이처럼 긴 채택 시간은 오래된 기술에만 국한된 것이 아니라서 태블릿과 같이 비교적 현대의 기술도 여전히 주류 시장에 도달하는 데 23년이 걸렸다. 최초의 VR 헤드셋은 1993년에 소비자에게 상품으로 제공되었다. 2020년까지 VR 보급률은 다양한 추정치에 따라 6~16퍼센트 사이에 있었으며, VR 기술의 진보 과정은 아직까지 과거 기술들이 주류 기술 채택에 도달하는 데 걸린 시간을 넘기지 않았다.

12

지금 XR에 주목해야 하는 이유

XR이 디지털 기술로서 소비자에게 널리 보급되기 전, 이를 주류 기술로 사용하기 위한 수십 년간의 연구와 여러 시도가 있었다.

최초로 디지털 형태의 XR이 탄생한 1960년대 초, 사용자는 헤드셋을 통해 자신의 물리적 환경에서 정육면체와 같은 원시적인 기하학 디지털 개체를 볼 수 있었고 이를 바라보는 시점은 사용자의 움직임에 맞추어 바뀌었다. 이러한 형태의 실제와 디지털 간 자연스러운 인터페이스는 이때까지 달성된 적이 없었기에 학문적 관점에서는 정말 놀라운 일이었다. 하지만 실용적 관점에서 보면 우리가 앞서 탐색해 본 많은 앱은 아직 발견되기도 전이었다.

1990년대 초의 VR은 투박했다. 헤드셋과 컨트롤러 그리고 거대한 컴퓨터 시스템 사이에 문어 다리처럼 구불구불하게 놓인 두꺼운 케이블들과 함께 3~4킬로그램이나 나가는 헤드셋이 머리를 짓누르고 있는 것을 상상해 보라. 컴퓨터가 돌아가며 가상 세계와 사용자의 움직임을 처리했지만, 충분히 빠른 속도로 화면을 갱신할 만큼 강력하지는 못했다. 그 결과 시야에 보이는 화면이 사용자의 움직임보다 뒤처지게 되었다. 엄청난 지연이 발생하는 것은 아니었지만 그 정도로도 많은 사람을 메스껍게 만들기에는 충분했다. 당시 3D 그래픽은 초기 단계에 있었기에 가상 환경의 시각적 품질은 각진 그래픽, 단순한 질감 및 기본적인 애니메이션으로 구성되었다. 이런 단점에도 불구하고 VR 기기의 가격은 때에 따라 10만 달러를 돌파하기까지 했다.[1] 하지만 종합적으로 보았을 때 당시의 VR은 짧은 도약을 위해 너무 긴 경주를 하는 셈이었다. 가치 대비 노력이 많이 드는 기술이었다. 1990년대가 지나도록 VR이 인기를 끌지 못한 데는 이런 이유가 크게 작용했다.

현대의 비교 대상에 빗대어 과거 기술의 부적절함을 지적하기는 쉽다. 그러나 이런 VR 시스템의 기술적 성과는 그 당시로서는 놀라운 것이었고 그것이 없었다면 오늘날 VR 업계는 지금의 위치에 있지 못했을 것이다. 지금껏 시행된 연구와 습득한 교훈들, 이러한 시스템의 구축 및 배포를 통해 얻은 지식과 더불어 여러 동향이 VR 기술의 부활에 공헌하였다.

비용 감소 및 성능 증대

어떤 각도에서 바라보건 기술 비용은 지난 수십 년에 걸쳐 엄청나게 떨어졌다.

- **저장 용량**: 1964년에는 1테라바이트의 저장 공간을 구매하는 데 35억 달러가 들었다. 2020년에는 그 가격이 고작 15달러로 떨어졌다.

- **연산 능력**: 1961년에는 초당 10억 회의 계산을 처리할 수 있는 연산 능력에 1조 1천억 달러가 들었다. 2020년에는 몇 센트로도 가능해졌다.

- **연결성**: 1998년에는 초당 1메가비트 속도로 데이터를 전송하는 데 1,200달러가 들었다. 2020년에는 동일한 속도의 전송 비용이 약 20센트로 떨어졌다.[2]

기술 비용은 떨어지고 있는 한편 컴퓨터 연산 능력의 가용성은 극적으로 증가해 왔다. 1965년에 고든 무어Gordon Moore(후일 인텔Intel 공동창립자가 됨)는 실리콘 칩의 트랜지스터 수가 매년 두 배가 되리라고 예측하였다(1975년에는 2년마다 두 배로 정정함). 무어의 법칙은 점점 더 작은 칩에 더 많은 컴퓨팅 성능이 집중되어 들어가면서 사실로 드러났다. 그 덕에 우리는 예전 VR 시대의 저품질 그래픽에서 벗어나 더욱 풍부한 경험을 만들 수 있게 되었다. 또한 처리 능력의 증대는 VR이 더 원활하게 실행될 수 있게 하여 사용자의 불편을 줄였다.

> VR은 막대한 양의 연산 능력을 요구한다. 평균적인 3D 앱에서 컴퓨터는 사용자의 화면에 초당 30회 표시할 내용을 계산하고 명령을 보내야 한다. 화면의 해상도를 '풀 HD'라고 가정하면 가로 1920픽셀 x 세로 1080픽셀 x 초당 30프레임 = 6,200만 픽셀이

매초 처리되어야 한다. 2880 x 1600 해상도와 초당 90프레임의 재생률로 동작하는 VR 헤드셋이라고 한다면 4억 1,500만 픽셀이 매초 계산되어야 한다. 이는 일반적인 3D 앱보다 거의 7배나 높은 수치이다.

VR 시스템에 천문학적인 비용이 들었던 1990년 초부터 지금까지 많은 발전이 이루어져 왔다. 2016년 3월에 출시된 오큘러스 리프트 씨브이 1[Oculus Rift CV1]은 소매가로 599달러였고 3D로 추적되는 '터치형' 컨트롤러가 없었다(약 8개월 후에 추가 비용 200달러로 출시됨). 게다가 이 헤드셋을 실행할 강력한 PC가 필요했고 그러려면 또다시 최소 900달러를 들여야 했다. 전부 합해 이 시스템 구성요소에는 1,500달러를 초과하는 비용이 들었다. 이것이 고급 사양의 VR을 시작하는 데 필요한 금액이었다. 3년 뒤인 2019년, 소비자는 외부 컴퓨터가 필요하지 않은 독립형 기기인 오큘러스 퀘스트[Oculus Quest]를 400달러에 구매할 수 있는 선택지가 생겼다(터치 컨트롤러가 포함되어 있다!). 2020년 10월에 출시된 후속 상품인 퀘스트 2는 훨씬 더 저렴하여 소매가 299달러에 구매할 수 있다.

XR에 대한 투자

컴퓨터 하드웨어의 성능은 점점 더 강력해지고 반대로 비용은 점차 감소하면서 소규모 기업에서도 감당할 수 있는 비용 내에서 효과적인 VR

헤드셋을 만들 수 있는 가능성이 증가했다. 2012년 8월 1일 팔머 럭키Palmer Luckey라는 청년은 VR 헤드셋 시제품을 위한 자금을 모으기 위해 킥스타터Kickstarter* 크라우드 펀딩crowdfunding**을 시작하였다. 그는 이를 '오큘러스 리프트Oculus Rift'라고 불렀다.[3] 럭키는 25만 달러의 목표를 세웠고, 24시간 만에 대중의 기부를 통해 목표 금액을 달성하였다. 한 달 뒤인 9월 1일에 펀딩을 마감할 때까지 전 세계 9,500명 이상의 사람들로부터 240만 달러가 쏟아져 들어왔고, 이는 최초 목표의 거의 10배에 달하는 금액이었다.

이 펀딩의 성공은 페이스북의 관심을 끌었고, 2014년 3월 페이스북은 럭키의 회사인 오큘러스 VR을 30억 달러에 인수하였다. 이로 인하여 전례 없는 방식으로 XR 공간에 수많은 기업 활동과 투자가 촉발되어 쏟아져 들어왔다.

투자는 벤처기업자금VC, Venture Capital 펀드, 기업, 개인 투자자(에인절***), 정부 보조금, 크라우드 펀딩 플랫폼 등 다양한 경로를 통해 이루어졌다. 2012~2019년 사이 전 세계 곳곳의 펀드로부터 대략 170억 달러의 VC 자금이 XR에 투자되었다. 이 투자사 중 일부는 가상 현실 벤처 캐피털 협회VRVCA, Virtual Reality Venture Capital Alliance에 소속되어 있었다. 이 협회는 180

---

* 미국의 대표적인 크라우드 펀딩 플랫폼.
** 다수 대중의 소액 모금을 지원하는 자금 조달 방식.
*** 자금이 부족한 신생 벤처기업에 자본을 대는 개인 투자자. (네이버 사전) 천사를 의미하는 'angel'에서 유래된 용어로 국내의 경우 정부 기관이나 협회, 경영 사전, 시장에서 앤젤, 엔젤 등의 표기가 혼용되나 여기서는 규범 표기를 따라 에인절로 기재했다.

억 달러 이상의 가용 자본을 가진 49개 글로벌 투자사가 '세계에서 가장 혁신적이고 영향력 있는 VR 기술 및 콘텐츠 회사'에 투자한다는 사명으로 구성한 컨소시엄이다. [4,5,6,7]

전문 투자사뿐 아니라 구글, 휴렛팩커드[HP], 인텔, 퀄컴[Qualcomm]과 같은 기존 회사의 기업 벤처 캐피털 펀드들 역시 XR 스타트업에 투자하였다. 애플, 메타, 마이크로소프트 및 기타 여러 기업도 수억 달러를 들여 신생 기업들을 인수하였다. 2019년 말 무렵 전 세계 XR 스타트업의 가치는 총 450억 달러로 평가되었다. [8]

한편 정부 기관들도 XR의 가치를 인식하기 시작하였다. 2017년 11월에 영국 기업·에너지·산업전략부는 '영국 전역에 있는 사람들의 생산성 및 소득 능력을 증대하기 위한 장기 계획'을 설명하는 백서를 발간하였고, 이를 통해 몰입형 기술 부문 지원을 위한 4,100만 달러의 기금 조성 계획을 발표하였다. 이 기금은 영국에서 총 8억 3천만 달러의 매출을 만들어 내고 있는 약 1,000여 개의 전문 XR 기업을 인식한 것이었다. [9] '2019년 영국의 몰입형 경제' 보고서는 영국 내 혁신 및 긍정적인 경제적, 사회적, 문화적 영향력을 장려하기 위한 자금을 조달하는 영국 연구혁신기구가 2018년부터 2억 7,500만 달러 이상의 가치가 있는 500개 이상의 몰입형 기술 프로젝트를 지원한 내용을 자세히 다루었다. [10]

2016년 HTC는 중국 선전시에서 VR 산업의 발전을 장려하기 위해 선전시 정부와 제휴하여 디자인, 방위 산업, 엔지니어링, 의료 및 제조업 등 여러 영역을 망라하는 15억 달러 규모의 VR 투자 기금을 조성하였다. [11] 중국 난창에서 개최한 2018년 세계 VR 산업 콘퍼런스에서 장시성 정부는 XR에 중점을 둔 기업들을 위한 4억 6천만 달러 규모의 투자 유치 계획을 포함하여 XR 스타트업을 장려하는 여러 정책을 발표하였다.[12,13] 대한민국의 과학기술정보통신부 또한 XR과 몰입형 콘텐츠 개발을 촉진하기 위해 총 6,200만 달러의 기금을 발표하였다.[14,15]

심지어 앞서 언급한 모든 수치는 메타, HTC, 마이크로소프트 같은 대규모 조직뿐 아니라 세계 각지의 기업 및 소비자를 위한 XR 기술을 연구, 개발 및 개선하고 있는 수천 개의 스타트업이 매일 내부적으로 투자하고 있는 막대한 시간과 자원을 아직 포함하지도 않은 규모이다.

다국적 기업의 후원

갖가지 산업 부문을 막론하고 XR을 사용하고 있는 기업들(이 책에 열거하기에는 너무나 많음) 외에도 전 세계의 크고 작은 기업들이 XR 기술의 개발과 발전에 동참하고 있다. 이해를 돕기 위해 아주 잘 알려진 몇몇 기업들과 그들의 XR 관련 활동을 아래에 포함했다.

에이서Acer, 아수스Asus, 델Dell, 엡손Epson, 메타, 구글, HP, 화웨이, 레노버Lenovo, 마이크로소프트, HTC, 삼성, 스냅Snap Inc., 소니, 밸브, 샤오미는 모두 XR 장치를 배급하였다.

알리바바, 아마존, 애플, 캐논, 메타, 구글, 화웨이, IBM, 인텔, LG, 마이크로소프트, 노키아, 퀄컴, 삼성, 소니는 총 수천 개의 XR 특허를 등록하였다.

보쉬Bosch는 제조업체들이 더 가벼운 AR 지원 스마트 안경을 만들어 낼 수 있도록 즉시 사용 가능한 솔루션을 제작했다.

인텔과 마이크로소프트는 개인이 녹화한 3D 동영상을 XR 앱에서 사용할 수 있도록 해 주는 볼류메트릭 캡처 스튜디오 설립에 투자하였다.

애플과 구글은 AR키트ARKit와 AR코어ARCore의 지속적인 개발을 통해 주류 휴대용 AR 기술의 최전선에 있다.

IBM은 AR 앱을 위한 객체 인식 기술을 개발하였고 XR 경험을 위한 설계 지침서를 발표하였다.

아마존, 유니티, 언리얼은 소프트웨어 개발자가 강력한 XR 앱을 구축할 수 있는 도구를 만들었다.

암ARM과 퀄컴은 XR 앱에 최적화된 처리 장치(프로세서)와 칩을 개발하였다.

어도비와 오토데스크에는 XR 콘텐츠를 개발하는 데 사용할 수 있는 여러 가지 소프트웨어 패키지가 있다.

젠하이저Sennheiser는 오디오 특화 AR 하드웨어 및 소프트웨어를 개발하였다.

AMD와 엔비디아Nvidia는 XR 앱에 최적화된 중앙 처리 및 그래픽 처리 장치를 개발하고 있다.

가민Garmin, 고프로GoPro, 코닥, 엘지, 니콘, 리코Ricoh, 삼성은 360도 비디오카메라를 출시하였다.

메타, HP, 레노버, 마이크로소프트는 기업이 XR 기술을 사용하도록 돕는 생태계를 구축하였다.

이상은 XR 환경을 성장시키기 위해 노력하고 있는 유명 기업들만 언급한 것이다. 이외에도 수많은 사업체가 이 산업을 지원하기 위한 앱과 기반 시설을 구축하는 데 힘쓰고 있다.

국제 경제의 영향

PwC는 자사의 〈백문이 불여일견Seeing Is Believing〉 보고서에서 2030년까지 몰입형 기술이 전 세계 GDP 총생산의 부양에 1조 5천억 달러를 공헌할 것으로 예견한다.[16] 〈백문이 불여일견〉 보고서는 PwC의 경제학 부서와 VR 및 AR 부서가 6개월간 협업한 결과물이다. 총 50명 이상의 사람들이 연구, 콘텐츠 작성, 마케팅, 경제 분석, 몰입형 컨설팅, 웹AR webAR 개발을 포함한 다양한 범주의 역량으로 이 보고서에 참여하였다. 보고서는 기술의 활용이 타당하고, 사용 가능한 제품 및 서비스의 품질이 예상했던 대로 발전한다면 XR이 어떤 영향을 미칠 수 있는가에 대하여 신뢰할 수 있는 시나리오를 제공한다.

1조 5천억 달러는 굉장한 숫자이지만 이 수치 배후에 있는 작업은 강력한 경제적, 사업적 기반을 갖추고 있다. 경제학 팀은 다양한 XR 응용 분야를 고려함으로써 그에 따라 생산성에 미치게 될 효과를 평가할 수 있었고, 이를 이용하여 XR이 거시경제적으로 전 세계에 끼칠 영향을 모델화할 수 있었다. 분석은 세 단계로 구성되었고 아래 요약된 상향식 접근법을 내포하였다.

1단계: XR 앱 연구 및 식별

PwC의 VR 및 AR 팀은 이 단계에서 2030년까지 현실적으로 구현될 수 있을 잠재적인 XR 응용 분야의 목록을 수집하였다. 그다음 이를 기반으로 XR 산업계에 종사하는 제3의 이해 관계자들과 면담을 진행하였고, 보완 및 상호 참조를 거쳐 종합적인 목록을 구성하였다. 이 과정을 통해 세계 경제에 중대한 영향을 미칠 것 같지는 않은 응용 분야들은 목록에서 제거되었다. 또한, 이 분석에는 보고서가 작성될 시점에는 변혁적이지 않았으나 이후 탄력 근무 및 조직 회의 등 생산성에 중대한 영향을 줄 것으로 예측되는 응용 분야들의 경제적 영향도 담았다.

2단계: 생산성 향상을 예측

최종 목록에 포함된 각각의 앱에 대하여 PwC는 에이비아이 리서치 ABI Research*의 전망과 함께 기술 채택 및 생산성에 미치는 영향에 관한 기존의 연구를 살펴보았다. 그리고 이를 PwC의 자체적인 경제 분석과 결합하여 각 응용 분야에 대한 생산성 추정치를 생성하고 12개의 영역으로 분류하였다. 이는 추후 정보를 더 쉽게 전달하기 위해 5개의 주요 카테고리로 통합되었다.

---

* 1990년 창립된 미국 뉴욕의 컨설팅 기업으로 VR 및 신흥 기술에 대한 시장 조사에 특화되어 있음.

또한 각국 몰입형 기술 시장의 힘과 경제 분석을 위한 자료로 사용할 수 있는 신뢰성 있는 데이터의 존재 여부를 기준으로 중국, 핀란드, 프랑스, 독일, 일본, 아랍 에미리트[UAE], 영국, 미국 등 8개국을 선택하였다. 그런 다음 S자 채택 곡선 가설, 글로벌 혁신 지수[17]와 VR 및 AR 활용 추정치를 기반으로 2030년까지 모든 요소를 이들 국가에 적용하였다.

> 기술의 채택 곡선은 S자 형태를 띤다. 초반에는 느리지만 꾸준하다가 기하급수적으로 증가한 다음 대다수 인구에 도달하면 정체 상태로 되돌아간다. 라디오, 텔레비전, 핸드폰, 컴퓨터 등이 모두 이 채택 곡선을 따랐다(11장의 'VR은 죽었다' 부분에서 이미 알아챈 독자들도 있을 것이다).

3단계: 경제 모델을 통해 결과 도출

마지막 단계에서는 생산성 수치를 유동적인 계산이 가능한 일반 균형 CGE, Computable General Equilibrium 모델에 입력하여 VR 및 AR 채택이 2030년까지 전 세계 GDP에 미치는 합산 효과와 그 결과로 개선되는 전체 직업 수를 추정하였다. CGE 모델은 글로벌 무역 분석 프로젝트 데이터베이스[18]를 기반으로 구축되는데, 140개국 57개 경제 부문의 규모에 대한 세부 사항을 제공한다. 이는 세계 시장에서 일어나는 경제적인 상호작용을 포착한 것으로 상품과 자원 투입에 대한 기업 상호 간의 거래 및 지출, 상품에 대한 소비자의 지출, 투자 결정, 자본·노동·무역·고용·임금 효과 등의 요소에 대한 수요와 같은 시장 역학을 포함한다. 궁극적으로 이 모델은 가정과 기업, 정부가 서로 어떻게 상호작용하는지를 시뮬레이션한다.

CGE 모델은 전 세계적으로 정책 결정에 널리 사용된다. 따라서 세계 경제 수준의 영향력을 모델화하는 데 있어 신뢰도 높은 접근 방법을 대표한다.

결과

이 분석 결과는 다음의 여러 차원에 걸쳐져 있다.

- 시간: 2019년부터 2030년까지 매년
- 기술: VR과 AR은 개별적으로 고려됨
- 지리: 8개의 주요 지역 국가를 조사함
- 응용 분야: 5개의 주요 카테고리 포함
- 직업: 몰입형 기술로 얼마나 많은 직업이 개선되었는가?

기술 측면에서 AR은 VR의 경제적 기여 대비 두 배 이상을 차지하며(2021년에 각각 1,050억 달러 대 430억 달러) 이는 2030년까지도 계속될 것이다(1조 1천억 달러 대 4,510억 달러).

국가 관점에서 미국은 강력한 결과를 보여 주는데, 2030년에는 세계 경제에 XR이 미치는 영향의 3분의 1 이상을 차지할 것으로 예상된다(5,370억 달러). 미국, 중국, 일본 3개국의 경제 권역은 2030년까지 예상되는 경제적 영향의 절반 이상을 대표한다. 유럽에서는 독일이 XR에 관련된 '제품 및 서비스 개발'을 통해 2030년 세계 GDP에 271억 달러를 기여하며 지역을 이끌어 홀로 선두를 차지할 것으로 예상된다. 독일 경제에서 제조업 부문이 강력하다는 점이 일정 부분 영향을 미친 결과이다.

다음은 이 분석에서 조사한 5개의 주요한 XR 응용 분야로, 2030년까지 세계 GDP 증대량 추정치를 기준으로 높은 것부터 나열한 것이다.

제품 및 서비스 개발

VR과 AR은 기존 상품 설계와 개발을 개선하고 강화할 뿐 아니라 완전히 새로운 기술을 가능하게 한다. 이로써 더욱 정확하고 현실적인 개념의 생성을 가속하고 상품 개발 진행 경로를 단축하며 상당한 시간 및 금액을 절감할 수 있는 잠재력을 가지고 있다.

의료 서비스

VR과 AR은 의료 서비스 부문에서 향후 10년 동안 일선 환자의 치료는 물론 교육에도 거대한 영향을 미칠 수 있다. VR은 이미 참관인의 수가 제한된 수술실에 대한 의과 학생들의 접근성을 높이는 데 사용되고 있다. 이 기술은 여러 곳에 있는 전문의들이 원격으로 협업하여 다가올 수술 절차를 논의할 수 있게 하는 데에도 사용된다.

개발 및 교육

교육에서 VR과 AR의 사용은 교육 대상자의 참여율을 높이고 지식을 오래 기억할 수 있게 하며, 조직이 대규모의 교육에서도 일관되고 측정 가능한 기준을 가질 수 있게 해 준다. 이 기술은 또한 실제 세계에서 교육을 시행하기에는 실용성이나 안전성이 온전히 확보되지 않는 장소에서도 직원들을 교육할 수 있도록 돕는다. 비상 상황 또는 위험한 환경에서의 자산 유지 관리에 대한 시뮬레이션이 그 예이다.

프로세스 개선

VR과 AR은 직원과 프로세스의 효율성, 생산성 및 정확성을 향상할 수 있는 흥미진진하고 새로운 방법들을 열어 주고 있다. 엔지니어와 기술자들은 AR 인터페이스를 통해 수리에 필요한 도식과 같은 정보를 받을 수 있게 되어 더 빠르게 문제를 식별하고 수리 및 유지보수 업무를 수행할 수 있다. 물류 분야에서 스마트 안경은 작업자를 위한 피킹 정보를 표시하고, 관련된 위치를 강조하며, 상품 상세 정보와 포장 지침을 보여 줄 수 있다.

소매업 및 소비자

VR과 AR은 소비자를 참여시키고 즐겁게 하며 상호 작용하게 하는 새로운 방법들을 제공하여 영화, 게임 및 소매 분야에서 새로운 가능성을 만들어 낸다.

영역	통합 카테고리	2030년까지의 전 세계 GDP 증대량 추정치
조직 미팅	제품 및 서비스 개발	3천 594억 달러
디자인, 시각화, 구축		
탄력 근무		
의료 서비스	의료 서비스	3천 509억 달러
조직 내 훈련	개발 및 교육	2천 942억 달러
교육		
자산 보수 및 유지	프로세스 개선	2천 750억 달러
물류 및 위치 매핑		
소매 프로세스	소매업 및 소비자	2천 40억 달러
고객 경험		
비디오 게임		

[표 12.1] XR 응용 분야의 통합 카테고리와 2030년까지 예상되는 전 세계 GDP 증대량을 나타낸 표.

XR로 개선되는 직업

PwC는 2021년 기준으로 260만 개의 직업이 XR 기술을 통해 개선될 것으로 예견하였는데, 이는 아직 시작에 불과하다. 2030년에는 그 수치가 2,340만 개로 증가할 것으로 예상되기 때문이다. 앞서 언급한 응용 분야들과도 관련이 있으며 전 세계적으로 모든 분야에 걸쳐 적용된다.

이러한 수치는 비즈니스와 경제에서 몰입형 기술이 갖는 영향력에 대한 폭넓은 분석의 일부이며, PwC의 〈백문이 불여일견〉 보고서에 자세히 다루어져 있다. 이 보고서를 올려 둔 웹 페이지에는 탐색기가 있어 개별 연도와 국가의 데이터를 살펴볼 수 있고, VR과 AR 각각에 대한 GDP

중대량의 결과치를 금액 및 비율 관점에서 확인할 수 있을 뿐 아니라 개선된 직업의 숫자와 비율도 볼 수 있다.

요약

- XR 기술은 이미 효율성을 창출하고 생산성을 높임으로써 세계 경제적으로 가치를 더해가고 있다.

- 이는 2030년까지 계속 증가 추세에 있을 것이다(이 분석을 위한 예측은 여기까지 진행되었지만, 그 효과는 2030년 이후로도 지속될 것으로 예상됨).

- XR 기술로 전 세계적으로 수백만 개의 직업이 수많은 부문에 걸쳐 개선될 것이다.

관련 학술 연구 급증

대학은 XR 생태계에서 대단히 중요한 이해 관계자이다. 대기업의 선도적인 연구 부서들과 더불어 대학은 XR 기술에 대한 우리의 이해를 증진하고 기술적, 기능적, 상업적 관점에서 발전시킬 책임을 진다. 이들이 수행하는 작업은 과학적 엄격함과 방법론을 사용하여 어떤 문제들이 기술 배포를 통해 효과적으로 해결될 수 있는지 알려 준다.

학술지에 발표된 논문들을 살펴보면 AR과 VR 모두 관련 연구가 꾸준히 증가하고 있다. 2000년에는 VR에 관련된 논문이 약 600편, AR에 관련된 논문이 약 50편 발표되었다. 2016년에는 연간 VR 간행물이 두 배가 되어 약 1,200편이 되었다. 한편 AR은 아주 적은 양으로 시작했지만 같은 기간에 거의 15배 증가하였다. 이 시기를 기점으로 3년간 해당 연구에 관한 관심이 급증하여 VR과 AR 모두 발표된 논문의 비율이 추가로 두 배 더 증가하게 되었다.

[그림 12.1]에서 확인할 수 있듯이, XR 출간물의 비율은 2016년부터 확연히 빠른 속도로 증가했다. 이는 페이스북이 오큘러스를 30억 달러에 인수한 지 2년 뒤의 일로 산업계와 학계 모두에 연쇄 효과가 발생한 것일 가능성이 있다.

XR에 대한 학술 연구가 온전히 기업의 요구 사항에만 집중되는 것은 아니지만, 이 기술에 대해 초점을 맞춘 연구가 증가한 것은 사실이며 순전히 그 연구들의 수만 보더라도 어떤 연구 결과는 자연스럽게 비즈니스에도 적용될 것임을 예상할 수 있다. 또 여러 사업상 문제에 대해 XR이 갖는 유효성을 입증하는 증거는 점차 많아지고 있지만, 특히나 조직과의 제휴를 통해 수행되는 연구들의 경우에는 이 증가세에 직접적으로 보탬이 될 것이다.

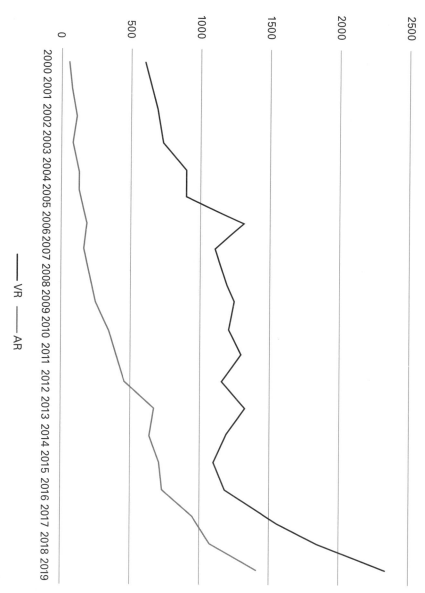

[그림 12.1] 마이크로소프트 아카데믹(Academic)에서 해당 주제 영역을 검색한 결과에 기반한 2000~2019년 VR 및 AR에 관한 학술지 출판물 추이.

리즈 대학: 치의학 교육에서 VR의 가치를 연구

리즈 대학UoL, University of Leeds은 1831년 설립된 리즈 의학교로까지 그 기원이 거슬러 올라가는 연구 중심 공립대학이다. 이 대학은 영국에서 연구 능력으로 상위 10위권 안에 있는 학교이며 38,000명 이상의 학생이 이곳에 몸담고 있다.

2012년에 UoL 치과대학은 거의 2백만 달러를 투자하여 영국에서 동종 최대이자 세계 최대 규모 중 하나인 VR 치과 시뮬레이터 시스템 제품군을 도입하였고, 이를 통해 수업을 듣는 학생들이 모두 동시에 실습을 진행할 수 있게 되었다. 이 시스템은 위치를 추적하는 물리적 도구(사실상 '치과용 VR 컨트롤러'), 편광 안경을 착용한 사용자에게 3D 이미지를 제공하는 디스플레이 화면, 그리고 교육 교과와 가상 환자 기록을 살펴보기 위한 터치스크린 패널로 이루어진 일체형 장치이다. 또한 이 시스템에는 내장형 햅틱 기술이 포함되어 사용자의 힘에 반동을 줌으로써 다양한 치과 시술을 수행할 때 사실적인 느낌을 만들어 준다.

UoL의 연구원들은 다양한 관점에서 VR 시스템이 치의학 교육에 어떤 가치가 있는지 조사하기 위해 이를 사용해 왔다. 그들이 수행한 연구 중 약 300명의 참가자를 대상으로 한 한 연구에서는 VR 시뮬레이터가 다양한 수준의 치과 시술 능력을 구별할 수 있다는 사실이 드러났고, 이는 치의학 수련의를 평가하는 시뮬레이터 성능에 대한 신뢰감을 제공하였다. 또 다른 연구에서는 VR 시뮬레이터를 사용한 학생의 초기 성과를 통해 실제 세계에서의 치과 시술 역량을 성공적으로 예측할 수 있다는 것이 증명되었다. 후속으로 수행된 연구에 따르면 이렇게 예측한 결과는 기존의 전통적인 교육 방법을 통한 예측 결과보다 더 정확하다고 밝혀졌다.

다년간의 분석과 조사 발표에 따라, 그들은 다음과 같은 이유로 VR을 치의학과 학생들의 교육에 사용할 수 있다고 결론지었다.

- 더 빠름
- 더 안전함
- 더 효과적임
- 더 비용 효율적임

VR 시뮬레이터 없이 전통적인 방식으로 교육을 받았던 학생들은 입이 벌려지고 이빨은 없는 마네킹인 '팬텀 헤드phantom head*'와 거기에 끼울 수 있는 실제 치아 및 플라스틱 치아 모형을 사용했다. 이는 치아와 드릴 부품을 포함한 일회용 물품들의 지속적인 공급에 의존하는 방식이다. 그러나 VR의 사용은 이런 물리적 품목들에 의존하지 않으므로 물품 낭비, 물 소비, 비용이 감소한다. 또한 강사가 관찰하는 것보다 더욱 세밀하고 객관적인 데이터를 VR 시스템으로부터 직접 수집할 수 있다. 예를 들어 학생별 손과 눈의 협동 능력을 평가하고 그 결과 데이터를 통해 학생들을 기술 수준별로 분류하여 추가 지원이 필요한 학생을 식별하는 것이다.

인구의 약 5퍼센트가 신경학적 기저 질환을 앓고 있어 치의학에서 필요한 미세 운동 기술을 습득하는 데 어려움을 겪는다. VR 치과 시뮬레이터는 더 빠르게 이 정보를 확인하는 데 도움이 될 수 있다.

VR 시뮬레이터를 통해 교육을 받은 치의학 수련의와 강사에게 기존의 전통적인 교육을 받은 치의학 수련의를 직접 비교한 UoL의 연구에 따르면 학생들은 두 경우 모두 배움을 얻었으나, VR 시뮬레이터로 실습할 경우 전체 학급을 관리하는 데 한 명의 강사만 있으면 되어 교육이 더 빠르게 진전될 수 있음이 드러났다. VR 시뮬레이터는 학생들이 필요에 따라 사용할 수 있는 효과적인 교육 시스템이다. 또 이론적으로 무한정의 횟수로 치과 사례를 불러올 수 있어 기술을 충분히 연마할 실습 기회를 제공한다. 학습의 초기 단계에서 진짜 환자를 대표하면서도 해를 끼칠 위험이 없는 대상에게 실습할 기회가 많아지는 것이다.

이 사례는 엄격한 학술 연구를 통해 UoL이 어떻게 치의학 교육에 VR을 사용하여 교육 효과와 효율성, 안전성을 증가시켰는지 보여 준다. 이 연구와 전 세계의 다른 학술 연구들을 통해 다양한 응용 분야와 산업계에서 XR의 이점을 지속적으로 더 잘 이해할 수 있었다.

---

* '유령 머리'라는 뜻.

조직 및 사회의 비디오 게임 동향과 기술의 수용

진지한 게임

비디오 게임은 VR과 AR에 관련된 전형적인 분야로, 오락의 한 형태로 간주된다. 하지만 많은 조직이 오락과는 전혀 관련 없는 목표를 달성하기 위해 비디오 게임과 관련 메커니즘을 사용해 왔다. 사실 오락 이외의 목적으로 게임을 사용하는 분야와 이를 일컫는 말까지도 따로 존재한다. 적절하게도 이 분야는 '진지한 게임serious games'이라고 불린다. 미국의 연구원인 클락 앱트Clark Abt는 이와 같은 이름의 도서를 1970년에 발간한 저자로, 이 책에서 해당 용어를 소개하였다.[21] 앱트는 '진지한 게임'이라는 개념과 이 용어에 대해 일단의 사람들이 가지고 있는 역설적인 인식을 다음과 같이 잘 요약하였다. '게임은 진지하게도 또는 가볍게도 즐길 수 있다. 우리는 진지한 게임들이 명백하고 신중하게 깊이 숙고한 교육적 목적을 가지며, 오락을 즐기는 것이 주된 목표가 아니라는 점에서 관심이 있다. 이는 진지한 게임이 재미있지 않다거나 재미가 있어서는 안 된다는 의미는 아니다.'

심지어 진지한 게임의 개념 자체는 그 용어가 만들어지기 오래전부터 사용되었다. 군사 조직에서는 실제 세계의 복잡성을 재현하는 방법으로 게임과 비슷한 시뮬레이션을 사용한다. 이런 게임 형식의 시뮬레이션은 비용 효율적인 훈련을 제공하기 위해 미군이 1948년 제2차 세계대전 직후 존스 홉킨스 대학의 작전 연구실과 협력하여 '방공 시뮬레이션'을 만든 이래로 사용되었다. 이는 최초의 컴퓨터 게임이라고도 볼 여지가 있다.

미군은 컴퓨터 기술의 초창기부터 많은 수의 시뮬레이션을 만들어 왔으며, 그중 일부는 소비자 영역과 접점을 가졌다. 2002년에 처음 출시된 〈미 육군America's army〉이라는 비디오 게임 시리즈는 대중에 대한 홍보 수단으로 군에서 개발한 것이었다. 이 아이디어는 '컴퓨터 게임 기술을 사용하여 대중에게 매력적이고 유익하며 재미있는 가상 군인 경험을 제공하기를 구상'한 미합중국 육군 사관 학교의 이사 케이시 워딘스키Casey Wardynski 대령이 고안하였다. 22

> ### 알고 계셨나요?
>
> 교육 도구로 탄생한 어떤 시뮬레이션들은 그 자체로 비디오 게임이 되었다. 전 세계의 소비자들은 기차 운전과 비행기 운항부터 병원과 동물원 운영에 이르기까지 모든 것을 다루는 시뮬레이션들을 구매하고 즐긴다.

기업과 학계의 게임화

군사 조직과 비슷한 방식으로 기업들은 다양한 행위를 장려하고 사업 성과를 달성하기 위해 비디오 게임 기술 및 기법을 사용해 왔다. 이를 대체로 '게임화gamification'라고 부른다. 무미건조하기 이를 데 없는 규정 안내용 온라인 교육마저도 매력적인 인터랙티브형 서사 구조로 게임화하여 교육을 한결 즐거운 경험으로 전환하고 학습 효율을 향상한 조직 또는 상품의 사례는 많이 있다. 고객 관계 및 내부 소통을 관리하기 위해 기업에서 사용하는 세일즈포스Salesforce나 야머Yammer, 자이브Jive와 같은 기업용 소프트웨어는 게임화 요소를 내장하고 있거나 그런 모듈 과정을 구매할 수 있게 되어 있다.

이들은 일반적으로 프로필 배지나 포인트 또는 다른 형태의 보상과 같은 게임 메커니즘을 도입한다. 정보를 게시하고 지식을 공유하며 플랫폼 사용자의 경쟁 심리와 자아를 자극하는 등 의도된 행동에 대한 대가로 보상이 제공된다. 이러한 인정과 보상 구조는 새로운 개념이 아니다. 군대와 민간을 막론하고 전 세계의 여러 조직에서 메달, 상 및 칭호를 유사한 방식으로 사용한다. 영국의 보험 회사인 바이탈리티Vitality는 고객들이 걷기와 운동을 통해 포인트를 쌓고 커피부터 극장표에 이르는 다양한 보상을 얻어 가도록 장려한다.

진지한 게임은 소비자 영역에서조차 아주 흥미로운 시민 과학 분야에도 등장하였다. 〈폴드잇Foldit〉이라는 앱은 사람들이 다양한 방식으로 단백질 구조를 '접고Fold', 추가적인 분석을 위해 최고 점수를 얻은 솔루션을 제출하는 게임을 하게 함으로써 과학 연구에 공헌하도록 장려한다. [23]

비디오 게임 산업과 차세대 리더들

비디오 게임 산업은 무시할 수 없는 힘을 갖고 있으며 그 규모는 음악과 영화를 합친 것보다도 더 크다. 이는 다음의 데이터에서 제대로 확인할 수 있다. 2020년까지 약 10년 간 가장 높은 이익을 거둔 영화는 2019년 4월에 개봉한 〈어벤져스: 엔드게임〉이었다. [24] 이 영화는 개봉 후 첫 이틀 동안 전 세계적으로 3억 500만 달러를 벌었다. [25] 한편, 비디오 게임 〈그랜드 테프트 오토 VGrand Theft Auto V*〉는 그보다 거의 6년이나 이전인

---

* 주로 약칭인 'GTA V'로 불리며, V는 5번째라는 의미이다.

2013년 9월에 출시되었는데도 단 하루 만에 8억 달러를 벌어들이며 절반의 시간 동안 두 배 이상의 이익을 냈다.[26]

비디오 게임은 현대 사회의 기반 구조에 깊이 박힌 상태가 되었다. 온 지구를 통틀어 약 3명 중 1명은 PC, 콘솔 또는 휴대용 기기 중 하나로 비디오 게임을 즐긴다.[27] 관련 지출 측면에서 가장 중요한 세대로 꼽히는 밀레니엄 세대는 매달 게임에 평균 112달러를 소비하며, 이는 월 59달러를 소비하는 X세대의 약 두 배에 가까운 수치이다.[28] 많은 밀레니엄 세대들은 2020~2030년 동안 조직의 고위 직책으로 이동하여 비디오 게임을 더 많이 수용하고 그 잠재력을 이해하는 문화를 가져올 것이다.

> "우리는 디지털 시대에 살고 있습니다. VR은 생소한 존재가 아니며 급격한 변화는 이 시대의 표준입니다. 네, 그렇습니다. VR과 AR 기술은 우리가 혁신하는 방식대로 쭉 나아가기 위해 매우 중요한 존재입니다. 왜냐하면 그것이 이 세대가 익숙한 것이니까요."
>
> - 알레시아 듀혼(Alethea Duhon), 미 공군 모델링 시뮬레이션 기관의 기술 부문 이사[29]

적십자: 재해 대응 훈련을 위한 VR '게임'

이 책에서 언급한 대부분의 XR 경험은 '게임 엔진'을 기반으로 구축되었다. 게임 엔진은 전통적으로 PC나 콘솔, 핸드폰용 비디오 게임을 만드는 데 사용했으며 이제는 기업용 앱을 만드는 데도 사용한다.

많은 조직에서 공동의 목적을 위해 게임을 제작하려고 게임 엔진을 사용한다. 국제 적십자 협회ICRC, International Committee of the Red Cross 역시 그중 하나다.

ICRC는 90개국 이상에서 무력 충돌의 영향을 받는 사람들을 돕고 국제 인권법의 준수를 촉진하기 위해 활동하고 있다. 스위스 제네바에 본부를 둔 ICRC는 전 세계적으로 18,000명 이상의 직원을 두고 있다. 여기에는 교육 목적으로 VR을 사용하여 재난 시나리오에 직원과 파트너를 몰입시키는 VR 전담 팀도 포함되어 있다.[30]

앞서 이야기한 시나리오 중 하나는 재난 상황에서 사용자를 법의학 조사에 몰입시키는 내용으로 태국의 촌부리^{Chonburi} 지방에서 사용되었다. 출발하기 전 각 사용자는 실제 세계에서 하듯이 (가상으로) 적절한 개인 보호 장비^{PPE}를 착용하고 관련 자재를 챙겨야 한다. 이 개인 보호 장비는 장갑, 부츠, 고글, 헬멧, 안면 마스크를 수반한 전신 작업복, 다양한 크기의 증거물 가방들과 카메라 등을 포함한다.

준비가 되면, 이들은 가상의 도시로 탐색을 떠나서 폐수를 뚫고 잔해물을 제거하여 재난 피해자를 발견하고 법의학 조사를 완료한다. 그 후 마지막으로 운반을 위해 피해자들을 시신 가방에 넣는다. 이 과정 동안 교육생들은 피해자의 신원을 밝히는 데 도움이 되는 항목들을 확인하면서 얼굴과 문신, 흉터와 같은 각 시신의 고유한 특징들을 전부 담은 적절한 사진을 찍어야 한다. 공중에 매달려 있는 전기 케이블과 야생 동물은 그 과정에서 중간중간 처리해야 하는 끊임없는 위험 요소이다.

> "과거에는 교육이 똑같은 연습을 반복하는 것에 기반을 두었고, 그로 인해 시간과 비용이 낭비되었습니다. 이제 VR 덕분에 우리는 범죄 현장부터 자연재해의 혼란에 이르기까지 다양한 시나리오를 시뮬레이션할 수 있게 되었습니다."
> - 니티 분드후웡(Nithi Bundhuwong) 경찰청장, 태국 왕실 경찰 소속 경찰 법의학 교육 및 연구소 지휘관

[그림 12.2] VR에서 재난 현장을 탐색 중인 사용자(사진의 상단 오른쪽)의 모습

게임 기술과 기법이 여러 조직에서 사용될 발판을 얻은 데는 디지털 시대의 도래, 스마트폰의 보급, 그리고 장치의 연결성 향상이 함께 작용했다. 학습 기술 시장 조사 업체인 메타리Metaari는 진지한 게임 산업이 호황기에 있으며, 그 매출이 2024년까지 240억 달러 이상으로 4배 증가하리라 예측하였다.[31] 혁신의 최전선에서 VR과 AR을 갖춘 비디오 게임 기술은 필연적으로 이 성장의 일부가 될 것이다.

XR의 성숙화

조사 및 자문 기관인 가트너Gartner는 여러 조직에 다양한 산업과 기능에 관한 정보와 통찰력을 제공한다. 이 기관은 조직이 기술의 발전과 효과를 이해할 수 있도록 돕기 위해 신기술을 분석한다. 그 방법론 중 하나인 가트너 하이프 사이클Gartner Hype Cycle은 스마트 더스트Smart Dust*와 양자 컴퓨터부터 AR과 VR에 이르기까지 광범위한 기술의 진화를 도식으로 표현한다. 하이프 사이클은 시간(가로축) 대비 기술에 대한 기대치(세로축)로 그려진다([그림 12.3] 참조). 하이프 사이클에 따르면 각 기술은 5가지 단계를 거치게 된다([표 12.2] 참조).

---

* 먼지처럼 뿌려서 정보를 감지하는 초소형 센서 기술.

단계	기대	기술의 사업적 실행 가능성	전반적 사업 이익
1. 혁신의 방아쇠	낮음에서 높음으로 성장세	개념 검증	투자 없이 관망
2. 부풀려진 기대의 정점	높음에서 정점까지	낮음	소규모의 사업 이익
3. 환멸의 저점	높음에서 최저점으로 추락	낮음	감소세
4. 계몽의 경사로	저점에서 회복세	성장세	성장세
5. 생산성의 안정기	안정적	안정적	안정적

[표 12.2] 가트너 하이프 사이클의 5단계 요약.

- **혁신의 방아쇠**: 새롭게 떠오르는 기술이 가진 약진의 가능성이 점점 커지는 흥분의 연쇄 반응을 일으켜 기술의 성능에 대한 기대를 촉발함

- **부풀려진 기대의 정점**: 기술의 성능에 대한 기대치가 최고조에 달하도록 그에 대한 홍보가 충분히 이루어진 경우

- **환멸의 저점**: 설정한 높은 기대치를 기술이 만족시킬 수 없다는 불가피한 깨달음으로 인해 그에 대한 신뢰가 곤두박질침

- **계몽의 경사로**: 응용 프로그램의 구현이 더 명확하고 간단해짐에 따라 기술이 성숙함

- **생산성의 안정기**: 기술의 주류 채택이 시작됨

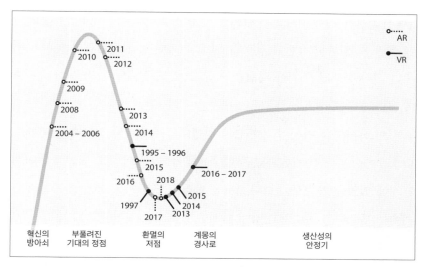

AR
VR

2011
2010 2012
2009
2008
2004 – 2006
2013
2014
1995 – 1996
2015
2016 2018 2016 – 2017
1997 2015
2014
2017 2013

| 혁신의 방아쇠 | 부풀려진 기대의 정점 | 환멸의 저점 | 계몽의 경사로 | 생산성의 안정기 |

[그림 12.3] 1995년 이후 VR 및 AR 기술의 위치는 전형적인 가트너 하이프 사이클을 따라간다.[32]

1995년에 가트너는 첫 번째 하이프 사이클을 발표했으며 그 이후 매년 이를 갱신하고 있다. 바로 그 초판에서 VR은 환멸의 저점으로 굴러떨어지는 형국으로 등장했다. 이후 2년 동안 VR은 계속해서 하향 곡선을 탔고, 1998년 가트너는 당시 VR이 직면한 문제들의 징후로 인해 이 기술을 하이프 주기에서 제거하였다. 팔머 럭키가 오큘러스 리프트를 세상에 선보인 다음 해인 2013년 가트너는 VR을 환멸의 저점 바로 너머에 두면서 다시 등장시켰다. 2016년 마침내 영광스러운 계몽의 경사로에 진입하기까지 VR은 2년을 더 고군분투해야 했다. 이후 2018년까지 가트너는 다시 XR을 사이클에서 제거했는데, 이 기술이 실패했기 때문이 아니라 성공했기 때문이었다. 이 단계에서 VR 헤드셋은 온라인과 매장에서 소비자에게 수백만 대씩 판매되고 있었다. 가트너의 판단에 따르면 이는

VR 기술에서 '최신'이라는 수식어를 인정사정없이 걷어 내고, '하늘을 나는 자율 주행 차량'처럼 누가 봐도 새로운 기술들이 혁신의 방아쇠 단계부터 시작해 고난한 진화 과정을 거칠 수 있도록 이만 자리를 비켜 주어야 한다는 증거였다.

하이프 사이클 이론이 1995년 이전에도 존재했다면, 머리에 탑재하는 디스플레이 다수가 개발되었던 1960년대에 VR은 아마도 혁신의 방아쇠 단계에 있었을 가능성이 크다. VR을 둘러싼 흥분으로 인해 1990년대 초기에는 부풀려진 기대의 정점에 위치하게 되었을 것이다.

알고 계셨나요?

실제로 '가상 현실virtual reality'이라는 용어는 그 기술의 연구에 크게 관여한 컴퓨터 과학자인 재런 라니어Jaron Lanier에 의해 1980년 후반에 이르러서야 대중화되었다.

AR은 2004년에 하이프 사이클에 처음 등장하였으나 VR과 마찬가지로 그 역사는 AR이 학계의 연구 주제였던 1960년대로 거슬러 올라간다. AR은 보잉Boeing의 엔지니어 토머스 카우델Thomas Caudell과 그의 동료인 데이빗 미젤David Mizell이 이 용어를 만들었던 1990년에 산업계의 관심을 끌기 시작했다. 이들은 AR 헤드셋으로 작업자들에게 항공기 배선 지침을 지원할 것을 제안하였다. 1990년대 후반~2000년대 초반에는 방송 오락 산업으로 노선을 틀어 방송사에서 실시간 스포츠 경기의 영상 자료에 정보 그래픽을 겹쳐 띄우는 데 이를 사용하였다. 2009~2010년 사이에, AR

은 인쇄 매체의 주목을 받기 시작하며 부풀려진 기대의 정점에 들어섰고, 〈에스콰이어Esquire〉 잡지는 AR을 통해 독자들이 핸드폰으로 배우 로버트 다우니 주니어Robert Downey Jr.의 모습을 실물처럼 생생하게 만나는 경험을 제공하기도 하였다.

그 후 8년 동안 AR은 많은 활동과 발전 속에서 환멸의 저점 바닥까지 미끄러져 내려갔다. 비즈니스 영역에서 구글과 마이크로소프트는 AR 헤드셋의 첫 번째 버전을 출시하였고, 둘 다 2019년에 2세대 업그레이드를 진행했다. 소비자 영역에서는 나이앤틱과 닌텐도가 〈포켓몬 고〉를 출시하며 AR 기술에 대한 입소문을 더욱 널리 퍼뜨리는 데 일조하였다. 2019년 이래로 가트너는 VR과 비슷한 방식으로 AR을 하이프 사이클에서 제거하였고, 'AR은 훨씬 더 성숙한 상태에 급속히 접근하고 있으며, 혁신을 이끄는 최신 기술 집단에서 벗어나고 있다.'라고 언급하였다.[33]

AR을 하이프 사이클에서 제거한 이 결정은 수십억 대에 달하는 AR 지원 기기의 출현으로 이어진 산업계의 급격한 혁신에 자극받았을 가능성이 크다. 바로 그 기기 중 다수가 지금도 당신의 호주머니 속에 들어있으며 매일 어디서나 함께한다.

높은 스마트폰 보급율

스마트폰을 갖고 있다는 것은 아마도 바로 AR이 가능한 휴대 기기를 이미 가지고 있을 가능성이 크다는 이야기이다. 2020년 말을 기준으로 전 세계에는 대략 70억 명의 휴대 기기 사용자와 140억 대의 휴대용 기기가 있는 것으로 추정된다.[34] 즉, 세계 인구의 약 90퍼센트가 휴대 기기 사용자이고, 이 사용자들이 평균적으로 각자 두 대의 기기를 갖고 있다는 뜻이다.

이 점을 좀 더 면밀하게 살펴보자. AR 관점에서 모든 휴대 기기가 모든 방식의 AR 앱을 실행할 수 있는 것은 아니다. 그러나 그 스펙트럼에서 가장 기초적으로 필요한 것은 오직 카메라뿐이고, 카메라는 어느 휴대 기기에나 있는 보편적인 것이 되었다. 사실 나는 온라인 검색을 통해 널리 사용되는 휴대 기기 중 카메라가 없는 것을 찾으려고 애를 썼다. 내가 생각해 낼 수 있는 최선책은 아마존 웹 페이지에서 '카메라 없는 휴대폰'을 찾아보는 것이었는데, 검색 결과로 나온 것이 고작 세 가지 모델뿐이었고 그중 두 가지는 더 이상 구할 수도 없었다.

만약 '고성능' 휴대 기기만 고려한다면 어떠할까? AR 관점에서 볼 때, 고성능 휴대 기기란 물리적 표면의 기하학을 이해할 능력이 있는 것으로 정의할 수 있었다. 다시 말해, 단지 카메라에서 얻는 정보만으로 3D 지도를 구축할 수 있다는 것이다.

안드로이드Android와 아이오에스iOS는 시중에 나와 있는 휴대 기기의 98퍼센트 이상에서 사용하는 운영 체제를 대표한다.[35] 앞서 언급하였듯, 이 운영 체제에서 고성능 AR을 가능하게 하는 소프트웨어는 각각 AR코어와 AR키트이다. AR코어를 사용하기 위해서는 일반적으로 최소 안드로이드 7.0 이상의 운영 체제, 구글 플레이 스토어Google Play Store*가 깔린 상태로 배송된 기기, 그리고 접속 가능한 인터넷이 필요하다. 만약 애플의 AR키트를 지원하는 휴대 기기(애플 A9 또는 이후의 프로세서가 필요)에도 인터넷 접속 기준을 적용하면 시중에 나와 있는 이러한 휴대 기기는 대략 20억 대가 된다.

영국에 거주하는 사람이라면 영국 우편 회사 로열 메일Royal Mail 앱을 내려받아 이 회사가 어떻게 AR을 사용하여 고객들을 돕는지 실질적인 사례를 볼 수 있다. 이 앱의 AR 기능은 아래와 같다.

로열 메일: 우편 요금을 알기 위한 AR 소포 크기 측정기

로열 메일은 500년 이상 영국 곳곳에 우편물을 배달해 온 영국의 우편 서비스 및 택배 회사이다.

2018년 10월 더 많은 온라인 서비스를 가능케 하기 위한 홍보 활동의 일환으로 로열 메일은 고객들이 자기 소포를 추적하고, 수령하지 못한 소포의 재배송 일정을 조율하고, 가장 가까운 고객 서비스 지점을 찾는 데 도움을 받을 수 있는 휴대 기기용 앱(안드로이드 및 iOS용 모두)을 출시하였다. 설문 조사에 따르면, 일부 고객의 주된 고충은 자기 우편물의 크기와 비용을 산정하는 데 확신이 없어 그 결과로 소포 배송이 지연될 것이라는 점이었다.

출시 1년 후 로열 메일은 자사의 휴대 기기용 앱에 고객들이 우편으로 보내려 하는 물품들의 크기와 가격을 정확하게 알 수 있도록 도와주는 AR 기능을 업데이트하였다.[36] 고객은 우편 발송 절차를 거치는 동안 소포의 크기를 입력하라는 질문을 받게 된다. 여기서 고객들은 수동으로 값을 집어넣거나 AR 소포 크기 측정 기능([그림 12.4] 참조)을 사용하는 것 중 하나를 선택할 수 있다. 후자를 선택하면, 사용자의 물

---

* 안드로이드 앱을 구하고 매매할 수 있는 구글의 앱 생태계 장터.

리적 환경에 디지털 상자가 나타난다. 사용자는 로열 메일의 세 가지 소포 분류인 대형, 중형, 소형 중에서 선택할 수 있으며 이에 따라서 상자의 크기가 달라진다.

[그림 12.4] 로열 메일의 아이폰 앱에서 촬영한 스크린샷. 동작 중인 AR 소포 크기 측정기 기능을 보여 줌.

디지털 상자는 어떤 표면에도 놓을 수 있고 버튼을 눌러서 환경을 고정할 수도 있다. 한번 고정이 되면, 고객들은 이를 옆에 있는 실제 물리적 소포와 비교하여 자신의 소포가 어떤 범주에 속하는지 시각적으로 확인할 수 있다. 이는 시간을 아껴 주고 적절한 우편 요금을 지불했다는 확신을 키워 준다.

로열 메일의 휴대용 앱은 2백만 번 이상 다운로드되었으며, 해당 AR 기능은 영국 전역의 고객들이 온라인으로 우편 요금을 지불할 때 안심할 수 있도록 돕는다.

스마트폰과 VR

전 세계적인 스마트폰의 확산은 AR 기술을 강화한다. 한편 스마트폰을 VR 기기의 전원 공급과 화면 출력 용도로 사용하는 것은 과열부터 헤드셋의 특정 자리에 핸드폰을 꽂아야 하는 열악한 사용자 경험에 이르기까지 많은 문제를 야기한다. 또한 배터리를 빠르게 고갈시키기 때문에 인근에 신속하고 간편한 재충전 수단이 없는 한 당분간 또는 온종일 핸드폰 없이 지내야 할 수도 있다. 이런 문제들은 스마트폰 기반의 VR이 몰락하고 독립실행형 VR 헤드셋이 발전하게 된 원인으로 작용하였다.

VR 경험에 스마트폰을 사용하는 것이 여전히 합리적인 일부 틈새시장 사례도 있다. 그중 하나는 몰입이 중요하지만 단기간만 진행되는 소비자 조사 목적의 경우이다. 다른 하나는 교육이다. 두 가지 응용 분야 모두 최종 사용자가 이미 주요 하드웨어(스마트폰)를 갖고 있다는 이점을 누릴 수 있으며, 핸드폰을 위한 간단한 VR 헤드셋 몸체만 보급하면 되므로 배포 비용이 훨씬 적게 든다.

eXtended
Reality

AR VR XR

13

결론

XR
Business
Future

지금까지 비즈니스 분야에서 VR과 AR 기술이 갖는 경이로움에 대해 즐겁게 일독했기를 바란다. 그리고 어떻게 이것들을 사용할 수 있고 어떤 이점이 있는지에 대해 더 잘 이해했기를 바란다. 나는 이 기술들이 미래에 일상적인 개인 생활과 직업 생활의 중요한 부분을 형성할 것이라고 믿는다.

이 도서의 여정에서 광범위한 주제와 정보를 탐색하게 되었을 것이다. 이에 대해 할 수 있는 한 간결하게 요약하여 말하자면 다음과 같다.

XR은 모든 산업에 걸쳐 전 세계적인 영향력을 갖는다

오늘날 XR은 앞서 등장한 수많은 사례 연구에서 볼 수 있듯이 비즈니스로서 가치가 있다. 본래는 학문적 관심과 군사적 잠재력에 관련된 기술이었지만 기업 부문에서 다양한 응용 분야로 진화하였다. 사용자를 다양한 환경에 몰입시키는 VR은 다음과 같은 곳에 사용된다.

- 수백만 명의 직원을 대상으로 소프트 스킬과 실용적 기술의 조합에 대한 교육 형태를 혁신적으로 탈바꿈시킴
- 원격으로 협업하고 작업하는 효과적인 방법을 만듦
- 아직 존재하지 않거나 금전적, 시간적, 건강 또는 안전상의 이유로 접근 불가한 자산 및 환경을 설계하고 시각화함

한편, 사용자의 주위 환경과 관련된 정보를 편리하게 표시해 주는 AR은 다음과 같은 곳에 사용된다.

- 기업들이 운영 작업을 최적화하는 데 도움을 줌
- 효과적인 원격 지원을 제공함
- 개인 용품을 착용해 보고 고객의 환경에서 물리적 상품을 시험해 볼 수 있는 기능을 통해 상품 판매를 증진함

이 책에 나오는 대부분의 사례 연구는 대기업에서 나온 것이다. 이는 대기업만이 XR을 구현할 수 있기 때문이 아니라 그들의 인지도가 더 높고 자사의 XR 솔루션에 대해 더 많은 세부 사항을 공개하기 때문이다. 소규모 회사는 직원의 수가 적어 비용이 많이 들거나 복잡한 프로젝트를

상대적으로 덜 수행하기 때문에 여러 가지 측면에서 대기업보다 더 쉽게 XR을 구현할 수 있다.

XR의 비즈니스적 사용은 도전적인 과제지만 보상은 크다

XR은 비즈니스로 인정받고 구현되는 것을 방해하는 대량의 잘못된 정보와 선입견으로 인해 어려움을 겪고 있다. 이것을 바로잡자면 다음과 같다.

- XR은 게임과 오락만을 위한 것이 아니다. XR은 믿을 수 없을 만큼 재미있고 매력적인 경험을 선사할 수 있고 그것만 해도 보기 드문 사업상 이득이지만 많은 조직에서는 가시적인 사업적 성과를 도출할 목적으로 XR을 사용하고 있다.

- XR 프로젝트는 비용을 많이 들이거나 복잡하게 진행할 필요가 없다. 소규모 시범 프로그램만으로도 얻을 수 있는 이점이 많다. 이는 더 간단하고 저렴하며 자원 집약도가 낮다. 또한 솔루션을 다음 단계로 끌어올리기 위해 비즈니스 사례를 구축할 때 필요한 목표 데이터까지 제공한다.

- 거시적인 관점에서 봤을 때 XR에 대한 사회적 생소함과 그 기술에 접속하고 다루는 방법에 대한 두려움은 이를 조직에 도입하기 더 어렵게 만든다. 하지만 그 기

술의 강점과 한계를 이해하는 데 기꺼이 시간을 투자할 용의가 있는 사람들에게 는 가치가 있다. 실질적으로 이는 XR 프로젝트 이해 관계자들이 그 기술과 다양한 형태를 직접 경험하고 자체 연구를 통해 발전에 대한 최신 정보를 유지해야 함을 뜻한다. 배포 시점이 되면 소통과 적응의 관점에서 직원들에게 기술을 소개하는 데 도움이 될 몇 가지 작업이 이루어져야 할 것이다.

- XR은 스쳐 가는 유행도 아니고 심지어 신개념도 아니다. 1960년대부터 디지털 형태로 다루어져 왔으며 그보다 오래전에도 더 추상적인 형태로 활용되었다. XR 은 비즈니스적 가치를 이미 입증하였고 이는 앞으로도 수년간 더 이어질 것이다.

비즈니스적으로 XR과 그 응용 분야를 더 잘 이해하는 데 시간과 돈을 투자할 용의가 있는 사람들은 비용 및 시간의 절약, 건강 및 안전의 개선, 지속 가능성의 향상, 프로젝트 이해 관계자들과의 긴밀한 공조, 기타 직무별 효율성 등 다양한 이점을 얻을 수 있다.

XR은 앞으로 더 자주
등장할 것으로 예상된다

XR 산업에 연결된 모든 이해 관계자는 이제 이 기술을 발전시키기 위해 하나로 뜻을 모으고 있다.

- 주요 XR 기업들은 기술의 사용 경험을 향상하기 위해 새로운 하드웨어 및 소프트웨어의 설계를 연구 및 개발하고 있다.

- 많은 대기업이 자사 사업 전략의 일환으로 XR을 구현하는 데 상당한 양의 자원을 투입하고 있다.

- 스마트폰 제조사들은 전 세계 인구 대부분에게 XR을 지원하는 휴대폰을 제공하고 있고 이를 통해 사용자들은 XR 기술에 기본적으로 접근할 수 있다.

- 개인 투자자(에인절)부터 민간 및 기업형 벤처 캐피털에 이르기까지 모든 종류의 투자자들이 시장에 혁신적인 XR 앱을 출시하는 신생 스타트업 기업에 자금을 지원하고 있다.

- 여러 국가의 정부는 XR의 성장을 지원하기 위해 네트워크를 만들고 자금 및 보조금을 조성하고 있다.

- 교육 기관은 과거 어느 때보다도 빠른 속도로 XR에 관한 연구 논문을 내놓고 있고 어떻게 이 기술이 특정 부문 및 응용 분야들에 도움이 될 수 있을지 더욱 명확하게 밝히기 위해 힘쓰고 있다.

'VR의 해'라는 개념은 '노트북의 해' 정도로밖에 별다른 큰 뜻이 없는 말이겠지만 VR과 AR 기술 모두 엄청난 가치를 제공한다는 점에는 이견

이 있을 수 없다. 한편, 요구되는 하드웨어와 소프트웨어는 매일 시간이 지날수록 더 작아지고, 단순해지고, 저렴해지고 있다. 이는 더욱 많은 앱과 사용자들을 매료시켜 끌리게 만들 것이다.

14

XR 장비

결론 장을 읽으면 도서의 여정이 끝났다고 느낄 수 있겠지만 아직 남은 이야기가 있다. 기술적 세부 사항을 더 깊게 파고들고자 하는 이들을 위해 이 마지막 장을 남겨 두었는데, 여기서는 XR의 다양한 정보 표시 방식들을 몇 가지 짤막한 역사적 지식과 함께 소개하고자 한다.

XR 하드웨어는 다음의 4가지 주요 영역으로 분류할 수 있다.

- 헤드 마운트 디스플레이HMDs, Head-Mounted Displays*
- 핸드헬드**
- 프로젝션 시스템***
- 대형 스크린

---

* 머리 장착형 화면 표시 장치.
** 손으로 들고 사용할 수 있는 소형 기기.
*** 화면 투영 장치 체계.

헤드 마운트 디스플레이

이것은 VR이나 AR을 생각할 때 언제나 누구라도 일반적으로 마음에 떠올리는 가장 흔한 장치와 이미지이다. 흔히 헤드셋, 고글, 안경 등을 포함하는 이 범주는 사용자가 보는 디지털 개체나 환경을 표시하는 것으로 머리에 착용하는 모든 형태의 기술을 망라한다.

VR

모든 VR 헤드셋은 추적 시스템, 디스플레이 화면, 처리 시스템 및 전원으로 구성된다. 사용자가 가상 환경 주위를 이동하고 둘러볼 때 추적 시스템은 이러한 움직임을 계속 주시하고, 이를 통해 사용자가 어디 있어야 하고 무엇을 보아야 하는지 확인하며, 그에 따라 디스플레이를 업데이트하는 처리 시스템으로 전송한다. 현대의 VR 헤드셋에서는 이러한 디스플레이 업데이트가 초당 120번 일어나 실제로 가상 세계를 탐색하고 있는 것 같은 착각을 불러일으킨다.

예를 들어 데스크톱 컴퓨터처럼 처리 시스템이 헤드셋 외부에 있다면 케이블을 사용하여 두 장치를 연결해야 한다. 이런 방식의 VR 헤드셋을 테더링 헤드셋Tethered Headset*이라고 부른다. 이런 방식으로 케이블에 구속되는 것은 아무리 잘 해 놓아도 불편하고(사용자가 가상 환경에서 몸을 돌릴 때 케이블이 몸을 칭칭 감게 되는 모습을 떠올려 보라) 최악의 경우 위험하기까지 하다(눈에 띄지 않는 케이블에 걸려 넘어지는 경험은 결코 즐겁지 않을 것이다!). 이 시스템은

---

* 케이블 유선 연결형 헤드셋.

구글과 삼성 같은 회사들이 대체 처리 전원을 고려하여 핸드폰으로 전력이 공급되는 헤드셋을 만들어 내기 전까지는 'VR 헤드셋'으로 정의되었다. 그 뒤를 이은 것이 2014년 구글의 카드보드Cardboard*([그림 14.1] 참조)와 삼성 기어Gear VR의 탄생이었으며, 전자의 경우 구글에서 2019년 11월까지 1,500만 개 이상 출하되었다고 알려졌다.[1]

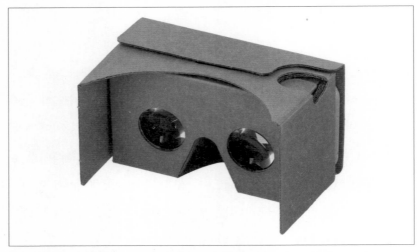

[그림 14.1] 구글 카드보드는 논란의 여지가 있다. 구글 카드보드는 그 이름처럼 거의 전부 종이 골판지로 만들어졌기 때문에 가격이 저렴하고, 브랜드 표시도 가능하며, 다양한 스마트폰을 수납할 수 있고, 납작하게 포장할 수 있어 운반이 쉽다. 이 상품은 널리 퍼졌고 많은 사람에게 VR의 진입점으로 작용했다. 하지만 상당한 한계가 있었다. 낮은 콘텐츠 품질과 약한 내구성에 시달렸고, 입력에는 기계식 버튼 하나만 사용할 수 있었으며, 사용자가 들고 있어야 했고, 다른 많은 헤드셋에 비해 표준 이하의 시각적 결과를 생성하였다. 하지만 이전 장에서 보았듯이 앱과 잘 호환되기만 한다면 이러한 제약 사항들은 여러 조직에서 사용하는 데 중대한 문제가 되지는 않았다.

VR에 대한 소비자 관심에 부응하기 위한 노력이 이어졌고, 엄선된 고성능의 핸드폰에서 실행되도록 구글이 제작한 데이드림Daydream과 함께

---

* 골판지, 마분지라는 뜻.

이를 둘러싼 생태계가 발전하였다. 그러나 2019년 10월 구글은 데이드림 프로젝트를 중단하면서 이렇게 말했다. "스마트폰 VR이 실행 가능한 장기적 기반의 솔루션으로 발전하는 것을 제약하는 확실한 한계를 몇 가지 발견했습니다. 가장 주목할 점은 핸드폰을 헤드셋에 꽂아 놓고 온종일 다른 앱에 접근하지 못하게 하는 것은 사람들에게 엄청난 불편을 초래한다는 것입니다."[2]

이 시점에 이르러 사용자에게 더 능률적인 경험의 제공을 약속하는 새로운 유형의 헤드셋이 시장에 출시되었다. 핸드폰, 컴퓨터 또는 다른 어떤 외부 시스템도 필요로 하지 않는 휴대용 장치였다. '독립실행형' 헤드셋의 탄생이었다(그림 14.2 참조).

초창기 독립실행형 헤드셋은 방향은 추적할 수 있었으나 위치는 추적할 수 없었다. 즉, 둘러보기만 가능할 뿐 가상공간 안에서 움직여 볼 수는 없었다. 이를 3 DoF(자유도) 헤드셋이라고 하며 사용자에게 아래와 같은 시야를 제공한다.

- 위아래
- 왼쪽과 오른쪽
- 시계 방향과 반시계 방향

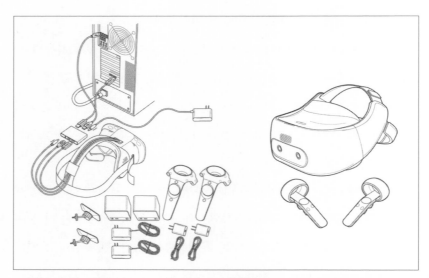

[그림 14.2] 케이블 연결형 헤드셋에서 독립실행형 헤드셋으로의 여정은 편의성의 발전이자 사용자 경험의 진화였다. 왼쪽은 2016년 4월 HTC에서 출시한 케이블 연결형 헤드셋의 구성 요소이다. 오른쪽은 2019년 4월에 출시한 독립실행형 헤드셋 중 하나이다.

[그림 14.3] 전원을 공급하는 핸드폰에 연결된 안경 형태의 VR 헤드셋을 테스트하는 모습. 이 사진을 찍어준 토머스 기어Thomas Gere 씨에게 감사를 보낸다.

곧이어 기술의 발전으로, 독립실행형 헤드셋으로도 사용자의 위치상 변화를 추적할 수 있게 되었다. 이는 휴대성을 높였을 뿐 아니라 6 DoF 기능을 가능하게 하였다. 사용자는 이제 케이블에 매여 있을 필요 없이 물리적으로 가상 환경을 둘러보고 돌아다닐 수 있게 되었다.

VR 제품의 형태

VR 광학계의 발전 덕분에 일부 VR 헤드셋은 무겁고 전면이 육중한 헤드셋이라기 보다는 초대형 크기의 고글처럼 보인다. 안경처럼 양쪽 귀에 걸쳐 쓸 수 있는 안경다리도 달려 있다. 이는 일반적으로 스마트폰과 같은 외부 처리 장치에 의해 전원을 공급받으며 테더링으로 연결되기는 하나 여전히 휴대성 높은 경험을 제공한다([그림 14.3] 참조).

그렇긴 해도 가장 눈에 띄는 것은 연결형 또는 독립형 중 하나로 사용할 수 있는 큰 상자형의 VR 헤드셋이다([그림 14.4] 참조). 이 형태의 제품들은 이 책에 나온 대부분의 VR 사례 연구와 논의에서 다룬 기능들을 갖고 있다.

[그림 14.4] 독립실행형 VR 헤드셋을 위한 일반적인 상자형 제품 형태의 실례이다. 사진 촬영을 허락해 준 네브 바루차Nev Bharucha 씨에게 감사를 드린다.

AR

AR 기술은 1968년 미국 유타 대학에서 근무하던 컴퓨터 과학자 아이반 서덜랜드Ivan Sutherland가 그의 학생 밥 스프로울Bob Sproull의 도움을 받아 '다모클레스의 검Sword of Damocles'을 만들었던 때로 거슬러 올라간다. 이 헤드셋은 실제 물리적 세계 위에 정육면체와 같은 기본적인 3차원 개체의 윤곽선을 겹쳐 표시할 수 있었으며 최초의 6 DoF 헤드셋이었다.[3]

알고 계셨나요?

'다모클레스의 검'은 같은 이름의 고대 설화에서 따와 명명한 것으로 로마 철학자 키케로Cicero에 의해 유명해졌다.

시라쿠사의 왕 디오니시우스 2세Dionysius II의 총신 다모클레스Damocles는 국왕의 인생을 경험할 기회를 얻었고 이를 기꺼이 수락하였다. 다모클레스가 왕좌에 편안히 앉아 있는 동안 디오니시우스는 그의 머리 위에 말총 한 가닥으로 칼 한 자루를 매달아 두었다. 다모클레스는 이를 알아채자마자 큰 힘에는 큰 위험도 따른다는 교훈을 이해하고 재빨리 그 직위를 포기하였다.

고대의 검과 서덜랜드의 선구적인 AR 하드웨어는 한 가지 공통점이 있다. 둘 다 사용자 머리 위 천장에 매달려 있었던 것이다. 다만 후자의 것은 고맙게도 말총보다는 더 안전한 소재로 고정되었다.

VR과 마찬가지로 핸드폰에 의해 외부 전원을 공급받는 AR 헤드셋도 있다. 이는 핸드폰의 콘텐츠를 투명 얼굴 가리개에 투영하는 방식으로 작동한다. 이는 일반적으로 다른 선택지보다 더 저렴하다. 심지어 골판지로 만들어지기도 하는데 구글 카드보드의 AR 대응품이 바로 그 예이다. AR 헤드셋 시장의 고사양 제품들 중에는 모든 처리 능력과 컴퓨터

시각 하드웨어가 자체 포함되어 있어 핸드폰이나 다른 장치가 필요하지 않은 독립실행형 모델들이 있다.

광학 시스루See-through* vs 비디오 시스루 AR

광학 시스루OST, Optical see-through AR은 보통 유리나 단단한 플라스틱으로 만들어진 헤드셋의 얼굴 가리개를 통해 직접 볼 수 있는 것으로 한결 일반적이고 이해하기 쉬운 형태의 AR이다. 이 헤드셋에는 주위 세계를 이해하고 처리하는 다수의 카메라와 센서들이 포함되어 있어 사용자가 실시간으로 보고 있는 환경의 3D 모델을 효과적으로 구축한다. 일단 시스템이 주변 환경을 이해하면 해당 공간과 연동된 현실적인 방식으로 해당 환경에 디지털 요소를 도입할 수 있다. 가상의 기계 장비를 공장 바닥에 놓을 수 있고, 가상의 가정용 프린터를 탁자에 배치할 수 있고, 장치 위의 물리적 버튼을 강조해 줄 수도 있다.

어떤 VR 헤드셋은 탑재형 온 보드 카메라(또는 부착된 스마트폰의 카메라)를 통해 AR 기능을 사용할 수도 있다. VR 헤드셋의 화면은 카메라의 동영상 입력을 표시하며, 사용자 앞에 실제 물리적 세계를 보여 주고, 어떤 '증강' 기능이나 디지털 정보 등을 해당 화면 위에 겹쳐줄 수 있다. ([그림 14.5] 참조). 이 개념은 비디오 시스루VST, Video see-through 또는 패스스루pass-through** AR이라 불리는데 증강된 물리적 세계의 화면이 사용자에게 카메

---

* 반투명의 중간 물질을 통해 내부 구조를 볼 수 있도록 만든 각종 물질이나 의류 패션 또는 장치를 뜻하는 말로, 여기서는 반투명의 신소재 IT 디스플레이 장치 용어로 사용됨.

** 아쉽게도 시스루와 마찬가지로 이 용어는 아직 한국어 대체나 규범 표기가 없어 영어식 표현을 그대로 사용함.

라의 비디오를 통하여 '패스스루passed through*'되기 때문이다.

　비디오 시스루는 카메라와 약간의 처리 능력만 요구하므로 한결 접근이 쉽고 저렴한 AR 기술이다. 사용자에게 전달되기 전에 물리적 및 디지털 요소의 밝기, 대비 및 기타 시각적 매개변수를 수정하여 영상 전체를 최적화할 수도 있다. 안타깝게도 대부분 카메라 품질은 인간의 눈에 필적할 만큼 좋지 않다. 그래서 머리를 움직인 후 화면이 갱신되기까지 눈에 띄는 지연이 발생할 수 있고, 시야의 범위 역시 보통 인간의 시계와 동급 수준에 있지 않기에 최종 결과가 현실과 완전히 일치하지 않는다. 이런 부조화는 시장에 출시된 헤드셋 중 사양이 높은 것일수록 적게 발생한다.

[그림 14.5] 비디오 시스루 기술을 사용하여 XR 헤드셋을 통해 보이는 실제 물리적 주차장의 모습. 디지털 3D 모델로 만들어진 차량이 한 주차 구역에 실제로 있는 것처럼 보이는 AR 경험이다. 바르요(Varjo)** XR-1 개발자 판의 헤드셋에서 가져온 이미지. 3D 차량 자료 볼보 제공.

---

* 통과하여 전달.
** 2017년 설립된 핀란드의 VR 스타트업.

보조 현실

보조 현실은 가장 기본적인 수준의 증강 현실이다. 시야에 있는 작은 화면을 통해 손을 쓰지 않고도 디지털 정보에 접근할 수 있게 하는 것이다. 이 화면은 불투명하거나 투명할 수 있고, 주로 단안경(모노스코프) 형태이므로 머리 한쪽에 있는 작은 단일 디스플레이를 통해서 한쪽 눈에만 정보가 표시된다. 보조 현실은 그 장치에 탑재형 컴퓨터 시각 기능이 없다는 면에서 더 발전된 형태의 AR과는 다르다. 그 결과 화면에 표시되는 디지털 요소들은 실제 물리적 세계에 고정되지 않고, 다만 쉽고 편리하게 접근할 수 있도록 사용자의 시야에 표시될 뿐이다. 보조 현실 장치는 완전히 갖추어진 AR 하드웨어와 같은 수준의 관심을 끌지는 못할 수 있으나 때때로 훨씬 더 저렴하면서도 사용자에게 여전히 가치 있는 핸즈프리 접근을 제공한다.

AR 제품의 형태

AR 헤드셋에는 다양한 모양과 크기의 제품들이 있다. 가장 친숙한 제품 형태는 스마트 안경으로 약간 크긴 하지만 일반 안경처럼 보이는데, 아마 조금만 더 가벼웠다면 구분이 되지 않았을 것이다. 보통 양쪽 안경다리에 최대한으로 압축해 넣은 배터리와 투영 시스템이 내장되어 있다. 이 제품 형태는 편안하고 친숙한 디자인으로 인해 소비자 영역과 기업 영역 사이의 중간다리 역할을 한다. 이보다 크기를 키우고자 한다면, 다음 단계는 확실히 산업용으로 제작되는 스마트 안경이다. 이것들은 일반 안경보다 상당히 크기가 크고 심지어 때로는 시야에 화면을 고정하는 안경다리가 한쪽에 부착되어 있기도 하다. 이 화면은 디지털 요소가 투영되는 투명한 직사각형 창 또는 프리즘이거나 혹은 불투명한 스크린이다. 세 번째 유형의 제품 형태는 더 두툼한 헤드셋으로 보통 업계에서 사용되며 끈으로 조이거나 잠금 바퀴를 돌려서 사용자의 머리에 고정한다.

추적 기술

VR의 추적 기술

VR 헤드셋에서 3개 자유도(회전)를 추적하는 것은 비교적 간단하고, 대부분 스마트폰에 내장된 센서들의 모음으로 수행할 수 있다. 6개 자유도를 추적하는 것은 외부로부터 헤드셋의 위치를 확인하기 위해 '아웃사이드-인 추적outside-in tracking*'이 가능한 외장 하드웨어가 필요하므로 더 복잡하고 어려운 문제이다. 국소화 및 좌표화 동시 처리SLAM, Simultaneous Localization And Mapping 기술의 발전 덕분에 현대의 6개 자유도 헤드셋에는 실제 물리적 환경에서 특정하여 인식할 만한 지점들(예를 들어 주방 식탁의 모서리 같은 지점)을 기록하고, 3개 자유도 센서 자료와 결합하여 가상 환경 안에서 사용자가 어디에 있고 그 안에서 어떻게 움직이고 있는지 이해하도록 지원하는 카메라가 포함되어 있다. 이와 같은 추적 기술이 헤드셋 안에 내장되어 있다면 이를 '인사이드-아웃 추적inside-out tracking**'이라고 한다.

---

* 외부에서 내부로의 추적.
** 내부에서 외부로의 추적.

AR의 추적 기술

　실제 물리적 세계에 디지털 개체를 확실히 고정하고자 한다면 세 가지
주된 방법을 사용할 수 있다.

- **마커**Marker**(표시자):** 마커 기반의 추적 방식은 장치가 디지털 개체를 배치하기 위
  해 시각적 신호로 작용하는 정적인 양식 또는 이미지를 사용하는 것을 포함한다.

- **마커리스**Markerless**(마커가 없는) 방식:** 이 추적 방식은 AR 장치의 센서를 사용하여
  실제 물리적 환경을 좌표화하므로 사용자가 시각적 마커 표시를 할 필요 없이 디
  지털 개체를 어떤 환경 내의 특정 지점에 고정할 수 있다.

- **위치:** AR 장치의 위성 항법 시스템GPS, Global Positioning System을 사용하여 위치
  를 식별한다. 이를 바탕으로 사용자 시야의 적절한 장소에 디지털 정보를 배치할
  수 있다. 이는 주로 거시적 수준의 AR 경험에 사용된다. 예를 들어 사용자가 핸드
  폰을 통해 많은 관중으로 붐비는 음악 페스티벌 공연에서 화장실이 어디에 있는
  지 찾는 시각적 표식으로 쓰거나, 역사적 건물이나 구조물 또는 랜드마크 유적지
  에서 더 많은 정보를 얻기 위해 쓰거나, 또는 심지어 밤하늘에서 행성과 별을 식
  별하기 위해 쓸 수도 있다.

응용 기술

XR 경험은 자체 앱 또는 웹 브라우저를 통해 기기에서 실행할 수 있다. 이를 각각 네이티브native 앱과 웹 앱이라고 부른다. AR/VR/XR 웹 앱들은 구체적으로 웹AR/웹VR/웹XR 앱이라고 부르기도 한다. 두 방법 모두 장단점이 있다. 네이티브 앱은 일반적으로 더 높은 수준의 기능을 지원하고 고품질 그래픽을 포함하여 많은 정보를 처리할 때 더 원활하게 실행된다. 웹XR 앱은 전용 스토어에서 다운로드하는 등 사용자의 기기에 미리 설치할 필요가 없기에 배포하기가 더 쉽고 한결 매끄러운 사용자 경험을 제공한다. 스마트폰의 폭넓은 가용성과 함께 특히 웹AR은 최종 사용자가 접속할 때 웹 링크 연결 외에는 요구하는 것이 거의 없으므로 AR을 배급하는 인기 있는 방법이다.

입력 기술

XR 헤드셋과 그 응용 프로그램을 제어하는 방법에는 여러 가지가 있으며 각 헤드셋과 소프트웨어는 서로 다른 방법을 지원한다.

- 핸드 컨트롤러
- 헤드셋 버튼
- 시선
- 음성
- 핸드 트래킹

핸드 컨트롤러는 VR 헤드셋에서 가장 대중적이고 익숙한 방식이다. 거의 모든 VR 헤드셋은 최소한 1개(3 DoF 헤드셋의 경우) 또는 2개(6 DoF 헤드셋의 경우)의 핸드 컨트롤러와 함께 배송된다. 일반적으로 버튼, 엄지스틱(썸스틱thumbstick), 방아쇠(트리거)와 트랙패드의 조합으로 함께 제공된다. 그들 중 일부는 개별 손가락의 위치와 압력을 감지할 수 있어 가상 세계에서 컨트롤러를 통해 광범위한 동작 모음의 제스처를 표현할 수 있게 해 준다. 이는 교육 시나리오 중에 도구를 사용하거나 기계 장비를 동작시킬 때 또는 가상 회의 중에 비언어적 의사소통을 강화하고 유대 관계를 구축하는 데 도움이 될 수 있다.

컨트롤러 자체는 3 DoF(회전만 가능) 또는 6 DoF(3차원 공간에서 회전과 이동 가능) 둘 중 하나일 수 있으며 일반적으로 헤드셋의 자유도와 일치하므로 3 DoF 헤드셋에는 3 DoF 컨트롤러가 있고 6 DoF 헤드셋에는 6 DoF 컨트롤러가 있음을 알아 두어라.

대부분 헤드셋에는 켜고 끌 수 있는 버튼과 음량을 조절하는 버튼이 있고, 일부(보통 3 DoF 헤드셋)에는 메뉴를 탐색하고 옵션을 고를 수 있게 해 주는 동작 버튼과 손으로 쓸어 내는 것이 가능한 트랙패드가 있다. 이는 대부분 사용자가 문제없이 사용할 수 있는 상당히 간단한 입력 방법이다. 하지만 인터랙션의 수준을 제약하므로 경험 유형도 제한된다. 이를 더욱 간단하게 만들기 위해서는 버튼 대신 1~2초 정도 쳐다보면 옵션이 자동으로 선택되는 시선 제어를 사용할 수도 있다.

음성은 이미 아마존 알렉사Amazon Alexa와 구글 홈Google Home 같은 스마트 스피커를 통해 XR 외부의 디지털 장치와 접속하는 데 사용되는 방법이다. 또한 특정 경우에는 XR 헤드셋과 앱 기능을 제어하는 데에도 사용할 수 있다.

핸드 트래킹은 고성능 AR 헤드셋에 사용되며 VR에서도 빠른 속도로 인기 있는 입력 방법이 되고 있다. 원래는 손과 손가락의 3차원 위치를 추적할 수 있는 카메라와 적외선 발광 다이오드[LED]가 부착된 시스템이 사용되었는데, 이를 실시간으로 디지털 방식에서 재현하여 VR 앱에서 사용할 수 있도록 함으로써 추적이 가능해졌다. 이제 이 기능은 일부 VR 헤드셋에 내장되어 있다.

요약

XR의 머리 장착형 디스플레이는 부피가 큰 안경처럼 보이는 것부터 머리 위에 고정되는 더 큰 장치에 이르기까지 다양한 형태로 제공된다.

- XR 헤드셋에는 무엇보다도 화면(스크린)과 처리 장치(프로세서)가 필요하다. 이들은 헤드셋 자체에 포함될 수 있으며, 그런 경우 독립실행형 헤드셋이라 한다. 그와 달리 처리 장치가 컴퓨터와 같은 외부 체제인 경우, 이는 케이블 연결형(테더링) 헤드셋이라고 한다.

- 3개 자유도(3 DoF)의 VR 헤드셋은 고정된 위치에서 가상 환경을 둘러볼 수 있게 해준다. 6개 자유도(6 DoF)의 VR 헤드셋은 이에 더해 그 환경 내에서 이동할 수 있는 기능도 제공한다.

- 6개 자유도의 XR 헤드셋은 3차원 공간에서 그 위치를 추적해야 한다. 추적 시스템이 헤드셋 안에 포함되었다면 '인사이드-아웃' 추적을 사용한다. 이것이 외부에 있다면 '아웃사이드-인' 추적이 된다.

- 증강 현실은 두 가지 방식으로 달성할 수 있다. 디지털 요소를 겹쳐서 투명한 안면 가리개 위에 표시하는 방식(광학 시스루) 또는 실제 물리적 세계의 비디오 입력 위에 표시하는 방식(비디오 시스루)이다.

- AR 개체는 물리적 환경에서 시각적 마커 위에, 혹은 마커리스 방식으로 스캔한 환경 내의 다른 어떤 장소에, 혹은 장치의 GPS 및 기타 센서들에 의해 결정된 대략적인 위치에 배치할 수 있다.

- 보조 현실은 사용자의 시야 내에서 손을 쓰지 않고 표시되는 정보를 산업 목적으로 사용하는 기본적인 AR을 의미한다. 이 정보는 사용자의 물리적 환경에 연결되지 않는다.

- XR 경험은 자체 앱을 통해 네이티브[native] 방식으로 또는 웹 브라우저를 통해

시작할 수 있다.

- XR 헤드셋은 핸드 컨트롤러, 헤드셋 버튼, 시선, 음성, 핸드 트래킹 중 하나 이상 의 방법으로 제어할 수 있다. 이는 사용하고 있는 장치 자체와 소프트웨어에 따라 달라질 것이다.

핸드헬드

VR

스마트폰은 VR을 만들기 위해 다른 보조 장치들과 함께 사용되어 왔으나 그 자체로는 일반적으로 사용자를 가상 세계에 효과적으로 몰입시키기에 너무 작기 때문에 주로 AR 시나리오에서 더 많이 사용된다.

핸드폰에 꽂아 고정할 수 있으며 호주머니에 들어갈 만큼 작은 크기의 접이식 렌즈 세트를 통해 스마트폰을 기본적인 VR 시각 기기로 변환하는 최소한의 솔루션이 존재한다. 휴대폰상의 이미지들이 옆으로 나란히 배치된 올바른 형식을 띠도록 앱 화면에 표시한다. 그러면 각각의 눈은 렌즈를 통해 이미지 중 하나를 받아서 더욱 크고 본격적인 VR 헤드셋에서 보이는 것과 같은 방식으로 입체적 효과를 만들어 낸다. 물론 훨씬 더 제한적이기는 하나 고성능 헤드셋을 사용하거나 구할 수 없을 때 포켓 렌즈 솔루션은 더욱 몰입감 있는 방식으로 상품 및 환경에 대한 신속한 미리보기를 이해 관계자들에게 제공하는 데 유용할 수 있다.

AR

스마트폰에서 AR을 사용하는 것은 카메라 기능이 통합되면서 가능해졌다. 핸드폰 카메라로부터 실시간 입력을 사용함으로써 디지털 이미지와 개체를 겹쳐 표시하여 기본적인 AR 경험을 만들어 낼 수 있다.

AR 앱을 구축할 수 있는 소프트웨어 개발 키트인 구글의 AR코어와 애플의 AR키트가 출현하며 더 발전된 형태의 AR을 스마트폰에서 구현할 수 있게 되었다. 여기에는 인사이드-아웃 추적을 위해 VR 헤드셋이 사용하는 것과 동일한 SLAM 기술이 사용된다. 이로써 AR을 지원하는 고사양 스마트폰은 일반 카메라를 통해 3D로 주변 환경을 '보고', 표면을 인식한다. 그리고 그에 따라 물리적 환경에 맞게 디지털 개체를 배치하거나 (예컨대 구매하기 전에 어떻게 보일지 평가하기 위해 디지털 가구를 사무실에 배치해 보기) 환경 그 자체에 대한 정보를 제공할 수 있다(예컨대 벽의 오목한 부분의 너비를 측정할 수 있음).

프로젝션 시스템

케이브The CAVE

헤드셋이 VR의 전형적인 대표 장치가 되기 전, 과학 및 산업 응용 분야에서 사용자를 3D 디지털 환경에 몰입시키는 데에는 프로젝션 시스템이 사용되었다. 이 시스템은 방의 내벽, 바닥 및 천장에 이미지를 투사하는 일련의 프로젝터들로 구성되며 위치 추적 3D 안경 세트와 함께 실내에서 사용자의 움직임에 따라 디지털 환경의 관점을 변경한다. 여기에 사용되는 6개 자유도 컨트롤러는 인터랙션을 제공한다. 그러한 시스템을 케이브CAVE라고 말하는데, 케이브 자동 가상 환경CAVE Automatic Virtual Environment를 뜻하는 재귀적 약어*이다. 또한 이 이름은 인간의 지각, 환상, 현실과 같은 주제를 논의한 플라톤의 '동굴의 비유Allegory of the Cave**' 사고 실험에 대한 긍정이기도 하다. 최초의 CAVE는 1992년 시카고에 있는 일리노이 대학교에 배치되었고, 여기서 그 이름이 만들어졌다. 오늘날 CAVE라는 단어는 실내에 배치된 프로젝션 기반 몰입형 환경을 일반적으로 지칭하는 관용적 표현으로 사용된다([그림 14.6] 참조). 모든 CAVE 시스템은 반드시 가상 콘텐츠를 표시하기 위해 프로젝터가 필요함을 알아두어야 하며, 스크린을 대신 사용할 수도 있다.

> "공학 분야에서 CAVE는 공장 바닥, 복잡한 3D 구성, 흐름 시각화, 시뮬레이션 분석 등을 계획하는 방법을 더 잘 분석하고 이해하는 데 사용됩니다. 생물학, 화학, 천체물리학 또는 수학 같은 분야에서 사용자가 3D 구조나 개념 및 데이터를 체험할 수도 있습니다. 나아가 너무 작거나, 너무 크거나, 너무 적대적이거나, 다양한 이유로 접근 불가능한 세계를 있는 그대로 탐색하여 한결 빠

---

* 전체 명칭에도 약어와 똑같은 이름이 들어가서 반복적으로 지칭하는 것을 의미함.
** 고대 그리스 철학자 플라톤의 저서인 《국가(The Republic)》에서 등장한 개념이다. 이 책에는 동굴에서 '뒤를 볼 수 없는 사람'이 불빛을 통해 생긴 그림자를 보고 실체라고 생각한다는 구절이 있다. 그림자는 실체를 투영한 것일 뿐임에도 불구하고 이를 실체라고 믿어버리는 상황을 나타낸다. 실체와 허상을 오가는 VR에 정말 어울리는 구절이라고 할 수 있다. 이 이름을 붙인 일리노이 대학 측의 게시에는 'The Simile of the Cave'로 표현되어 있다.

르고 더욱 완전한 이해를 지원하는 방식을 경험할 수 있습니다."

- 카롤리나 크루즈 네이라(Carolina Cruz-Neira), 미국 국립 과학 아카데미 교수이

자 CAVE 발명가

[그림 14.6] 유니버시티 칼리지 런던에서 CAVE 시스템을 통해 가상의 상점 거리를 시각화한 것. 사진을 제공해 준 유니버시티 칼리지 런던 컴퓨터 공학과의 데이빗 스왑David Swapp과 앤터니 스티드Anthony Steed에게 감사를 드린다.

CAVE 시스템은 VR 헤드셋과 달리, 물리적 환경으로부터 분리하지 않고도 다수의 사용자를 지원할 수 있다는 장점이 있다. 사용자들은 디지털 환경에 몰입해 있는 동안 다른 이들의 물리적 신체뿐 아니라 자기 자신의 물리적 신체도 볼 수 있다.

올바른 전문 기술과 소프트웨어를 사용하면 크기가 다양하고 모양이 특이한 방에서도 프로젝터들을 사용할 수 있다. 돔 구조물의 내부는 360

도 디지털 환경을 원활하게 생성하기 때문에 프로젝션 시스템을 사용할 때 가장 선호되는 유형이다.

CAVE 시스템은 많은 수의 고품질 프로젝터들과 강력한 컴퓨터 시스템, 그리고 이와 함께 제공되는 소프트웨어로 구성된다. 이들은 한번 고정되면 이동할 필요가 없는 전용 공간이 필요하다. 이런 복잡성에도 불구하고 대부분 장비는 시야에서 보이지 않게 숨길 수 있다. 심지어 프로젝터로 (반투명한) 벽 뒤에서 이미지를 쏘아 주는 후면 프로젝션 장치를 사용할 수도 있다.

만 케이브THE MAN CAVE: **차량 설계를 위한 프로젝션 시스템**

[그림 14.7] 만 트럭&버스의 한 엔지니어가 회사의 CAVE 프로젝션 시스템을 사용하여 3D로 차량 설계를 탐색하고 있다.

만 트럭&버스MAN Truck&Bus*는 독일에 본사를 둔 운송 엔지니어링 회사로, CAVE 시스템을 통해 차량의 사실적인 가상 프로토타입을 만듦으로써 실제 제작에 들어가기 전에 잠재된 문제들을 식별하고 제거한다.[6] 독일 뮌헨에 있는 46제곱미터 면적의 설계 시설에 위치한 이 회사의 CAVE는 적외선 카메라와 스테레오 프로젝터들을 특징으로 하며, 이들이 4개의 커다란 표면에 이미지를 투사한다.

이 설정을 위한 요구사항은 상당히 까다로워서 고성능 그래픽 카드를 장착한 5대의 강력한 컴퓨터가 각 프로젝트를 위해 풀 HD 출력보다 살짝 높은 수준으로 계산을 한다. 만 트럭&버스는 이 시스템을 구축하는 데 50만 달러 이상의 비용을 들였고, 자사의 개발, 물류 및 생산 부문이 공동 작업으로 진행했다.

만 트럭&버스는 제조 과정 또는 물리적 검사 단계에서 문제를 발견하여 되돌릴 수 없는 큰 비용을 소모하는 대신 앞선 과정에서 미리 CAVE 시스템을 사용하여 다수의 차량 설계 문제들을 식별하고 해결하였다. 이는 그들이 빠르게 투자 손익분기점을 넘는 데 기여하였다.

> "VR의 장점은 시간, 원자재, 그리고 큰 비용을 절약해 준다는 것입니다."
> - 마르틴 라이츨(Martin Raichl), 만 트럭&버스의 상급 개발 및 프로토타이핑 엔지니어

CAVE 시스템은 만 트럭&버스가 제작을 착수하기 최대 1년 전까지 잠재된 모든 문제의 절반 정도를 식별하는 데 도움이 된다. 엔지니어들은 3D 안경을 추적하여 위치와 움직임을 식별하는 시스템 덕에 물리적으로 가상의 버스나 트럭 모델을 탐색할 수 있다. 또한 차량과 상호 작용하는 데 사용할 수 있는 컨트롤러가 있어 필요한 모든 구성 요소에 접근할 수 있는지, 만약 그렇지 않다면 어떻게 그 상품 또는 제조 과정을 조정하여 차량의 제조 및 수리를 가능하게 하고 최적화할지를 파악하는 데 도움을 준다.

만 트럭&버스는 모듈식 키트 시스템을 사용하는데, 이것은 다양한 범주의 상용 차량에 걸쳐 같은 구성 요소를 규칙적으로 사용하는 것이 목표임을 뜻한다. 이는 생산, 비축, 주문해야 하는 새로운 부품을 줄여 주기 때문에 비용과 복잡성을 감소시킨

---

* 독일어로 아우크스부르크 및 뉘른베르크 기계 공장을 뜻하는 Maschinenfabrik Augsburg-Nürnberg의 약칭인 '만' 또는 '엠아엔'으로도 읽는다. 그 기원이 1758년 독일 철공 기업으로까지 거슬러 올라가는 유서 깊은 디젤 엔진 및 차량 제조 글로벌 기업이다. 대한민국에도 진출해 있다.

다. 하지만 특정한 지도 모델에 따른 구성 요소가 기술적으로는 새로운 서비스 버스 모델에 맞을지는 몰라도 버스의 다른 설계 요소들이 방해되어 물리적으로 설치가 불가할 수 있다. 이러한 경우, CAVE 시스템을 통해 VR을 사용하면 미리 그와 같은 충돌을 식별하는 데 도움이 될 수 있다.

뮌헨에서 CAVE 시스템이 성공함에 따라 오스트리아 슈타이어Steyr, 폴란드 스타라호비체Starachowice, 튀르키예(터키) 앙카라Ankara, 독일의 또 다른 도시인 뉘른베르크Nuremberg에 있는 MAN 현장의 가상 연구소에 추가 투자가 이어졌다. 이러한 연구실의 CAVE 시스템들은 상호 연결되어 서로 다른 국가의 동료들이 각자의 개별 작업 현장을 떠나지 않고도 동일한 가상 차량에서 동시에 협업할 수 있게 한다.

많은 CAVE 시스템은 헤드 마운트 디스플레이에 비해 초기 비용이 많이 들지만 '만 케이브THE MAN CAVE' 사례 연구에 드러난 것처럼 올바른 방식으로 사용하면 대단히 긍정적인 투자 수익을 제공해 줄 수 있다.

프로젝션 매핑

틈새 기술인 프로젝션 매핑은 예술적 시각 효과를 만들기 위해 디지털 이미지를 물체의 표면 위에 투영하는 행위이나, 올바른 위치에 정보를 나타내는 데에도 사용할 수 있다. 이 기법은 물리적 환경을 디지털 정보로 증강하는 AR의 한 형태로써 '공간 증강 현실'이라고 불리기도 한다.

다른 프로젝션 기법과 마찬가지로 프로젝션 매핑은 기술이 환경 내에 포함되어 있으므로 개인이 헤드셋을 쓰거나 핸드폰을 꺼낼 필요가 없다. 그러나 설치된 방에서만 그 효과가 미치고 휴대성이 문제가 될 수 있어 단점이 되기도 한다. 그 결과, 프로젝션 매핑은 솔루션이 한번 구현되면 이동하지 않으리라고 예상되는 상품 광고, 예술 설치물, 행사 및 박물관

등에서 종종 볼 수 있다.

프로젝션 매핑은 정적일 수도 있고 인터랙티브할 수도 있다. 사용자가 프로젝션 일부를 손으로 건드려서 전시회에 대한 더 많은 정보를 보는 것이 대표적인 사례이다. 또는 소매점에서 신발을 집어 들면 고객 맞춤 선택을 제공하는 새로운 프로젝션이 활성화되는 식으로 사용하기도 한다.

랭 오루크 LAING O'ROURKE: 프로젝션 AR로 건설 생산성 향상

랭 오루크는 영국에서 가장 큰 민간 건설 회사로 다트퍼드시에 본사가 있으며 약 13,000명의 직원을 두고 있다. 랭 오루크는 영국 정부가 지원하는 기술 혁신 센터인 고부가가치 제조업 연구단 High Value Manufacturing Catapult과 협업하여 휴대용 프로젝션 매핑 시스템을 통해 건설 과정 중 "측설" 단계의 속도와 품질을 높였다.

> '측설'이란 통상 문틀 가장자리 같은 고정 지점을 기준으로 실내의 전등 스위치, 살수장치(스프링클러) 및 전기 소켓과 같은 항목들을 측정하고 표시하는 일이다. 이는 시간이 오래 걸리고 노동 집약적인 작업으로 세부 사항에 많은 주의를 기울여야 하며 여러 방에 걸쳐 유지 관리되어야 한다.

이들은 손수레에 프로젝터를 붙인 시제품 하나를 만들어 건물 어느 위치로든 바퀴로 굴러갈 수 있게 하였다. 다양한 방의 공간 제약에 맞춰 적절한 크기의 이미지를 쏘아 주는 프로젝터의 성능 덕에 이 시제품으로 건물의 약 90퍼센트를 작업할 수 있었다. 빌딩 정보 모델링 BIM 데이터는 이 같은 프로젝트의 설계 및 기획에서 자주 사용되는 것으로 해당 사례의 경우 건설 과정에도 일부 사용되었다. 이 데이터는 기성품인 프로젝션 매핑 소프트웨어 패키지에 입력 및 반영되어 각 벽이나 천장에 무엇을 표시할지 프로젝터에 지시하는 역할을 했다.

프로젝션 시스템의 지원을 받은 작업자는 기존에 80시간이 걸렸던 전체 바닥의 측설 단계를 34.5시간 만에 완료할 수 있게 되어, 57퍼센트의 시간 절감을 보여 주었다. 새롭게 한결 짧아진 측설 단계는 더 이상 프로젝트의 임계 경로가 아니게 되어 전체 프로젝트의 시간까지 절감할 수 있었다.

대형 스크린

지금까지의 디지털 세계는 항상 스크린 화면 위에 표시되었다. 소비자 영역에서는 텔레비전에서 보고 즐기는 영화와 비디오 게임 등이 해당되고, 비즈니스 영역에서는 노트북을 통해 볼 수 있는 3D 모델과 디지털 트윈(실제 장비와 환경의 디지털 재현물) 등이 해당된다. 이런 시청 매체를 사용하는 것은 VR 헤드셋 내에서 적절한 규모의 디지털 환경에 빠져드는 것에 비해 몰입감이 강하지 않다는 명백한 단점이 있다. 해당 환경을 탐색하는 데도 제한이 있어 자연스럽게 주위를 둘러보는 대신 키보드와 마우스를 사용해서 조작해야 한다.

대형 스크린은 몰입감을 얻기 위해 학계와 산업계에서 한동안 사용되었다. 비록 제한적이기는 하나 많은 요소가 VR 경험의 조건을 갖추기에 충분한 존재감을 제공한다. 이는 많은 사람이 일반 상영관보다 스크린이 몇 배 더 큰 아이맥스IMAX 영화관에 끌리는 이유 중 하나이기도 하다.

알고 계셨나요?

오스트레일리아 시드니의 아이맥스 영화관은 폭 117피트 및 높이 96피트(36미터 × 29미터)로 세계에서 가장 큰 스크린 화면 기록을 보유하고 있다. 토지 넓이로 친다면 총 21대의 이층버스를 가로 3대에 높이 7대로 쌓기에 충분한 공간이다.[6]

아이맥스 극장은 선명하고 생생한 이미지로 강력한 시각적 경험을 제공할 뿐 아니라 몰입형 경험에 동등하게 공헌하는 고품질 음향 체계를

제공한다. 하지만 그 크기와 복잡한 설치 탓에 경제성으로나 휴대성으로
나 VR 헤드셋보다 명백히 제한적이다.

글락소스미스클라인GLAXOSMITHKLINE: 대형 스크린으로 쇼핑객 행동을 이해

글락소스미스클라인GSK은 영국 런던에 본사를 둔 글로벌 제약 및 소비자 건강 관
리 기업이다. 이 회사는 전 세계 약국에서 다양한 범위의 의약품, 구강 건강 관리 제
품 및 기타 품목을 판매한다.

자사의 상품을 더 효과적으로 홍보하기 위해 GSK는 쇼핑객이 다양한 매장 진열
과 선반 배치를 마주했을 때 어떻게 반응하는지 이해하고자 했다. 이렇게 얻은 통찰
로 최적의 판촉 방식에 대해 약국에 조언하기 위함이었다.

영업 중인 매장에서 이를 시험하면 엄청난 시간이 걸리고 고객들에게도 불편을
줄 것이었다. 그러므로 이 데이터를 한결 효율적이고 비용 효율적인 방식으로 수집
하기 위해 GSK는 물리적 및 가상 소매점 환경을 수용하는 930제곱미터 크기의 쇼
핑객 과학 연구소Shopper Science Lab를 만들었다. 또한 안면 스캐닝 생체인식 장비
를 이용하여 쇼핑객의 감정적인 반응을 분석했다.

[그림 14.8] GSK 쇼핑객 과학 연구소에서 사용자를 가상으로 약국에 몰입시키기 위해 사용하는
대형 스크린. 사진 제공: GSK 쇼핑객 과학 연구소.

GSK가 사용자를 가상 소매점 환경에 몰입시키기 위해 사용하는 방법 중 하나는 막힘 없이 탁 트인 넓은 터치스크린이다. 이는 '가상 통찰 및 참여의 벽'이라 불리며 폭 5.32미터, 높이 2.55미터로 만들어졌다([그림 14.8] 참조).

이 기술을 통해 다양한 매장 진열 배치를 즉석에서 불러오고 시험해 볼 수 있으며 쇼핑객들은 핸드헬드 컨트롤러나 터치스크린을 통해 가상 환경을 탐색한다. 그 과정에서 이들의 경로 선택, 보고 있는 것, 각 구역에서 보내는 시간 등의 데이터를 추적할 수 있다. 이 데이터는 쇼핑 행동에 대한 통찰력을 제공하고 약국이 매출을 개선하기 위해 상품 배치를 최적화하는 데 도움이 된다.

요약

XR 장비에는 헤드셋, 핸드헬드 장치, 프로젝션 시스템, 스크린의 4가지 유형이 있고 각 장비는 서로 다른 장단점을 갖고 있다([표 14.1] 참조).

- XR 헤드셋은 휴대할 수 있고 깊은 몰입감을 제공하지만, 반대급부로 사용자를 실제 세계와 분리하는 문제가 있어 일부 사람들을 불편하게 한다.

- 다수의 핸드헬드 장치에서는 고급 AR 앱을 실행할 수 있다. 하지만 사용자의 손이 기기를 잡고 있어야 하므로 일부 앱에서는 비효율적이고 장시간 사용에 적합하지 않다.

- VR 프로젝션 시스템은 우수한 수준의 몰입감을 제공하고 다수의 사용자를 실제 세계에서 분리하지 않는 상태로 지원할 수 있다. 하지만 이 시스템은 복잡하고 비용이 많이 들며 이동이 불가하다.

- AR 프로젝션 시스템은 사용자의 준비나 하드웨어 설치가 필요하지 않아 접속이 매우 편리하지만, 사용자와 같은 위치에 있을 때만 가능하다. 그 결과, 핸드헬드 장치나 헤드셋보다 적용이 제한적이고 다른 위치로 쉽게 이동할 수 없다.

• 스크린 화면은 우리에게 익숙한 기술이므로 매우 편안하다. 하지만 물리적으로 크지 않은 한 강한 몰입감을 제공하지 못하며, 그런 점에서 휴대성이 제한되고 비용이 많이 드는 어려움이 있다.

	헤드셋	핸드헬드	프로젝션 시스템	스크린
몰입감	높음	낮음	중간	중간
핸즈프리 (손의 자유로운 사용)	가능	불가	가능	가능
비용	낮음	낮음	높음	높음
확장성	중간	높음	낮음	낮음
휴대성	중간	높음	낮음	낮음
다수의 사용자	불가	가능	가능	가능

[표 14.1] 다양한 XR 기기의 장단점.

용어 사전

이 책을 비롯하여 다른 어디서든 완전히 생소한 XR 용어를 접하게 된다면 부담 없이 아래의 목록을 참조하라. 일부 용어의 경우 업계 외부에서는 약간 다른 의미로 사용될 수 있으나 여기서는 XR 기술과 관련된 정의를 소개한다.

리얼리티Reality의 알R자가 붙은 모든 용어

- **AR**augmented reality: 증강 현실. 휴대용 장치 또는 헤드셋을 통해 실제 세계에 디지털 정보, 개체 또는 미디어를 나타낸다. 이러한 요소들은 평면 그래픽의 형태로 등장하거나 실제 3D 개체처럼 작동할 수 있다.

- **MR**mixed reality: 혼합 현실. 증강 현실의 부분적 디지털 세계부터 완전한 몰입을 제공하는 가상 현실 경험에 이르기까지 적용되는 기술의 스펙트럼을 나타낸다. 하지만 이 용어는 가상 개체를 사용자의 실제 물리적 환경에 고정할 수 있는 AR의 특정 하위 집합을 정의하는 맥락에서 자주 사용된다.

- **VR**virtual reality: 가상 현실. 헤드셋 또는 서라운딩 디스플레이를 통해 사용자를 완전한 디지털 환경에 몰입시킨다. 이 환경은 컴퓨터로 생성하거나 실제 세계에서 녹화할 수 있다.

- **XR**extended reality: 확장 현실. 증강 현실의 부분적 디지털 세계부터 완전한 몰입을 제공하는 가상 현실 경험에 이르기까지 적용되는 기술의 스펙트럼을 나타낸다.

- **보조 현실**assisted reality: AR의 영역 중 하나로 디지털 정보가 사용자의 시야에 표시되어 손을 사용하지 않고도 살펴볼 수 있지만, 해당 정보를 실제 물리적 환경에 고정할 수는 없다.

그 외의 용어

- **3개 자유도**3 DoF, degrees of freedom: 장치의 회전은 추적하지만, 위치는 추적하지 않는 추적 기술. 자세한 설명은 7장의 '하드웨어의 고려 사항과 선택'을 참조하라.

- **6개 자유도**6 DoF, degrees of freedom: 장치의 회전과 위치를 추적하는 추적 기술. 자세한 설명은 7장의 '하드웨어의 고려 사항과 선택'을 참조하라.

- **360도 동영상 (또는 사진):** 실제 물리적 환경의 360도 전체 주변을 찍은 비디오 (또

는 사진).

- **AI**artificial intelligence: 인공 지능. 인간 지능을 시뮬레이션할 수 있는 디지털 시스템의 구축에 중점을 둔 컴퓨터 과학의 한 분야.

- **AIO**all-in-one: 올인원. '독립실행형'의 용어 정리를 참조하라.

- **AR 패스스루**AR pass-through: '비디오 시스루'의 용어 정리를 참조하라.

- **AR 포털**AR portal: 사용자가 실제 물리적 환경에 배치된 디지털 문을 통과하여 걸어 들어가 완전한 디지털 환경으로 옮겨갈 수 있는 AR 경험. 통상 휴대용 장치를 통해 접속한다.

- **AR코어**ARCore: 운영 체제인 안드로이드Android에서 AR 경험을 구축하기 위해 구글Google에서 출시한 일련의 소프트웨어 개발 도구 모음.

- **AR키트**ARKit: 운영 체제인 iOS에서 AR 체험을 구축하기 위해 애플Apple이 출시한 일련의 소프트웨어 개발 도구 모음.

- **BIM**building information modelling: 건물 정보 모델링. 종합적인 공유 데이터 환경을 사용하여 건축, 엔지니어링 및 공사 관계자가 건물 및 기반 시설을 계획, 설계, 건설 및 관리할 수 있도록 돕는다.

- **CAVE**cave automatic virtual environment: 케이브 자동 가상 환경. 현실감 넘치는 시점을 유지하기 위해 프로젝터로 벽, 바닥, 천장에 사용자의 움직임에 따라 변화하는 이미지를 쏘아 얻는 VR 환경이다. 최초의 CAVE는 시카고에 소재한 일리노이 대학교에서 개념화하고 구축했지만, 이제는 유사한 VR 시스템을 설명하기 위한 관용적인 용어로 사용한다.

- **DOP**director of photography: 촬영 감독. 카메라를 운용하고 제작의 기술적 측면을 감독하는 360도 콘텐츠 제작진 중 하나.

- **GPS**global positioning system: 위성 항법 시스템. 장치의 위치를 정확하게 찾아내기 위해 사용하는 위성 기반 경로 탐색(내비게이션) 시스템이다.

- **IoT**internet of things: 사물 인터넷. 인터넷에 장치를 연결하여 데이터를 송수신할 수 있도록 하는 개념. 때로는 그러한 장치를 설명하는 형용사로도 사용한다.

- **POI**point of interest: 관심 지점. 시청자의 관심을 끌기 위해 의도된 360도 장면의 중요한 부분이다.

- **POV**^{point of view}: VR 경험 내 사용자의 시각적 관점.

- **SAR**^{spatial augmented reality}: 공간 증강 현실. '프로젝션 매핑'의 용어 정리를 참조하라.

- **SBS**^{side by side}: VR 장치를 통해 볼 때 각각 다른 눈으로 전송되는 두 개의 인접한 이미지나 동영상을 화면에 표시하는 미디어 형식.

- **SLAM**^{simultaneous localization and mapping}: 국소화 및 좌표화 동시 처리. 해당 환경 내에서 위치를 판단하면서 그 환경의 좌표화된 지도를 작성하기 위한 장치 주변의 실시간 시각 처리.

- **VFX**^{visual effects}: 시각 효과. 360도 제작물이 촬영된 후 이미지가 생성되거나 조작되는 것.

- **VR 멀미**^{VR sickness}: VR과 특별히 연결된 사이버 멀미의 일종.

- **VR180**: VR 헤드셋과 평면 스크린화면 모두에서 180도 시야각을 캡처하고 볼 수 있도록 구글에서 만든 동영상 형식.

- **가디언**^{Guardian}: 오큘러스^{Oculus} VR 헤드셋의 보호 기능으로 미리 정의된 사용 영역의 경계에 도달했을 때 사용자에게 경고한다.

- **게임 엔진**^{game engine}: XR을 포함하여 2D 또는 3D 앱을 구축하는 데 사용하는 시각적 개발 도구의 소프트웨어 패키지. 오늘날에는 이러한 도구가 게임이 아닌 앱에도 종종 사용되기 때문에 '게임'이라는 단어의 사용은 적합하지 않다.

- **고글**^{goggles}: XR 헤드 마운트 디스플레이를 묘사하는 구어체 용어.

- **공간 컴퓨팅**^{spatial computing}: 'XR'의 용어 정리를 참조하라. 첫 글자를 딴 약어 'SC'는 유행하지 않았기에 일반적으로 인식되지 않는다.

- **광학 시스루**: OST^{optical see-through}. 실제 물리적 세계 위에 디지털 요소를 겹쳐 표시하는 투명 안면 가리개가 달린 헤드 마운트 디스플레이의 AR 유형. 이는 비디오 시스루^{VST} AR의 대안이다.

- **구글 카드보드**^{Google Cardboard}: '카드보드'의 용어 정리를 참조하라.

- **답사**^{recce}: '정찰 답사^{reconnaissance}'의 줄임말로, 360도 콘텐츠 제작진이 촬영 준비를 위해 사전에 현장을 찾아가는 작업을 의미한다.

- **독립실행형**standalone: 실행하는 데 다른 하드웨어가 필요하지 않은 자체 독립된 유형의 XR 헤드셋. '스탠드 얼론'이라고도 부른다.

- **동공 간 거리:** IPDinter-pupillary distance. 각 동공의 중심에서 밀리미터 단위로 측정한 사용자의 양 눈 사이의 거리.

- **디지털 안경**digital eyewear: 광학 시스루 AR 헤드 마운트 디스플레이.

- **라이트하우스**Lighthouse: VR을 위한 아웃사이드-인outside-in 위치 추적 시스템. 스팀 Steam 플랫폼을 운용하는 대규모 글로벌 게임 공급사 밸브Valve에서 개발했다.

- **로코모션**locomotion: VR 환경 내에서 움직이는 행위.

- **룸 스케일**room scale: 6 DoF VR 콘텐츠를 설명하는 데 사용됨.

- **마커**marker: '표시자'라고도 한다. AR 경험의 시작을 촉발하는 시각적 단서 역할을 하는 정적인 이미지.

- **마커리스**markerless: 시각적 마커에 의존하지 않는 AR 추적의 한 형태. 대신 AR 장치의 센서는 실제 물리적 환경을 좌표화하여 사용자가 AR 경험을 해당 환경 내의 특정 지점에 고정할 수 있게 함.

- **멀미**motion sickness: 움직임에 의하여 유발되어 일부 사용자가 경험하는 생리학적 불편함.

- **모노 광학계**monoscopic: 단안경계라고도 한다. 360도 미디어에서 같은 이미지를 양쪽 눈에 보내는 콘텐츠.

- **모바일 디바이스**mobile device: 휴대폰, 태블릿 및 이와 비슷한 핸드헬드 장치를 모두 칭하는 용어.

- **몰입형 기술**immersive technology: 'XR'의 용어 정리를 참조하라. 첫 글자를 딴 약어 'IT'는 이미 정보통신을 의미하는 중요한 용어로 사용되고 있기에 특별히 약어로 쓰이는 말은 없다.

- **볼류메트릭 동영상**volumetric video: 사람들과 물리적 개체들을 3D 동영상으로 녹화하는 기술.

- **불쾌한 골짜기**uncanny valley: 로봇이 인간처럼 보이고 행동할수록 호감도가 높아지다가 특정 지점 이후로는 소름이 끼치거나 불안을 느끼게 되는 것을 설명하는 개념이다.

- **비디오 시스루**: VST^{video see-through}. AR의 한 유형이다. 사용자에게 제시되기 전, AR 효과 생성을 위해 장치의 카메라로부터 입력된 비디오가 디지털 요소들과 결합하는 일부 VR 헤드 마운트 디스플레이에서 사용할 수 있다. 이는 광학 시스루^{OST} AR의 대안이다.

- **사이버 멀미**cyber sickness: VR 및 기타 디지털 기술을 사용할 때 일부 사용자가 경험하는 생리학적 불편함.

- **사진 측량**photogrammetry: 물리적 개체나 위치의 사진을 다양한 각도에서 찍은 다음 컴퓨터 시스템으로 처리하여 디지털 3D 모델로 재구성하는 기술 프로세스이다.

- **생체 인식**biometrics: 인간의 신체적 특징을 측정하는 것으로 종종 인증을 위한 맥락에서 사용되나 연구와 같은 다른 영역에서도 유효하다.

- **샤프롱**Chaperone: 스팀VR 헤드셋의 보호 기능으로 미리 정의된 사용 영역의 경계에 도달했을 때 사용자에게 경고한다.

- **소프트웨어 개발 키트**: SDK^{software development kit}. 해당 플랫폼을 위한 앱을 제작할 수 있게 해 주는 특정 하드웨어 또는 소프트웨어 플랫폼과 관련된 단일 소프트웨어 도구 모음.

- **스마트 안경**smart glasses: 안경과 형태가 비슷하여 사용자가 안경처럼 착용할 수 있는 AR 헤드 마운트 디스플레이.

- **스크린 도어 효과**: SDE^{screen-door effect}. 일부 VR 헤드셋에서 일부 사용자의 눈에 띄는 시각적 결함으로 스크린 화면의 개별 픽셀이 식별되어 마치 그물 격자망을 통해 화면을 보고 있는 듯한 느낌을 준다.

- **스테레오 광학계**stereoscopic: 양안경계, 입체경계라고도 한다. 360도 미디어와 관련하여 현실에서 각 눈의 시야가 약간 다른 것을 모방하기 위해 각 눈에 미세하게 다른 이미지를 전송해 준다.

- **스팀VR**SteamVR: 추적 및 기타 기능을 위해 공통의 시스템을 제공하는 VR 헤드셋용 도구와 기술 모음. 밸브Valve의 게임 플랫폼인 스팀에서 제공하는 VR 시스템이다.

- **시뮬레이션 멀미**simulation sickness: 물리적 시뮬레이터 시스템을 사용할 때 일부 사용자가 경험하는 생리학적 불편함.

- **시선 추적**eye tracking: 눈의 움직임을 추적하고 그에 따라 가상 또는 물리적 환경에서 사용자가 무엇을 보고 있는지 판단하는 카메라 기반 기술.

- **시야각:** FOV^{field of view}. 디지털 환경을 얼마나 넓게 볼 수 있는지를 나타내는 정도. 가로와 세로 값으로 나누기도 한다.

- **실시간**^{real time}: 처리 지연이 아주 미미하여 사용자가 순간적인 것처럼 인식한다.

- **아바타**^{avatar}: 디지털 의인화.

- **아웃사이드-인 추적**^{outside-in tracking}: 외부에서 내부로의 추적. 기능하는 데 외부 시스템이 필요한 위치 추적 시스템.

- **언리얼**^{Unreal}: 3D 앱(XR 경험을 포함)을 개발하는 데 사용되는 인기 있는 게임 엔진 중 하나이다.

- **웹AR/웹VR/웹XR**^{WebAR/WebVR/WebXR}: AR/VR/XR을 웹 브라우저에서 실행할 수 있게 해 주는 기술. 즉, 전용 앱이 필요 없음.

- **위치 추적**^{positional tracking}: 헤드셋, 컨트롤러 또는 다른 장치의 위치를 정기적으로 추적하는 계산 과정.

- **유니티**^{Unity}: XR 경험을 포함한 3D 앱 개발에 사용되는 인기 게임 엔진 중 하나이다.

- **인사이드-아웃 추적**^{inside-out tracking}: 내부에서 외부로의 추적. 독립실행형 헤드셋에 사용되는 위치 추적의 독립된 시스템으로 해당 환경 내에서의 움직임을 판단하기 위해 그 환경의 변화하는 화면 시야에 대한 정보를 지속 처리한다.

- **재생률**^{refresh rate}: 초당 얼마나 자주 디지털 디스플레이가 갱신되는지를 나타내는 정도로, 헤르츠^{Hz} 단위로 측정됨.

- **지연 시간**^{latency} **또는 대기 시간**: 전송된 명령과 도착한 응답 사이의 지연.

- **카드보드**^{Cardboard}: 기초 단계의 VR 경험을 위해 핸드폰을 삽입할 수 있게끔 골판지와 렌즈로 만든 VR 헤드셋의 일종이다. 구글에서 처음 설계했기에 '구글 카드보드'라고도 부른다.

- **컨스텔레이션**^{constellation}: 오큘러스^{Oculus}사에서 개발한 VR용 아웃사이드-인 위치 추적 시스템.

- **컴퓨터 비전**^{computer vision}: 컴퓨터 시스템이 '볼' 수 있는 물리적 개체와 환경을 이해하고 이에 반응하도록 만드는 것이 목적인 AI 및 컴퓨터 과학의 한 분야.

- **테더링**tethered: 유선연결형이라고도 한다. 실행하려면 외부 컴퓨팅 시스템에 연결해야 하는 XR 헤드셋의 한 유형.

- **패스스루**pass-through: '비디오 시스루'의 용어 정리를 참조하라.

- **프레즌스**presence: 가상 환경에서 완전한 몰입감을 설명하는 데 사용되는 용어.

- **프로젝션 매핑**projection mapping: 프로젝터를 사용하여 정보를 직접 물리적 개체 및 환경에 표시하는 AR의 한 형태.

- **핸드 트래킹**hand tracking: 카메라와 적외선 발광 다이오드LED로 구성된 기술 시스템으로 일반적으로 VR에서 손과 손가락의 움직임을 감지하고 즉시 재현하는 데 사용한다.

- **햅틱**haptics: 촉각을 통해 느낄 수 있는 반응을 사용자에게 전달하는 기술.

- **헤드 마운트 디스플레이**head-mounted display HMD 또는 머리 장착형(두부 탑재형) 화면 표시 장치. 머리에 장착하는 모든 착용형 장치.

- **헤드업 디스플레이**head-up display: HUD 또는 헤드업 표시 장치. 사용자의 일반적인 시야각에서 정보를 투명하게 표시해 줌.

- **홀로그래픽 비디오**holographic video: '볼류메트릭 비디오volumetric video'의 용어 정리를 참조하라.

참고 문헌

01
로딩 중…

1
Leo King. (2014, May 3). Ford, Where Virtual Reality Is Already Manufacturing Reality. Forbes. https://www.forbes.com/sites/leoking/2014/05/03/ford-where-virtual-reality-is-already-manufacturing-reality/#14b2d766e4db (archived at https://perma.cc/9ZR5-QBH2)

2
Jane Incao. (2018, September 20). How VR is Transforming the Way We Train Associates. Walmart. https://corporate.walmart.com/newsroom/innovation/20180920/how-vr-is-transforming-the-way-we-train-associates (archived at https://perma.cc/9PY7-C438)

3
How Coca-Cola field sales team increases in-store sales of POS materials. (n.d.). Augment. https://www.augment.com/customer-stories/coca-cola/ (archived at https://perma.cc/QCV7-J3E4)

4
IDC says Enterprises are Moving to Augmented and Virtual Reality Majorly Driven by Leading Use Cases with US$ 31.2 Billion Spend by 2023. (2020, March 25). IDC. (archived at https://perma.cc/XP8A-22D5)

5
Seeing is Believing. (n.d.). PwC. https://www.pwc.com/seeingisbelieving (archived at https://perma.cc/SA6E-JSTX)

02
XR이 비즈니스에 필요한 이유

1
DHL Trend Research. (2014) Augmented Reality in Logistics: Changing the way we see logistics – a DHL perspective. DHL Customer Solutions & Innovation. (archived at https://perma.cc/NH67-WPBR)

2
Alex Sword. (2019, May 21). DHL deploys new Google Glass for advanced AR picking. DeliveryX. https://edelivery.net/2019/05/dhl-deploys-new-google-glass-advanced-ar-picking/ (archived at https://perma.cc/E9AW-V9JX)

3
DHL Supply Chain Makes Smart Glasses New Standard in Logistics. (2019, February 19). AREA. https://thearea.org/ar-news/dhl-supply-chain-makes-smart-glasses-new-standard-in-logistics/ (archived at https://perma.cc/8HU4-98E3)

03
학습 및 개발

1
Amy Adkins & Brandon Rigoni. (2016, June 30). Millennials Want Jobs to Be Development Opportunities. GALLUP. https://www.gallup.com/workplace/236438/millennials-jobs-development-opportunities.aspx (archived at https://perma.cc/J7C3-XTQ3)

2
Bryan Adams. (n.d.). This Avoidable Situation Is Costing U.S. Businesses $11 Billion Every Single Year: Employee turnover is on the rise but it is entirely avoidable. Inc. https://www.inc.com/bryan-adams/this-avoidable-situation-is-costing-us-businesses-11-billion-every-single-year.html (archived at https://perma.cc/QNE7-JA32)

3
Campbell George. (2019, June 25). The employee experience (EX) statistics you should know in 2020. Qualtrics Blog. https://www.qualtrics.com/blog/employee-experience-stats/ (archived at https://perma.cc/HF2Q-J37K)

4
Tom Ventsias. (2018, June 15). People Recall Information Better Through Virtual Reality, Says New UMD Study. UMD Right Now. https://umdrightnow.umd.edu/news/people-recall-information-better-through-virtual-reality-says-new-umd-study (archived at https://perma.cc/GH7W-99GL)

5
Sean Fleming. (2019, February 11). These 4 trends are shaping the future of your job. World Economic Forum. https://www.weforum.org/agenda/2019/02/these-4-trends-are-shaping-the-future-of-your-job (archived at https://perma.cc/K484-ESH2)

6
OI Global Partners & Harmonics. (2019). Future of work: OIGP Global Research Study 2019. https://www.futurecareerreadiness.com/wp-content/uploads/2019/11/OIGP_Future-of-Work-Report_2019_Harmonics-Reduced.pdf (archived at https://perma.cc/7GZC-R7NY)

7
Building the Vodafone Pavilion in VR for employees to practice presentation skills. (n.d.) VirtualSpeech. https://virtualspeech.com/resources/case-study/vodafone-case-study (archived at https://perma.cc/7K8C-NL3V)

8
SHRM (2008) SHRM's Definition of Diversity, Alexandria, VA: Society for Human Resource Management

9
American Sociological Review 74(2) (2009), https://www.asanet.org/sites/default/files/savvy/images/journals/docs/pdf/asr/Apr09ASRFeature.pdf (archived at https://perma.cc/T4GH-XNVY)

10
Dame Vivian Hunt, Dennis Layton & Sara Prince. (2015, January). Why diversity matters. McKinsey&Company. https://www.mckinsey.com/~/media/mckinsey/business%20functions/people%20and%20organizational%20performance/our%20insights/why%20diversity%20matters/why%20diversity%20matters.pdf (archived at https://perma.cc/M9BU-9JNR)

11
American Sociological Review 74(2) (2009), https://www.asanet.org/sites/default/files/savvy/images/journals/docs/pdf/asr/Apr09ASRFeature.pdf (archived at https://perma.cc/T4GH-XNVY)

12
Dame Vivian Hunt, Dennis Layton & Sara Prince. (2015, January). Why diversity matters. McKinsey&Company. https://www.mckinsey.com/~/media/mckinsey/business%20functions/people%20and%20organizational%20performance/our%20insights/why%20diversity%20matters/why%20diversity%20matters.pdf (archived at https://perma.cc/M9BU-9JNR)

13
American Sociological Review 74(2) (2009), https://www.asanet.org/sites/default/files/savvy/images/journals/docs/pdf/asr/Apr09ASRFeature.pdf (archived at https://perma.cc/T4GH-XNVY)

14
Rocío Lorenzo, Nicole Voigt, Karin Schetelig, Annika Zawadzki, Isabelle Welpe & Prisca Brosi. (2017, April 26). The Mix That Matters. BCG. https://www.bcg.com/en-us/publications/2017/people-organization-leadership-talent-innovation-through-diversity-mix-that-matters (archived at https://perma.cc/9Z8S-5Y7P)

15
PwC. (2018, June). Diversity is the solution, not a problem to solve. https://www.pwc.co.uk/financial-services/assets/pdf/pwc-diversity-is-the-solution.pdf (archived at https://perma.cc/N3WZ-UH4J)

16
Sylvia Ann Hewlett, Melinda Marshall & Laura Sherbin. (2013, December). How Diversity Can Drive Innovation. Harvard Business Review. https://hbr.org/2013/12/how-diversity-can-drive-innovation (archived at https://perma.cc/5CMW-WNQ9)

17
PwC. (2018, June). Diversity is the solution, not a problem to solve. https://www.pwc.co.uk/financial-services/assets/pdf/pwc-diversity-is-the-solution.pdf (archived at https://perma.cc/N3WZ-UH4J)

18
Forbes Insights. (n.d.). Global Diversity and Inclusion: Fostering Innovation Through a Diverse Workforce. https://images.forbes.com/forbesinsights/StudyPDFs/Innovation_Through_Diversity.pdf (archived at https://perma.cc/XE8B-9YF3)

19
The Crucial Impact of Workplace Diversity and Inclusion on Engagement and Retention. (2019, July 12). TDG. https://thedeamergroup.com/workplace-diversity-inclusion-employee-retention/ (archived at https://perma.cc/G2Y9-W2VW)

20
PwC. (2018, June). Diversity is the solution, not a problem to solve. https://www.pwc.co.uk/financial-services/assets/pdf/pwc-diversity-is-the-solution.pdf (archived at https://perma.cc/N3WZ-UH4J)

21
PwC. (2018, June). Diversity is the solution, not a problem to solve. https://www.pwc.co.uk/financial-services/assets/pdf/pwc-diversity-is-the-solution.pdf (archived at https://perma.cc/N3WZ-UH4J)

22
Roswell Robert O.MD; Cogburn Courtney D. PHD; Tocco Jack PhD, MPH; Martinez Johanna MD; Bangeranye Catherine PhD; Bailenson Jeremy N. PhD; Wright Michael EdD; Mieres Jennifer H. & MD; Smith Lawrence MD. Cultivating Empathy Through Virtual Reality: Advancing Conversations About Racism, Inequity, and climate in Medicine. Academic Medicine. Epub ahead of print. https://vhil.stanford.edu/mm/2020/07/roswell-am-cultivating.pdf (archived at https://perma.cc/Y8CV-458V)

23
Domna Banakou, Parasuram D. Hanumanthu & Mel Slater. (2016, November 29). Virtual Embodiment of White People in a Black Virtual Body Leads to a Sustained Reduction in Their Implicit Racial Bias. Front Hum Neurosci. https://www.ncbi.nlm.nih.gov/pmc/articles/PMC5126081 (archived at https://perma.cc/W674-Q7LS)

24
Project Implicit. (n.d.). Project Implicit. https://implicit.harvard.edu/implicit/ (archived at https://perma.cc/A3NR-S6TZ)

25

Alex Shashkevich. (2018, October 17). Virtual reality can help make people more compassionate compared to other media, new Stanford study finds. Stanford University. https://news.stanford.edu/2018/10/17/virtual-reality-can-help-make-people-empathetic/ (archived at https://perma.cc/6DN9-56QC)

26

Fernanda Herrera, Jeremy Bailenson, Erika Weisz, Elise Ogle & Jamil Zaki. (2018, October 17). Building long-term empathy: A large-scale comparison of traditional and virtual reality perspective-taking. PLOS ONE. https://journals.plos.org/plosone/article/file?id=10.1371/journal.pone.0204494&type=printable (archived at https://perma.cc/SBN6-NGRU)

27

Syrian Refugee Crisis. (n.d.) UNVR. http://unvr.sdgactioncampaign.org/cloudsoversidra/#.ZAgB_HZByUm (archived at https://perma.cc/7GPW-6VVK)

28

Rhonda Brighton-Hall. (2018, August 23). The Reality of Inclusion. mWah. https://mwah.live/blog/the-reality-of-inclusion (archived at https://perma.cc/B97H-4WQL)

29

What does virtual reality and the metaverse mean for training? (2022, September 16). PwC. https://www.pwc.com/us/vlearning (archived at https://perma.cc/EJN9-XXQZ)

30

Quantified Design Solutions, David Jones & American Airlines, Roger Lowe. (2019). Maximizing Virtual Reality Cabin Crew Training: A Case Study. (archived at https://perma.cc/V5RZ-YUB8)

31

Benjamin Zhang. (2016, April 8). United Airlines flight attendant who mysteriously broke a huge rule has left the company. Insider. https://www.businessinsider.com/united-airlines-flight-attendant-emergency-slide-not-employed-2016-4?r=US&IR=T (archived at https://perma.cc/TK8T-TUQA)

32

LJS Aviation Brochure. (2019, February). (archived at https://perma.cc/J72S-FQF6)

33

Global work deaths total 2.78 million a year. (2017, September 8). IOSH Magazine. https://www.ioshmagazine.com/global-work-deaths-total-278-million-year (archived at https://perma.cc/JPV3-XSNU)

34

ServiceMax. (n.d.). Why You Should Be Crying Over Spilt Milk: Cost of Unplanned Downtime. https://lp.servicemax.com/rs/020-PCR-876/images/1-Unplanned-Downtime_Infographic-final2.pdf (archived at https://perma.cc/E4G9-XR35)

35

Austin Weber. (2008, December 1). Ergonomics: Ford Simulates. Assembly Magazine. https://www.assemblymag.com/articles/86145-ergonomics-ford-simulates (archived at https://perma.cc/K3BC-9HB3)

36

Ford reduces production line injury rate by 70 percent for its more than 50,000 'industrial athletes'. (2015. July 16). Ford. https://media.ford.com/content/fordmedia/fna/us/en/news/2015/07/16/ford-reduces-production-line-injury-rate-by-70-percent.html (archived at https://perma.cc/MX55-TK5F)

37

Shell: Health and safety emergency response training using VR. (n.d.). Immerse. https://immerse.io/case_study/shell-health-and-safety-emergency-response-training/ (archived at https://perma.cc/L8GH-NRBS)

38

Tom Paquin. (2018, August). How the best-in-class use augmented reality for superior service management. ABERDEEN. http://www.ptc.com/-/media/Files/PDFs/Augmented-Reality/ar-for-service-aberdeen/Aberdeen-How-Best-in-Class-Use-AR-for-Service-Management.pdf (archived at https://perma.cc/LT6S-QG9K)

39

Expert help from remote at Becton Dickinson. (n.d.). Ubimax. (archived at https://perma.cc/7UQ7-KRN4)

40

Leila Martine. (2020, July 3). Measuring patient and clinical effectiveness. Microsoft. https://www.microsoft.com/en-gb/industry/blog/health/2020/07/03/measuring-patient-and-clinical-effectiveness/ (archived at https://perma.cc/7533-MMSZ)

04
운영

1

Global digital population as of July 2020. (2020, July). Statista. (archived at https://perma.cc/J8CX-ZP23)

2

GDP (constant 2015 US$). (n.d.). The World Bank. https://data.worldbank.org/indicator/NY.GDP.MKTP.KD?end=2019&start=1960 (archived at https://perma.cc/9UTH-HG5E)

3

Zach Capers. (2020, January 22). Findings From a Decade in Tech. GetApp. https://www.getapp.com/resources/decade-in-tech/ (archived at https://perma.cc/DZ2V-K44H)

4

Abraham G. Campbell, Thomas Holz, Jonny Cosgrove, Mike Harlick & Tadhg O'Sullivan. (2020, January). Uses of Virtual Reality for Communication in Financial Services: A Case Study on Comparing Different Telepresence Interfaces: Virtual Reality Compared to Video Conferencing. https://www.researchgate.net/publication/330832155_Uses_of_Virtual_Reality_for_Communication_in_Financial_Services_A_Case_Study_on_Comparing_Different_Telepresence_Interfaces_Virtual_Reality_Compared_to_Video_Conferencing (archived at https://perma.cc/R48T-LTR6)

5

Case studies – AF Gruppen. (n.d.). Dimension10. (archived at https://perma.cc/X36V-TGDV)

6

V^2EC 2020 – Virtual VIVE Ecosystem Conference. (2020, April). Engage. (archived at https://perma.cc/H3X4-6QRP)

7

Jeff Desjardins. (2019, April 17). How much data is generated each day? World Economic Forum. https://www.weforum.org/agenda/2019/04/how-much-data-is-generated-each-day-cf4bddf29f/ (archived at https://perma.cc/5NU9-5ADZ)

8

Kathy Winter. (2017, April 14). For Self-Driving Cars, There's Big Meaning Behind One Big Number: 4 Terabytes. Intel. (archived at https://perma.cc/UW6R-AGKZ)

9

Projected shipments of connected cars between 2019 and 2023. (n.d.). Statista. https://www.statista.

com/statistics/743400/estimated-connected-car-shipments-globally/ (archived at https://perma.cc/E4PN-BVDU)

10
Mark Samuels. (2019, January 15). What is a Chief Data Officer? Everything you need to know about the CDO role. ZDNet. https://www.zdnet.com/article/what-is-a-chief-data-officer-everything-you-need-to-know-about-the-cdo-role/ (archived at https://perma.cc/M4AH-CY3J)

11
Mark Samuels. (2019, January 15). What is a Chief Data Officer? Everything you need to know about the CDO role. ZDNet. https://www.zdnet.com/article/what-is-a-chief-data-officer-everything-you-need-to-know-about-the-cdo-role/ (archived at https://perma.cc/M4AH-CY3J)

12
Visualizations (n.d.) Alaira. (archived at https://perma.cc/5FQX-FVGL)

13
IFTF. (2018). Immersive Human Networks: An Exploration of How VR Network Analysis Can Transform Sensemaking and Help Organizations Become More Agile. (archived at https://perma.cc/LFL3-8NPK)

14
Collaborative VR Data Visualization Prototype. (n.d.). IFTF. https://legacy.iftf.org/onvr/ (archived at https://perma.cc/SYR8-7YTQ)

15
Seeing is Believing. (n.d.). PwC. https://www.pwc.com/seeingisbelieving (archived at https://perma.cc/9U2P-AY9L)

16
Transporting UK clients to New Zealand at the flick of a switch. (n.d.) PwC. https://www.pwc.co.uk/who-we-are/annual-report/stories/2019/transporting-uk-clients-to-new-zealand-at-flick-of-switch.html (archived at https://perma.cc/9EPF-NCNS)

17
PwC Corporate Finance has advised Lintbells Ltd. on the sale of a minority equity stake to Inflexion Private Equity. (n.d.). PwC. (archived at https://perma.cc/UK6K-G7J7)

18
Hadley Keller. (2018. April 10). How One Designer Uses Virtual Reality to Communicate with His Clients: For Patric Sutton, the technology is a game-changing way to improve communication with clients. AD Pro. https://www.architecturaldigest.com/story/virtual-reality-designer-client-communication-patrick-sutton (archived at https://perma.cc/5E95-RWYA)

19
Richard Broome. (2020, January 6). Digging Up Britain. LocalGov. https://www.localgov.co.uk/Digging-Up-Britain/48762 (archived at https://perma.cc/2TUW-5WSH)

20
LSBUD, Richard Broome. (2018). Digging Up Britain 2019: Protecting the nation's infrastructure. http://cdn.linesearchbeforeudig.co.uk/pdfs/LSBUD-UK-Report_2018.pdf (archived at https://perma.cc/QXL5-JLBW)

21
vGIS. (2019. July) Mesuring effectiveness of Augmented Reality in the locate services industry. https://www.vgis.io/wp-content/uploads/2019/07/vGIS-Promark-Augmented-Reality-GIS-Locate-Industry-Study.pdf (archived at https://perma.cc/X2W8-A624)

22
The utility locator market is expected to reach USD 7.50 billion by 2023 from USD 5.62 billion in

2018, at a CAGR of 5.94% between 2018 and 2023. (2018, June 7). Cision. (archived at https://perma.cc/4TSE-CW36)

23
vGIS. (2019. July) Mesuring effectiveness of Augmented Reality in the locate services industry. https://www.vgis.io/wp-content/uploads/2019/07/vGIS-Promark-Augmented-Reality-GIS-Locate-Industry-Study.pdf (archived at https://perma.cc/X2W8-A624)

24
Damian Schofield & Ken Fowle. (2013). Technology Corner Visualising Forensic Data: Evidence (Part 1). Journal of Digital Forensics, Security and Law, Vol.8(1), 73-90. Research Online. (archived at https://perma.cc/M77T-GE2B)

25
Case Closed: Spearhead Interactive solves legal case by bringing Virtual Reality into the Courtroom. (2016, November 2). Teesside University. (archived at https://perma.cc/C9KC-LL3S)

26
Damian Schofield. (2009). Animating Evidence: Computer Game Technology in the Courtroom. Journal of Information Law & Technology 2009(1). https://warwick.ac.uk/fac/soc/law/elj/jilt/2009_1/schofield/ (archived at https://perma.cc/6E89-22HS)

27
Marc Cieslak. (2016. November 20). Virtual reality to aid Auschwitz war trials of concentration camp guards. BBC. (archived at https://perma.cc/Y3W9-KC6Q)

28
Marc Cieslak. (2016. November 20). Virtual reality to aid Auschwitz war trials of concentration camp guards. BBC. (archived at https://perma.cc/Y3W9-KC6Q)

29
Damian Schofield. (2011, Jaunary). Virtual Evidence in the Courtroom. ResearchGate. https://www.researchgate.net/publication/258564589_Virtual_Evidence_in_the_Courtroom (archived at https://perma.cc/ZPS6-DBPZ)

05
영업 및 마케팅

1
Michael I. Norton, Daniel Mochon & Dan Ariely. (2011). The "IKEA Effect": When Labor Leads to Love. Harvard Business School Working Paper 11-091. https://www.hbs.edu/ris/Publication%20Files/11-091.pdf (archived at https://perma.cc/X8ED-5TJB)

2
Realistic qualitative stimuli at quantitative scale. (n.d.). Gorilla in the room. https://gorillaitr.com/project/174-more-realistic-compared-to-2d-stimulus/ (archived at https://perma.cc/4T8E-6XAP)

3
S.Adam Brasel & James Gips. (2013, November 7). Tablets, touchscreens, and touchpads: How varying touch interfaces trigger psychological ownership and endowment. SCP. https://myscp.onlinelibrary.wiley.com/doi/epdf/10.1016/j.jcps.2013.10.003 (archived at https://perma.cc/58AM-PGR9)

4
Alexander Sokhanych. (2017, November 10). Augmented Reality in Jewelry. ThinkMobiles. https://thinkmobiles.com/blog/augmented-reality-jewelry/ (archived at https://perma.cc/9PWA-M8TV)

5

Ana Javornik, Ana Moutinho & Russell Freeman. (2019, June 10). Applying Augmented Reality To Beauty Retail. Medium. https://medium.com/@Holition/applying-augmented-reality-to-beauty-retail-134490acf1ad (archived at https://perma.cc/855N-E8R7)

6

Madeleine Streets. (2020, April 16). With Stores Shut, 3D Visualization Is Playing a Bigger Role in Mobile & E-Commerce Conversion. Footwear news. https://footwearnews.com/2020/business/retail/expivi-vyking-3d-ar-virtual-technology-ecommerce-1202967739/ (archived at https://perma.cc/NS8N-7H2A)

7

How Augment's integration with Salesforce streamlines the sales process. (n.d.). Augment. https://www.augment.com/portfolio-items/coca-cola/ (archived at https://perma.cc/2D6K-7TDV)

8

How retailer Fnac and manufacturer Groupe Seb increased online sales through augmented reality. (n.d.). Augment. https://www.augment.com/customer-stories/fnac-darty/ (archived at https://perma.cc/7USW-CSAA)

9

thyssenkrupp Elevator rolls out HoloLinc – world's first Industry 4.0 solution to transform measurement and delivery in the stairlift industry (2018, October 18). thyssenkrupp. https://www.thyssenkrupp.com/en/newsroom/press-releases/thyssenkrupp-elevator-rolls-out-hololinc---world-s-first-industry-4-0-solution-to-transform-measurement-and-delivery-in-the-stairlift-industry-10834.html (archived at https://perma.cc/4EEC-LKBT)

10

Try Before You Buy! Virtual reality (VR) Kitchen Design. (2019, July 22). Ruach Kitchens. https://ruachdesigns.co.uk/general/try-before-you-buy-virtual-reality-vr-kitchen-design/ (archived at https://perma.cc/D4UM-KJTP)

11

Deloitte. (2019). The Deloitte Consumer Review: Made-to-order: The rise of mass personalisation. https://www2.deloitte.com/content/dam/Deloitte/ch/Documents/consumer-business/ch-en-consumer-business-made-to-order-consumer-review.pdf (archived at https://perma.cc/V958-V9MW)

12

O2 virtual reality retail market research. (n.d.). Gorilla in the room. https://gorillaitr.com/project/o2-retail-vr-market-research-case-study/ (archived at https://perma.cc/2663-B4M2)

13

Jeff Beer, (2016, June 5). Why Toms Shoes And AT&T Are Taking A Virtual Reality Trip To Colombia. Fast Company. https://www.fastcompany.com/3059526/why-toms-shoes-and-att-are-taking-a-virtual-reality-trip-to-colombia (archived at https://perma.cc/8ZQB-JW46)

14

Jaguar Electrifies With The I-Pace Concept Car. (2016, November 15). Jaguar. https://media.jaguar.com/news/2016/11/jaguar-electrifies-i-pace-concept-car (archived at https://perma.cc/8FKW-72KG)

15

For The Lauch Of Three Revolutionary Shoes The Asics Innovation Summit Goes Virtual. (2020. March 31). ASICS. https://corp.asics.com/en/press/article/2020-03-31 (archived at https://perma.cc/5Q85-NFVP)

16

Carl. (2020, July 18). How to experience OnePlus Nord on July 21. OnePlus Community. https://community.oneplus.com/wap/thread/1259500 (archived at https://perma.cc/9TWF-NKLA)

17

Oliver McAteer. (2018, October 23). Foot Locker learns into A.R. for scavenger hunt sneaker launch: It used the technology to offer fans first dibs on the new LeBron 16 King Court Purple kicks. Campaign. https://www.campaignlive.co.uk/article/foot-locker-leans-ar-scavenger-hunt-sneaker-launch/1496892 (archived at https://perma.cc/WA6T-5ASJ)

18

Marty Swant. (2017, February 28). Pokemon Go Has Now Driven 500 Million Visits to Sponsored Locations: Niantic's CEO says more partnerships are in the works. Adweek. https://www.adweek.com/performance-marketing/pokemon-go-has-now-driven-500-million-visits-to-sponsored-locations/ (archived at https://perma.cc/64GT-GJZX)

19

Larry Kim. (n.d.). 9 Need-to-Know Facts on How Pokemon Go Players Engage with Businesses: Did you know the average player spends $11.30 at local businesses while playing? Inc. https://www.inc.com/larry-kim/9-need-to-know-facts-on-how-pokemon-go-players-engage-with-businesses.html (archived at https://perma.cc/KF9S-CHZP)

20

Jacob Landis-Eigsti. (2019, September 6). Online Advertising vs Traditional Advertising: Digital Ads are now King. Jacob LE. https://jacob-le.com/online-advertising-vs-traditional-advertising-digital-ads-are-now-king/ (archived at https://perma.cc/WFS3-3HWC)

21

Case study – Uber. (n.d.). admix. (archived at https://perma.cc/3XNB-G6S6)

22

Michael Kors: Personalizing the shopping experience with Facebook Augmented Reality ads. (n.d.). Facebook for Business. (archived at https://perma.cc/4T43-K269)

07

발견 단계에서의 문제

1

ACM TV. (2015, March 26). Telegraph History: "Telegram for America"[Video]. Youtube. https://www.youtube.com/watch?v=dRnwT3O7cWQ (archived at https://perma.cc/TCN2-4HAG)

2

Erika Anderson. (2013, October 4). It Seemed Like A Good Idea At The Time: 7 Of The Worst Business Decisions Ever Made. Forbes. https://www.forbes.com/sites/erikaandersen/2013/10/04/it-seemed-like-a-good-idea-at-the-time-7-of-the-worst-business-decisions-ever-made/?sh=77c9d47f3e80 (archived at https://perma.cc/87R6-R39G)

3

Cade Metz. (2014, September 5). Tech Time Warp of the Week: Watch Steve Ballmer Laugh at the Original iPhone. Wired. https://www.wired.com/2014/09/tech-time-warp-of-the-week-watch-steve-ballmer-laugh-at-the-original-iphone/ (archived at https://perma.cc/2JEJ-BSXG)

4

Stefanie Olsen. (2002, August 9). Blockbuster takes aim at Netflix: The video rental behemoth is quietly testing a DVD subscription program meant to undercut competition from the Web-based mail-order service. ZDNet. https://www.zdnet.com/article/blockbuster-takes-aim-at-netflix/ (archived at https://perma.cc/EVE6-DPK7)

5

Frank Olito. (2020, August 21). The rise and falll of Blockbuster. Insider. https://www.businessinsider.com/rise-and-fall-of-blockbuster?r=US&IR=T (archived at https://perma.cc/M3PE-UWKH)

6

Rumble Press. (2014, May 1). If Only Blockbuster had Listened to Enron...: How Blockbuster Blew a Chance to Dominate Video-On-Demand. Medium. https://medium.com/@rumblepress/if-only-blockbuster-had-listened-to-enron-4166752a78de (archived at https://perma.cc/9QQU-FLXU)

7

Celena Chong. (2015, July 18). Blockbuster's CEO once passed up a chance to buy Netflix for only $50 million. Insider. https://www.businessinsider.com/blockbuster-ceo-passed-up-chance-to-buy-netflix-for-50-million-2015-7?r=US&IR=T (archived at https://perma.cc/RQX7-2FA6)

8

Varjo & Boeing: A New Era in Astronaut Training using Virtual Reality: With Varjo, the Boeing Straliner program unlocks an entirely new way for astronauts to prepare for spaceflight. Varjo allows astronaut training- from pre-launch to docking to landing – entirely in VR for the first time. (n.d.). Varjo. https://varjo.com/boeing-starliner/ (archived at https://perma.cc/2MC8-98VM)

9

J. Brent Bushkar & Diann M. Krywko. (2019, October 1). Visual Field Testing Technique. Medscape. https://emedicine.medscape.com/article/2094663-technique (archived at https://perma.cc/XU5M-QQTY)

10

I. Rakkolainen, M. Turk & T. Höllerer. (2016, October). A Superwide-FOV Optical Design for Head-Mounted Displays. ICAT-EGVE 2016. http://sites.cs.ucsb.edu/~holl/pubs/Rakkolainen-2016-ICAT-EGVE.pdf (archived at https://perma.cc/9324-DFV7)

11

Field of View (FOV). (n.d.). Valve Index. https://www.valvesoftware.com/en/index/deep-dive/fov (archived at https://perma.cc/7FBE-XW4R)

12

Jan-Willem Bruggink. (2013, September 20). More than 6 in 10 people wear glasses or contact lenses. CBS. https://www.cbs.nl/en-gb/news/2013/38/more-than-6-in-10-people-wear-glasses-or-contact-lenses (archived at https://perma.cc/7XX3-X68P)

13

The Comprehensive Guide To IP Ratings. (n.d.). RS. https://uk.rs-online.com/web/content/discovery/ideas-and-advice/ip-ratings (archived at https://perma.cc/7Z25-RMKQ)

08
설계 및 개발 단계에서의 문제

1

Consulting. (n.d.). PwC. https://www.pwc.co.uk/services/consulting.html (archived at https://perma.cc/9E87-7FV6)

2

FAQs. (n.d.). Dimension. https://www.dimensionstudio.co/faqs (archived at https://perma.cc/B854-J2L4)

3

Tino kamal: VIP. (n.d.). Dimension. https://www.dimensionstudio.co/work/tino-kamal-vip (archived at https://perma.cc/6MVX-F7UJ)

4

O. Schreer, I.Feldmann, T.Ebner, S. Renault, C. Weissig, D. Tatzelt & P.Kauff. (2018, October 2). Advanced Volumetric Capture And Processing. IBC. https://www.ibc.org/advanced-volumetriccapture-and-processing/3336.article (archived at https://perma.cc/TL6E-JHTD)

5
Volumetric Video Market by Volumetric Capture (Hardware, Software, Services), Application (Sports, Events, and Entertainment, Medical, Advertisement, and Education), Content Delivery & Region (2021-2016). (n.d.). MarketsandMarkets. https://www.marketsandmarkets.com/Market-Reports/volumetric-video-market-259585041.html (archived at https://perma.cc/F53T-LS2J)

6
2020 State of Software Engineers. (n.d.). Hired. (archived at https://perma.cc/Q84M-4X3Z)

7
SeeingVR (2019). (n.d.). Microsoft. https://www.microsoft.com/en-us/research/project/seeingvr/ (archived at https://perma.cc/A2V4-GPUQ)

8
WCAG 2 Overview. (n.d.). W3C. https://www.w3.org/WAI/standards-guidelines/wcag/ (archived at https://perma.cc/XF5M-DGDP)

9
Joshue O'Connor, Janina Sajka, Jason White, Scott Hollier & Michael Cooper. (2021, August 25). XR Accessibility User Requirements. W3C Working Group Note. https://www.w3.org/TR/xaur/ (archived at https://perma.cc/UD7M-R75Y)

10
What is personal data? (n.d.). European Commission. https://commission.europa.eu/law/law-topic/data-protection/reform/what-personal-data_en (archived at https://perma.cc/PQ6G-VXGH)

11
Wired Staff. (2011, September 22). Unique Gait Can Give Crooks Away: The way we walk could be used as an accurate way of identifying us, according to an international team of bioengineers who analyzed the foot pressure patterns created by 104 subjects. They found they were able to identify individuals with a 99.6 percent accuracy. Wired. https://www.wired.com/2011/09/walking-biometric-identification/ (archived at https://perma.cc/K5FM-TLCP)

12
Bhavishya Ravi. (2017). Privacy Issues in Virtual Reality: Eye Tracking Technology. Privacy and Security Law Report. (archived at https://perma.cc/E46V-GYLL)

13
SteamVR™ Tracking. (n.d.). Valve Corporation. https://partner.steamgames.com/vrlicensing#GetStarted (archived at https://perma.cc/67XP-5ZFQ)

14
Peter Casy, Ibrahim Baggili & Ananya Yarramreddy. (2019). Immersive Virtual Reality Attacks and the Human Joystick. IEEE Transaction on Dependable and Secure Computing. https://digitalcommons.newhaven.edu/cgi/viewcontent.cgi?referer=&httpsredir=1&article=1087&context=electricalcomputerengineering-facpubs (archived at https://perma.cc/8PJ2-N5AP)

15
2020 Unit 42 IoT Threat Report. (2020, March 10). Unit 42. https://unit42.paloaltonetworks.com/iot-threat-report-2020/ (archived at https://perma.cc/8LWH-JBC8)

16
2020 Unit 42 IoT Threat Report. (2020, March 10). Unit 42. https://unit42.paloaltonetworks.com/iot-threat-report-2020/ (archived at https://perma.cc/8LWH-JBC8)

09
배포 및 보고 단계에서의 문제

1
Rescape Innovation. (n.d.). Why Infection Control Impacts Medical Virtual Reality Adoption and What to Do. https://realitycheckxr.com/Why_Infection_Control_Impacts_Medical_Virtual_Reality.pdf (archived at https://perma.cc/Z9KS-4DDN)

2
UV Disinfection. (n.d.). KnowYourH2O. www.water-research.net/index.php/water-treatment/water-disinfection/uv-disinfection

3
Dana Mackenzie. (2020, June 27). Ultraviolet Light Fights New Virus. PMC. https://www.ncbi.nlm.nih.gov/pmc/articles/PMC7319933/ (archived at https://perma.cc/RMZ3-ZKFR)

10
고품질 360도 동영상 콘텐츠 제작을 위한 초보자 가이드
(알렉스 륄Alex Rühl 작성)

1
Jessica Brillhart. (2016, February 6). In the Blink of a Mind – Attention. Medium. https://medium.com/the-language-of-vr/in-the-blink-of-a-mind-attention-1fdff60fa045 (archived at https://perma.cc/GCR8-QQEX)

11
XR에 대한 흔한 오해와 비판

1
Spencer Salter. (2019, September 6). Motion Sickness: it all started 550 million years ago. The conversation. https://theconversation.com/motion-sickness-it-all-started-550-million-years-ago-121789 (archived at https://perma.cc/9LMQ-DBXJ)

2
Peter Schwartzstein. (2012, December 13). Letter shows depth of Admiral Nelson's seasickness. Reuters. https://www.reuters.com/article/us-britain-nelson/letter-shows-depth-of-admiral-nelsons-seasickness-idUSBRE8BA0PP20121212 (archived at https://perma.cc/WZ26-P7XH)

3
R. Kennedy, J. Drexler, Daniel E. Compton, K. Stanney, Susan W. Lanham & D. Harm. (2001). Configural Scoring of Simulator Sickness, cybersickness and Space Adaptation Syndrome: Similarities and Differences? Semantic Scholar. (archived at https://perma.cc/F6CU-HF6N)

4
Welcome to Movie hurl. (n.d.). Movie Hurl. http://moviehurl.com/ (archived at https://perma.cc/8MKX-2F22)

5
Keiichi Matsuda. (2016, May 20). HYPER-REALITY[Video]. Youtube. https://www.youtube.com/watch?v=YJg02ivYzSs (archived at https://perma.cc/7VME-59C3)

6

Immerse. (2020, March 5). WEBINAR 5: University of Cambridge research highlights the benefits of VR training[Video]. Youtube. https://www.youtube.com/watch?v=XlzIN8kmd1M (archived at https://perma.cc/S6PS-TLKR)

7

Virtual reality theatre experience. (n.d.). Gorillla in the room. https://gorillaitr.com/project/shakespeare-theatre-vr-market-research-case-study/ (archived at https://perma.cc/J7LF-NLGG)

8

Lee Boyce. (2017, June 27). Could virtual reality save high street travel agents? Caribbean cruise sales rise 45% after customers take a tour from Thomas Cook branches. This is Money. (archived at https://perma.cc/48KQ-SFCA)

9

Reuters Staff. (2020, June 8). La Liga to use 'virtual' stands and audio for broadcasts. Reuters. (archived at https://perma.cc/9STZ-M4BH)

10

Groundbreaking Virtual Reality Research Showcases Strong Emotional Engagement for Brands, According to YuMe and Nielsen: VR Provides Uniquely Immersive Platform for Delivering Highly Engaging Content, According to New Neuroscience-Based Research. (2016, November 9). Business Wire. https://www.businesswire.com/news/home/20161109005274/en/Groundbreaking-Virtual-Reality-Research-Showcases-Strong-Emotional (archived at https://perma.cc/9FT4-UAUR)

11

Jane Incao. (2018, September 20). How VR is Transforming the Way We Train Associates. Walmart. https://corporate.walmart.com/newsroom/innovation/20180920/how-vr-is-transforming-the-way-we-train-associates (archived at https://perma.cc/9PY7-C438)

12

In the footstep of trailblazers: How Walmart embraces Immersive Learning. (n.d.). Strivr. https://www.strivr.com/customers/walmart/ (archived at https://perma.cc/UX8G-8E4Z)

13

Rachel Ranosa. (2018, May 18). The Shifting reality of employee training. HRD HR Tech News. (archived at https://perma.cc/XJL4-6YHQ)

14

Hobs 3D create virtual reality training system for Thames Tideway's Tunnel Boring Machine. (2018, February 15). Hobs 3D. https://hobs3d.com/news/thames-tideway-tunnel-boring-machine-vr/ (archived at https://perma.cc/ZET4-LTE9)

15

Touchstone Research. (2016, January 28). VR and consumer sentiment. Touchstone Research. https://touchstoneresearch.com/vr-and-consumer-sentiment/ (archived at https://perma.cc/QG2R-FPYP)

16

Immerse. (2020, March 5). WEBINAR 5: University of Cambridge research highlights the benefits of VR training[Video]. Youtube. https://www.youtube.com/watch?v=XlzIN8kmd1M (archived at https://perma.cc/S6PS-TLKR)

17

Interest in popular emerging technologies among Chinese in 2017, by generation. (2017, December). Statista. (archived at https://perma.cc/EW2Y-KY5D)

18

Virtually working: climb a telecoms mast-on your sofa. (2019, May 20). Vodafone. https://www.vodafone.com/news/technology/virtual-work-vr-telecoms-mast (archived at https://perma.cc/

KN6V-7P7N)

19
Vodafone – Working at Height. (n.d.). Make Real. https://makereal.co.uk/work/vodafone-working-at-height/ (archived at https://perma.cc/KEZ5-ZDBL)

20
http://stats.areppim.com/stats/stats_mobilexpenetr.htm (archived at https://perma.cc/SLD7-LP49)

21
Ed Pilkington New York & Bobbie Johnson. (2007, June 29). iPhone causes big Apple swarm in Big Apple storms. The Guardian. https://www.theguardian.com/news/2007/jun/29/usnews.apple (archived at https://perma.cc/K2AH-A66P)

22
Share of US households using specific technologies, 1860 to 2019. (n.d.). Our World in Data. https://ourworldindata.org/grapher/technology-adoption-by-households-in-the-united-states (archived at https://perma.cc/Z9F5-HKU8) - adapted from data by Comin and Hobjin (2004) and others, licensed under the Creative Commons BY licence

23
에버렛 M. 로저스(2005). 개혁의 확산(김영석 등 역). 커뮤니케이션북스. (원본 출판 1962년)

24
Lars de Bruin. (2020, March 15). Crossing the Chasm in the Technology Adoption Life Cycle. B2U. https://www.business-to-you.com/crossing-the-chasm-technology-adoption-life-cycle/ (archived at https://perma.cc/5EX2-W4W7)

25
제프리 M. 무어(2021). 제프리 무어의 캐즘 마케팅: 스타트업을 메인마켓으로 이끄는 마케팅 바이블(윤영호 역). 세종서적. (원본 출판 2006).

26
Charles Williams Jr.: Part Two: Human Voice sent via Telegraph. (n.d.). http://www.telegraph-history.org/charles-williams-jr/part2.html (archived at https://perma.cc/35YR-AWEB)

27
Evan Ackerrman. (2016, September 30). A Brief History of the Microwave Oven > Where the "radar" in Raytheon's Radarange came from. IEEE Spectrum. https://spectrum.ieee.org/a-brief-history-of-the-microwave-oven (archived at https://perma.cc/33SG-XR7B)

12
지금 XR에 주목해야 하는 이유

1
Inside the virtuality system. (n.d.). Retro-VR. http://www.retro-vr.co.uk/test/inside.html (archived at https://perma.cc/Q7KS-ZS5J)

2
Pwc. (2016). Tech breakthroughs megatrend: how to prepare for its impact. https://www.pwc.com/gr/en/publications/assets/tech-breakthroughs-megatrend-how-to-prepare-for-its-impact.pdf (archived at https://perma.cc/V8A2-9X2Q)

3
Oculus Rift: Step Into the Game. (n.d.). Kickstarter. https://www.kickstarter.com/projects/1523379957/oculus-rift-step-into-the-game (archived at https://perma.cc/P7J7-FBVR)

4

AR/VR Sets New Records for Deals and Dollars in 2016. (2017, January 5). CB Insights. https://www.cbinsights.com/research/ar-vr-startup-funding/ (archived at https://perma.cc/J62L-LPTK)

5

Record over $3B AR/VR investment in 2017($1.5B+ in Q4). (2018, January 5). Digi-Capital. (archived at https://perma.cc/FG5K-5J35)

6

AR/VR investment stabilized in Q4 2018. (2019, January 31). Digi-Capital. (archived at https://perma.cc/N2KP-KH2P)

7

Over $4 billion AR/VR investment in 2019 for 3rd highest year. (2020, March 13). Digi-Capital. (archived at https://perma.cc/FZR3-7G5N)

8

Virtual reality and augmented reality startup valuations hit $45 billion (on paper). (2019, October 28). Digi-Capital. (archived at https://perma.cc/J5T5-WXDL)

9

HM Government. (2017 November). Industrial Strategy: Building a Britain fit for the future. https://assets.publishing.service.gov.uk/government/uploads/system/uploads/attachment_data/file/730048/industrial-strategy-white-paper-web-ready-a4-version.pdf (archived at https://perma.cc/8FWH-CWRZ)

10

The Immersive Economy in the UK Report 2019. (2019, November). Immerse UK. https://www.immerseuk.org/resources/immersive-economy-report-2019/#:~:text=The%202019%20Immersive%20Economy%20in,Economy%20in%20the%20UK%20Report (archived at https://perma.cc/W3XY-LZKC)

11

HM Government. (2017 November). Industrial Strategy: Building a Britain fit for the future. https://assets.publishing.service.gov.uk/government/uploads/system/uploads/attachment_data/file/730048/industrial-strategy-white-paper-web-ready-a4-version.pdf (archived at https://perma.cc/8FWH-CWRZ)

12

Ben Lang. (2018, October 25). China's Jiangxi Province Promises to Invest $460 Million in AR/VR. Road to VR. https://www.roadtovr.com/china-jiangxi-nanchang-promises-invest-480-million-ar-vr/ (archived at https://perma.cc/X3QW-7SQG)

13

Ben Lang. (2018, October 25). China's Jiangxi Province Promises to Invest $460 Million in AR/VR. Road to VR. https://www.roadtovr.com/china-jiangxi-nanchang-promises-invest-480-million-ar-vr/ (archived at https://perma.cc/X3QW-7SQG)

14

Lee Ho-Jeong. (2016, August 21). Gov't will dedicate 40 billion won fund to VR and AR. Korea JoongAng Daily. https://koreajoongangdaily.joins.com/news/article/article.aspx?aid=3022874 (archived at https://perma.cc/AK4J-CR2E)

15

Ram Garikipati. (2019, May 2). Korea to create fund for 5G immersive content. (2019, May 2). The Investor. http://www.theinvestor.co.kr/view.php?ud=20190502000549 (archived at https://perma.cc/QQ6M-VFMS)

16

Seeing is Believing. (n.d.). PwC. https://www.pwc.com/seeingisbelieving (archived at https://perma.

cc/9U2P-AY9L)

17
Global Innovation Index 2022: What is the future of innovation-driven growth? (n.d.). Global Innovation Index. https://www.globalinnovationindex.org/Home (archived at https://perma.cc/9KWD-6D32)

18
GTAP Home. (n.d.). GTAP. https://www.gtap.agecon.purdue.edu/default.asp (archived at https://perma.cc/6JPD-9EVN)

19
Microsoft Academic. (archived at https://perma.cc/V9S4-PHCA)

20
Facts and figures. (n.d.). University of Leeds. (archived at https://perma.cc/49RU-5APA)

21
Clark C. Abt. (1970). Serious Games. Viking Press

22
Carry McLeroy. (2008, August 27). Improving "America's Army". U.S.Army. https://www.army.mil/article/11935/improving_americas_army (archived at https://perma.cc/LH5J-Z8KK)

23
Foldit. https://fold.it/ (archived at https://perma.cc/FU85-BMFD)

24
Sarah Whitten. (2019, July 21). 'Avengers: Endgame' is now the highest-grossing film of all time, dethroning 'Avatar'. CNBC. https://www.cnbc.com/2019/07/21/avengers-endgame-is-the-highest-grossing-film-of-all-time.html (archived at https://perma.cc/4MDV-6APH)

25
Sara Whitten. (2019, April 26). 'Avengers: Endgame' smashes Thursday night preview record with $60 million haul. CNBC. https://www.cnbc.com/2019/04/26/avengers-endgame-smashes-thursday-night-record-with-60-million-haul.html (archived at https://perma.cc/7KYX-SKRH)

26
Marc Graser. (2013, September 18). 'Grand Theft Auto V' Earns $800 Million in a Day, More than Worldwide Haul of 'Man of Steel': Sales are a record for the franchise and publisher Take-Two Interactive. Variety. https://variety.com/2013/digital/news/grand-theft-auto-v-earns-800-million-in-a-day-more-than-worldwide-haul-of-man-of-steel-1200616706/ (archived at https://perma.cc/L69F-GYE3)

27
Tom Wijman. (2019, June 18). The Global Games Market Will Generate $152.1 Billion in 2019 as the U.S. Overtakes China as the Biggest Market. Newzoo. https://newzoo.com/insights/articles/the-global-games-market-will-generate-152-1-billion-in-2019-as-the-u-s-overtakes-china-as-the-biggest-market (archived at https://perma.cc/9GSV-6DTL)

28
Nielsen. (2019). Millennials on millennials: Gaming media consumption. (archived at https://perma.cc/2DNG-RG7Q)

29
Phil Goldstein. (2020, April 13). Air Force Turns to VR, AR for training and Maintenance: The service branch is rapidly expanding its testing of virtual and augmented reality solutions of both airmen and maintenance crews. FedTech. https://fedtechmagazine.com/article/2020/04/air-force-turns-vr-ar-training-and-maintenance?amp;amp;amp; (archived at https://perma.cc/K6QD-SYZ7)

30

Red Cross turns to VR for disaster response training. (2019, March 28). The Straits Times. (archived at https://perma.cc/3CRU-ABVZ)

31

Metaari, Sam Adkins. (2019, August 9). The 2019-2024 Global Game-based Learning Market: Serious Games Industry in Boom Phase. SlideShare. https://www.slideshare.net/SeriousGamesAssoc/the-20192024-global-gamebased-learning-market (archived at https://perma.cc/E9MM-39SV)

32

Gartner Research's Hype Cycle diagram. (2007, December 27). Wikimedia Commons. https://commons.wikimedia.org/wiki/File:Gartner_Hype_Cycle.svg (archived at https://perma.cc/66AC-NJET) - built on a graph by Jeremy Kemp, licensed under the Creative Commons BY-SA license

33

SKARREDGHOST. (2019, September 4). Augmented reality is reaching a mature state according to Gartner. The Ghost Howls. https://skarredghost.com/2019/09/04/augmented-reality-mature-gartner/ (archived at https://perma.cc/UF3K-66MF)

34

The Radicati Group, Inc. (2019, January) Mobile Statistics Report, 2019-2023. https://www.radicati.com/wp/wp-content/uploads/2019/01/Mobile_Statistics_Report,_2019-2023_Executive_Summary.pdf (archived at https://perma.cc/CU7V-TEM5)

35

Mobile operating systems' market share worldwide from January 2012 to July 2020. (2020, August). Statista. (archived at https://perma.cc/2ELP-6GNZ)

36

Post Office Shop Closure: As of 31st August 2020 our Post Office Shop service will close. (n.d.). Post Office®. (archived at https://perma.cc/TJG7-MX3A)

14

XR 장비

1

Jay Peters. (2019, November 7). Google is open sourcing Cardboard now that the Daydream is dead. The Verge. https://www.theverge.com/2019/11/6/20952495/google-cardboard-open-source-phone-based-vr-daydream (archived at https://perma.cc/2VDF-XLSX)

2

Adi Robertson. (2019, October 17). Phone-based VR is officially over. The Verge. https://www.theverge.com/2019/10/16/20915791/google-daydream-samsung-oculus-gear-vr-mobile-vr-platforms-dead (archived at https://perma.cc/Y8WN-YQDH)

3

RamKumar Lakshminarayanan, RD. Balaji, Binod Kumar, Malathi Balaji. (2013, April). Augmented Reality in ICT for Minimum Knowledge Loss. IJCSIS. Vol 11(4). https://arxiv.org/ftp/arxiv/papers/1305/1305.2500.pdf (archived at https://perma.cc/3YN7-84B4)

4

Share of individuals who own any smart speaker brand in selected countries in 2019 and 2020, by country. (2020, June). Statista. (archived at https://perma.cc/TLC5-EMVU)

5

Canalys: Global smart speaker installed base to top 200 million by end of 2019. (2019, April 15).

Canalys. https://www.canalys.com/newsroom/canalys-global-smart-speaker-installed-base-to-top-200-million-by-end-of-2019 (archived at https://perma.cc/29X6-FRCW)

6
Cassam Looch. (2019, April 30). Scaling Up to Truly Giant Cinema. Culture Trip. https://theculturetrip.com/europe/united-kingdom/england/london/articles/scaling-up-to-truly-giant-cinema/ (archived at https://perma.cc/9DFQ-PZSH)